纪念中国改革开放四十周年

本研究获得“中国企业改革发展优秀成果一等奖”
（中国企业改革与发展研究会，2017）

Property Rights, Corporate Governance and State-owned Enterprises Reform

产权、治理与国有企业改革

王曙光 等 / 著

图书在版编目（CIP）数据

产权、治理与国有企业改革 / 王曙光等著 . —北京：企业管理出版社，2018.6（2020.7 重印）

ISBN 978-7-5164-1727-0

Ⅰ. ①产… Ⅱ . ①王… Ⅲ . ①国有企业—经济体制改革—研究—中国 Ⅳ . ① F279.241

中国版本图书馆CIP数据核字（2018）第124857号

书　　名： 产权、治理与国有企业改革

作　　者： 王曙光

责任编辑： 尚元经　李　坚

书　　号： ISBN 978-7-5164-1727-0

出版发行： 企业管理出版社

地　　址： 北京市海淀区紫竹院南路17号　　　邮编：100048

网　　址： http：//www.emph.cn

电　　话： 总编室（010）68701719　发行部（010）68701816　编辑部（010）68414643

电子信箱： qiguan1961@163.com

印　　刷： 北京明恒达印务有限公司

经　　销： 新华书店

规　　格： 147毫米 × 210毫米　32开本　　12.125印张　240千字

版　　次： 2018年6月第1版　2020年7月第2次印刷

定　　价： 50.00元

目录

Contents

第一章

中国经济体制变迁的历史脉络与内在逻辑

本章发表于《长白学刊》2017年第2期，作者：王曙光。

中国的经济体制改革已经进行了四十年，取得了令世人瞩目的辉煌成就，其经验模式值得总结，同时，如何看待新中国前三十年和后四十年之间的关系，也是学术界关注的重要课题。本章在对西方转型经济学进行系统反思的基础上，全面梳理了中国经济体制变迁的历史起点和条件，认为1978年左右开启的经济体制变迁，虽然基于对传统社会主义体制的系统反思与检视，但是这种反思与检视并不是对传统社会主义体制的一种颠覆式的抛弃，而在很大程度上承继了传统社会主义体制遗留下来的宝贵遗产，并加以适当的修正与创新，不能割裂式地理解这两个历史阶段。本章从八个方面系统梳理了中国经济体制变迁的内在逻辑和传统智慧，并对未来经济体制变迁的趋势做了探讨。

一、引言：对经济体制变迁的不同模式的反省

本章的主旨是探讨中国经济体制变迁的历史起点、变迁路径以及内在逻辑，并对中国经济体制变迁的路径和经验进行反省，对其成就和偏差进行探讨，以期寻找未来中国经济体制变迁的大致方向。首先值得说明的是，在本章中，笔者不用“经济转型”或“经济转轨”这个经济学界常用的术语，而用“经济体制变迁”或“经济体制改革”这个虽比较陈旧但更准确的术语。事实上，世界上所有的经济体，即使是最发达的经济体，它的经济体制亦不可能是达到一种完美境地的、静态的、一成不变的。因此，经济体制的变迁是无处不在的，不绝对存在哪一种经济体制必然向哪一种经济体制“转轨”的问题。在经济史上，国家干预主义和经济自由主义的消长在任何国家都存在着，且随着时间和社会经济结构的演变不断发生着嬗变，因此无论是国家干预主义还是经济自由主义，都不可能绝对化地被奉为永久的教条，而是应因时

而变，因地而变，相机抉择，不可“刻舟求剑”式地采取教条主义的态度，盲目崇信某种思潮而将其定位一尊[①]。

实际上，在西方的所谓“转轨经济学”界，从来没有统一的共识，对经济体制变迁的激烈争议从来没有停止过。这些争议不应当被理解为仅仅是经济学家纯粹的理论思辨，而恰恰相反，在真实的经济体制变迁当中，不同路径选择确实极大地影响着变迁的绩效，影响着这个过程中不同交易主体的利益结构的变化。强制性变迁和诱致性变迁、渐进式变迁与激进式是其中的两个主要争议。虽然这两组概念的划分标准是有显著区别的——前者以制度变迁的主导者为标准，而后者以制度变迁的路径选择为标准——但是，这两组概念其实指向同一个事实，即在执行强制性变迁的经济体中，其制度变迁往往以国家权力所有者为主导来推进的，其制度变迁的路径也往往带有激进式的特征；而在执行诱致性变迁的经济体中，其制度变迁往往以初级行动团体为主导来推进，其制度变迁路径也往往带有渐进性的特征。但是在现实中，完全也有可能出现另外一种不同的组合，即在国家主导的强制性制度变迁中，其推进模式有可能是渐进的，国家控制着制度变迁的节奏和速度，有意识地、有选择性地推进制度变迁策略，能够主动地决定何种制度需要快速推进，而何种制度需要缓行或变相执行；而在初级行动团体为主导的诱致性制度变迁中，也有可能并不是和风细雨地推进，而是采取极其果断或迅猛的模式，从而使国家发生革命式的制度变迁。

---

① 关于国家干预主义和经济自由主义思潮的消长，可参见：王曙光：《金融自由化与经济发展》，北京大学出版社2004年第二版，第1~16页。

在苏联和东欧社会主义国家的制度变迁中，除了个别的国家之外，大部分国家采取了国家主导的激进模式，制度变迁的节奏很快，变革很迅猛，对社会经济的冲击也很大，从而导致社会经济在制度变迁的冲击之下，长期难以恢复正常状态，使社会摩擦成本极高，付出了比较惨重的代价。究其根源，并不是其目标函数发生了颠覆性的失误，而是其制度变迁的路径选择存在严重的问题。这些国家在西方经济学家的引导之下，渴望按照新古典经济学的教条，以疾风暴雨式的制度变革，迅速实现整个国家经济体制的自由化、市场化和产权的私有化。所谓“震荡疗法”（shock therapy），是一种大爆炸式（big bang）的跳跃性的制度变迁方式，希望在较短时间内完成大规模的整体性制度变革，也就是所谓“一步跨到市场经济”。大爆炸式的激进式制度变迁之所以往往很难取得预期的效果，甚至在很长时期之后仍然难以恢复正常的经济增长，其原因是早期的过渡经济学往往忘记了“制度”这一变量的特殊性。制度实质上是社会经济主体之间相互制约与合作的一种社会契约，因而制度变迁实际上是旧的契约的废止和新的契约的形成过程，而契约的重新设计、创新以及签订本身均需付出一定成本，比如在发生产权关系变革的制度变迁过程中，需要重新进行资产价值评估，重新以法律形式界定各方的权利义务关系，需要制定新契约和保护新契约所花费的时间和费用，还有人们学习和适应新的规则和关于新体制的知识所耗费的各种成本。这些成本的存在，注定了制度变迁不可能是一个一蹴而就的、疾风暴雨式的瞬间的“历史事件”，而应该是一个“历史过程”。

我们需要深刻理解这个“历史过程”。具体来说，这个“历史过程”包含着经济主体的学习过程和知识更新过程（即政府、企业与居民为适应市场经济运作模式而必须逐渐获取和接受有关市场经济的理念和知识）、政府和立法机构的法律建构过程（即政府和立法机构对传统法律体系的修正以及建立新的法律架构和法律秩序，从而实现法律体系由传统计划体制向市场化体制的变迁）以及国家政治体制的完善过程。这些变迁都不可能在短时间内迅速完成，而是必须经过较长时间的学习和适应才能奏效。这个“历史过程”注定是漫长而且艰辛的，驾驭这个“历史过程”，不仅需要路径设计上的前瞻性，而且需要极大的耐心和智慧，要在合适的拐点上积极推动制度变迁，而在制度变迁的时机未到时不盲目行动，这需要整个社会建立起一种协商的机制与关于制度变迁路径的共识，从而在每一个制度变迁时刻求得整个社会的最大利益公约数。

二、中国经济体制变迁的历史起点与基本条件

1978 年左右开启的经济体制变迁，虽然基于对传统社会主义体制的系统反思与检视，但是这种反思与检视从总体来说，并不是对传统社会主义体制的一种颠覆式的抛弃，而在很大程度上承继了传统社会主义体制遗留下来的宝贵遗产，并加以适当的修正。这个检视、反思、承继、修正的历史过程，当然不是一个经过事先详密计划的具有“顶层设计”意味的自上而下的过程，而是一个在既已形成的历史条件的基础上，边修正、边探索、边实验、

边创新、边试错、边学习的过程，也就是一个“摸着石头过河”的“干中学”的过程。当我们梳理这个历史过程的时候，切勿把这个历史过程“断裂式”地看待，不要以为中国的经济体制改革是对原有体制的彻底抛弃和彻底否定，不要想当然地认为经济体制改革不需要任何历史条件和历史积淀就可以轻而易举地成功，也不要简单地仅仅把经济体制改革的成功归结为改革开放以来的制度变迁的自然结果。历史是延续的，一些历史形成的制度元素和物质元素不可能不对未来的制度变迁起作用，有些看起来是后来制度变迁所造成的结果，实际上也许更多地受惠于先前已经形成的制度元素和物质元素，是这些“历史变量”的合乎逻辑的历史发展的结果。从历史的长期的互相联系的角度看问题，比仅仅从当下的、短期的、断裂式的角度看问题，要科学得多，客观得多，如此我们对历史变迁才会有更为全面的认识。

1. 农村基础设施与农村改革的物质条件准备

中国的经济体制改革是从农村开始起步的，农村经济体制改革的成功与巨大绩效，不仅为整个改革开放提供了巨大的物质资本，而且为改革开放奠定了群众舆论基础，使改革开放的效果在最初的十几年被广大农民所肯定，从而赢得了更为广泛的国民支持。农村改革之所以获得如此巨大的成功，当然与结束人民公社体制、改变农村激励机制、释放农民种粮积极性有直接关系，制度的变革使得农民获得了空前的经济自主权，其收益的分配机制也更为灵活，从而极大地激发了隐藏在农民中的创造潜能，改变了传统人民公社体制的一些弊端。但是不能简单地把农村改革视为对传统人民公社体制的抛弃和颠覆，恰恰相反，无论是从制度元素还是从物质元素上，农村改革都从传统人民公社体制中汲取了大量的“资源”，这些“资源”经过农村改革所提供的市场条件和激励机制的催化，释放出巨大的能量。从物质条件来说，农村改革受益于人民公社时期甚至更早的合作化时期所积累的大量物质要素，其中最主要的是农业基础设施的巨大改善。从20世纪50年代到70年代末，政府运用极大的政治动员能力、国家控制力并借助合作社和人民公社的体制优势，对中国的农业基础设施进行了大规模的改造，实现了农业基础设施的“改天换地”般的巨大变化。

农业机械化在50年代到70年代有了长足的进步。根据农业部提供的农业机械总动力的数据，1957年我国农业机械总动力分别为165万马力和12.1亿瓦，1978年则分别为15975万马力和1175亿瓦。1952年我国的排灌动力机械分别为12.8万马力和0.9亿瓦，1978年则分别为6557.5万马力和482.3亿瓦[①]。农业机械使用量在计划经济时期获得了较大幅度的增长，如大中型拖拉机1952年全国共有1307台，1962年增至5.5万台，1978年有55.74万台；机动脱粒机1962年全国有1.5万台，1978年210.6万台[②]。在50年代到70年代整个计划经济期间，农田水利设施得到了巨大改善，广大农村地区根据各地的实际情况，充分利用了人民公社的制度优势，对大江大河和各地的区域性的水利

① 中华人民共和国农业部计划司编：《中国农村经济统计大全（1949-1978）》，农业出版社1989年版，第308~314页。

② 中华人民共和国农业部计划司编：《中国农村经济统计大全（1949-1978）》，农业出版社1989年版，第308~315页。

设施进行了大规模改造，平整农田，改善灌溉和防洪防旱条件，取得了辉煌的成就，这在中国数千年历史中都是极为罕见的，而这些农田水利设施的改善，无疑对于改革开放后的农业增长起到巨大的作用。农村中的机耕面积和有效灌溉面积在整个计划经济期间有了很大增长，1952 年我国机耕面积为 204 万亩，1978 年为 61005 万亩；有效灌溉面积 1952 年为 29938 万亩，1978 年为 67448 万亩；1952 年我国机电灌溉面积占有效灌溉面积的比重仅为 1.6%，到 1978 年这一比重已经达到 55.4%[①]。农业技术水平和农业技术投资在这个期间也有极大的增长。本书第二章有详尽的论述，本章不再赘述。总之，在整个计划经济期间，农业基础设施建设、农业机械化和现代化、农田水利改造以及技术水平的提升等，都为改革开放后的农业奇迹做出了历史性的贡献，这些贡献应该得到客观评价，其作用不容抹煞，不能被“故意”忽略。

2. 1949~1978年所准备的人力资本条件

人力资本对经济发展的影响甚大，而人力资本的概念，应该包含教育、健康和生育等多方面维度。李玲教授在她的研究中正确地指出了改革开放前中国人力资本方面的巨大改善对改革开放后创造“中国奇迹”所起到的巨大作用：“新中国前三十年的一条重要经验在于寻找到一条依靠劳动密集投入的路径，保障全民健康、教育，提高劳动力素质，降低人口的死亡率和生育率。用最低的成本启动人力资本内生改善的机制是中国模式的重要特

---

① 中华人民共和国农业部计划司编：《中国农村经济统计大全（1949-1978）》，农业出版社1989年版，第318页。

征，使得中国在改革开放前人均收入水平很低的情况下就能够拥有高于其他发展中国家的人力资本禀赋，这为中国在改革开放后迅速地把握全球化的有利时机创造经济奇迹提供了内部动力。新中国成立后低成本高效率的人力资本的累积方式，不但为探索后续的经济奇迹的来源提供了重要线索，也创造了一种全新的人类发展模式”[①]。从健康方面来说，新中国成立以来人民健康事业取得巨大进步，很多流行性疾病如天花、霍乱、性病等得到彻底消除，而寄生虫病如血吸虫病和疟疾等得到大幅度削减。平均寿命从1949年的35岁增加到1980年代早期的70岁，婴儿死亡率从1950年约千分之二百五十减少到1981年的低于千分之五十，这些成就，都不但在发展中国家中遥遥领先，而且很多指标超过了中等发达国家，甚至接近某些发达国家水平。中国在70年代相对较低的生育率水平和社会成员的健康与教育水平联系紧密，婴儿死亡率和儿童死亡率明显低于相同经济水平和更高收入水平的发展中国家，这使得家庭减少了通过多生育子女来提高子女存活数量的激励，而妇女地位提高、教育水平提高和科学避孕技术的采用是生育率下降的另一组重要原因。节育、教育、健康在伴随着妇女解放的过程中螺旋式上升，在性别和代际间不断改善人力资本的存量[②]。从教育来看，新中国成立以来到20世纪70年代，中国在初等和中等教育方面成效显著，农村青壮年文盲率大为降低，由新中国成立时的80%左右降低到15%左右，而改革开放

① 李玲：《人力资本、经济奇迹与中国模式》，载潘维主编：《中国模式：解读人民共和国的60年》，中央编译出版社2009年版，第201页。

② 李玲：《人力资本、经济奇迹与中国模式》，载潘维主编：《中国模式：解读人民共和国的60年》，中央编译出版社2009年版，第210~215页。

初期印度的文盲率为60%。在正规教育方面，1949年中国小学入学率在25%左右，而到改革开放初期，学龄儿童入学率稳定在90%左右，1979年小学净入学率高达93%，接近工业化国家水平，其中小学生中45%为女生；中国拥有中等教育水平的人口显著高于其他发展中国家，甚至高于某些发达国家[①]。1978年之前人力资本的积累，为改革开放的成功提供了雄厚的人才基础，反观80年代之后，在人力资本的某些方面（比如农村医疗体系、人均健康水平、基础教育体系等）反而退步了，这些需要深刻的反思。

3. 人民公社体制的调整所准备的制度变革条件

改革开放后实行了家庭联产承包责任制，人民公社体制慢慢退出历史舞台。实际上，人民公社体制在六七十年代也在不断调整，不断消除人民公社体制的一些弊端，其中核心的调整就是激励机制的调整，这些调整的方向实际上与改革开放后的制度变革是一致的，这就为改革开放后的制度变革提供了历史条件和基础。本书第五章对人民公社的制度调整做了详细的研究，在此只简要回顾一下。调整主要体现在两个方面：基本核算单位的改变和建立农业生产责任制的尝试。1959年2月27日至3月5日召开的郑州会议提出了指导人民公社建设和整顿的具体方针："统一领导，队为基础；分级管理，权力下放；三级核算，各计盈亏；收入计划，由社决定；适当积累，合理调

① 李玲：《人力资本、经济奇迹与中国模式》，载潘维主编：《中国模式：解读人民共和国的60年》，中央编译出版社2009年版，第216~217页。

剂；物资劳动，等价交换；按劳分配，承认差别。”[①]这是人民公社体制的第一次调整。1960 年 11 月 3 日，中共中央在《关于农村人民公社当前政策问题的紧急指示信》又强调了以下几点：①三级所有，队为基础，是现阶段人民公社的根本制度；②坚决反对和彻底纠正一平二调的错误；③加强生产队的基本所有制；④坚持生产小队的小部分所有制；⑤允许社员经营少量的自留地和小规模的家庭副业[②]。经过各地调查和试点，以及 1962 年初七千人大会的讨论，1962 年 2 月 13 日正式发出《中共中央关于改变农村人民公社基本核算单位问题的指示》，指出，以生产队为基本核算单位，更适合于当前我国农村的生产力水平，更适合于当前农民的觉悟程度，也更适合于基层干部的管理才能，是调动广大农民集体生产积极性的一项重大措施。《指示》还指出，实行以生产队为基础的三级集体所有制将不是一项临时性的措施，而是在一个长时期内（例如至少 30 年）需要稳定施行的根本制度[③]。据此，中央对《农村人民公社工作条例（修正草案）》再次作了修改，并于 9 月 27 日由八届十中全会正式通过。此后到 1978 年 12 月中共十一届三中全会重新制定了《农村人民公社工作条例（试行草案）》之前，这个修正草案一直是对农村人民公社和整个农村工作起指导作用的文件。

与人民公社基本核算单位下调同步进行的是农业生产责任制的建立与健全。在 1958 年底和 1959 年上半年的整顿期间，人民

---

① 《建国以来毛泽东文稿》第8册，中央文献出版社1993年版，第916页。

② 《建国以来重要文献选编》第13册，中央文献出版社1996年版，第661~662页。

③ 《建国以来重要文献选编》第15册，中央文献出版社1997年版，第176、180页。

公社基本核算单位逐步下移到生产大队（生产队），平调的财物做了算账退赔，分配上减少了供给制的比例，劳动管理方面明确了人民公社也要建立责任制，也要包产。在这个时期，“三定一奖”（“三定”指定产、定劳力、定投资）或“三包一奖”（“三包”指包产、包工、包成本）的责任制形式得到普遍认同，类似的责任制形式在各地不断涌现。1961 年 6 月 15 日公布的《农村人民公社工作条例（修正草案）》规定：“生产队是直接组织生产和组织集体福利事业的单位。”“生产大队对生产队必须认真实行包产、包工、包成本和超产奖励的三包一奖制。可以一年一包，有条件的地方也可以两年、三年一包。包产指标一定要经过社员充分讨论，一定要落实，一定要真正留有余地，使生产队经过努力有产可超。超产的大部或者全部，应该奖给生产队。”“生产队为了便于组织生产，可以划分固定的或者临时的作业小组，划分地段，实行小段的、季节的或者常年的包工，建立严格的生产责任制。畜牧业、林业、渔业和其他副业生产，耕畜、农具和其他公共财物的管理，也都要实行责任制。有的责任到组，有的责任到人。①”既然“责任制的单位较生产队有所减小，可以是‘组’和‘个人’，一些地方在贯彻执行‘六十条’时，走向了不同形式的或者变相的‘包产到户’。②”这个修正草案还规定：“在生产队办不办食堂，完全由社员讨论决定”；“社员的口粮，不论办不办食堂，都应该分配到户，由社员自己支配。③”这就

① 《建国以来重要文献选编》第14册，中央文献出版社1997年版，第385、393、399页。

② 贾艳敏：《农业生产责任制的演变》，江苏大学出版社2009年版，第131页。

③ 《建国以来重要文献选编》第14册，中央文献出版社1997年版，第401页。

等于事实上宣布取消了农村公共食堂和分配上的供给制，对消减社员间的平均主义具有重要意义。“文化大革命”结束后，定额管理和各种类型的农业生产责任制陆续恢复并有新的发展，直到20世纪80年代初被土地家庭承包经营所取代。从这个连续的历史过程我们可以看出，人民公社在核算单位和农业生产责任制方面的探索和调整，实际上为改革开放后的农业体制变革开辟了道路。

4. 人民公社体制下的社队企业发展与乡镇企业的崛起

乡镇企业被学术界普遍认为是中国经济改革所取得的最重要成就之一，20世纪80年代成为中国经济“三分天下有其一”的重要组成部分，到90年代之后，乡镇企业融入了民营经济发展的大潮，中国的经济结构发生了深刻的变化。乡镇企业在80年代中后期之前称之为“社队企业”，而社队企业是50年代以来人民公社体制的重要产物。可以说，正是社队企业在50年代到70年代的大发展，才奠定了乡镇企业的发展基础，从而为改革开放的成功奠定了基础。

1958年开始，基于毛泽东关于人民公社“工农兵学商”相结合的设想，中共中央正式提出了发展农村工业和社队企业的政策主张。1958年12月10日，中共八届六中全会通过的《关于人民公社若干问题的决议》提出：“人民公社必须大办工业。公社工业的发展不但将加快国家工业化的进程，而且将在农村中促进全民所有制的实现，缩小城市和乡村的差别。”1958年后，人民公社所办的工业得到了迅猛的发展。1958年社办工业达260万个，产值达62.5亿元。六七十年代是社队企业发展比较迅猛的时期。在这一时期，社队企业在全国蓬勃发展，有些地区社队企业的规模比较大，奠定了乡村工业化的基础，也为未来乡镇企业的大发展提供了技术条件、管理经验和人才条件。

在整个“文化大革命”期间，社队企业有了长足的发展。1965年至1976年期间，按不变价格计算，全国社办工业产值由5.3亿元增长到123.9亿元，在全国工业产值中的比重由0.4%上升到3.8%。到1976年底，全国社队企业发展到111.5万个，工业总产值243.5亿元，其中社办工业产值比1971年增长216.8%。其中江苏省农村工业发展比较好，1975年社队工业总产值达22.44亿元，比1970年的6.96亿元增长2.22倍，平均每年增长20%以上；同期社队工业在全省工业总产值中所占比重，由3.3%上升到9.3%[①]。我们可以想象，如果没有这些社队企业的发展，如果没有六七十年代社队企业的管理经验的积累和技术积累，80年代以来的乡镇企业的异军突起是不可能实现的。据统计，到改革开放前的1978年，社队企业恢复发展到152万个，企业总产值达493亿元，占农村社会总产值的24.3%[②]，这就为乡镇企业的发展奠定了坚实基础，也为我国的改革开放尤其是农村改革提供了雄厚的物质基础。

5. 比较完备的工业体系的构建与技术、人才条件的历史准备

20世纪50年代，随着“一五”计划的实施，新中国的社会

① 莫远人主编：《江苏乡镇工业发展史》，南京工学院出版社1987年版，第140页。

② 韩俊：《中国经济改革三十年：农村经济卷》，重庆大学出版社2008年版，第145页。

主义工业化建设开始启动，经过20多年的发展，到改革开放的80年代，我国已经基本建立起一个比较完备的工业体系，重工业、轻工业和国防工业都发展到一定的水平，培养了大量的技术人才和基层技术工人。从国际比较的角度来说，我国在20多年的时间里，以极快的速度，从一个一穷二白、工业基础极为薄弱的国家，发展成为一个拥有比较完备的工业体系的工业国家，实现了整个国家的初级工业化，这是一个极为伟大的前无古人的成就，在世界经济发展史上也是极为罕见、没有先例的。在第一个五年计划时期（1953–1957），工业发展总体上持续高速增长，工业总产值、工业基本建设投资、基建新增固定资产等指标增长迅猛，其中工业总产值年均增长18.36%，“一五”计划取得了极大的成功。1952~1957年间，重工业产值增长了210.7%，轻工业产值增长了83.3%，年均增长速度，前者为25.4%，后者是12.9%，轻重工业都得到了快速发展①。第二个五年计划时期（1958–1962）是“大跃进”和经济调整时期，在这个时期，工业生产总量指标出现波动（1961年达到低谷），从这五年的总体增长而言，工业总产值增长率年均为9.46%②。在国民经济调整和恢复时期（1963–1965），工业生产有所恢复，工业总产值年均增长18.16%，在此期间，工业总产值在社会总产值中的比重持续上升2.02%，1965年底比重为52.02%，我国工业化程度

① 上海财经大学课题组：《中国经济发展史（1949–2005）》（上），上海财经大学出版社2007年版，第290–291页。

② 上海财经大学课题组：《中国经济发展史（1949–2005）》（上），上海财经大学出版社2007年版，第302页。

进一步提高[①]。1966~1976年间，我国工业发展仍然保持了快速的增长，在艰难曲折仍旧有年均9.5%的增长率，从1966年到改革开放的1978年，我国工业总产值在社会总产值中的比重不断上升，从1965年的52.02%上升到1978年的61.89%，尽管经历了十年的曲折，但是我国工业化水平仍然不断提高，工业在国民经济中发挥着越来越举足轻重的作用[②]。1966~1976年间，国家积极支持“五小”工业的发展，使得小型企业发展迅猛，1976年全国小型企业数由1970年的19.11万个增加到28.76万个，1977年小型企业数增至31.6万个，占全国工业企业总数的97.97%。同时在这个时期，集体所有制企业的增长也远远超过全民所有制企业的增长，1965~1976年间，城镇集体工业的产值由133.1亿元增长到489.4亿元，占工业总产值比重由9.6%上升到15%[③]。可以说，前三十年的工业发展为改革开放后的经济发展提供了雄厚的物质基础，其中中小企业的发展和非全民所有制的城乡集体企业的发展，为改革开放后中小企业遍地开花以及所有制结构的调整奠定了基础，这个发展过程是一脉相承的，而不是断裂的。

6.社会主义计划的自我调整所奠定的新型“计划—市场”关系

毛泽东、刘少奇、陈云、李富春等第一代领导者在新中国建

---

① 上海财经大学课题组：《中国经济发展史（1949–2005）》（上），上海财经大学出版社2007年版，第309页。

② 上海财经大学课题组：《中国经济发展史（1949–2005）》（上），上海财经大学出版社2007年版，第319页。

③ 上海财经大学课题组：《中国经济发展史（1949–2005）》（上），上海财经大学出版社2007年版，第324~325页。

立初期，经过一段时间的摸索与试验，已经对计划经济运行的规律有了比较深刻的认识。他们都一致强调，社会主义计划不是一种刻板的计划，而是要考虑到一定的自由度，考虑到区域的差异性，考虑到企业的自主权，考虑到计划本身的弹性和可调节性。这些认识对社会主义计划经济的刻画是一种弹性的社会主义模型，而不是一种僵化的社会主义模型。我们在本书第六章对此有详尽的探讨，在此只做提纲式的论述。这种弹性的社会主义计划经济既要集中计划和统一，以期消除经济运行的无组织和无政府状态，又要体现一定的分散性和灵活性，使计划不是一个僵死的东西，而是一个弹性的体系。这种弹性的社会主义计划经济是中央计划的统一性和因地制宜的结合，是集权和分权相结合，在强调中央权威的前提下，也尊重地方的一定意义上的自主性和独立性。在中国这样一个大国实行计划经济，必须调动地方的积极性和主动性，而不是单纯强调集中统一。从某种意义上来说，正是地方的博弈行为使社会主义计划能够有效率地实施，且能够完成自我调整。这种弹性的社会主义计划经济强调“大计划”和“小自由”的结合。允许自由市场在一定程度上、一定区域内、一定产业中存在。既要有大一统，要有对一些细小的部分留有一定的余地，使微观的细胞能够充满活力，在非关键领域实施灵活的价格政策和资源配置政策。这种弹性的社会主义计划经济是明确规定的指令性计划和不明确规定的隐含的指导性计划的结合。这个思想早就存在于第一代领导者，现在这种思想则成为我国制定经济计划的主导性的原则。这种弹性的社会主义计划经济强调把经济计划与价值规律结合，提倡尊重价值规律。这种计划体制其实是试图把计划和市场平衡起来，不破坏市场规律，尤其是价值规律。弹性社会主义模型中对市场规律的包容性解释，实际上为改革开放后解决“计划—市场”的矛盾统一提供了理论上的可能性和现实中的可操作性。改革开放后，我国的经济运行机制发生了深刻的变化，但是对社会主义计划的系统性反思和调整，实际上在此之前的几十年就在进行了。

三、中国经济体制变迁的内在逻辑和传统智慧

中国自 1978 年以来实行的改革开放实践为全球发展中国家和转型经济国家提供了生动而有价值的参照系。中国改革开放的不断深化和持续的经济增长，蕴含着大量富有创造性的中国智慧，同时也为经济学家探讨经济发展和转型理论提供了丰富的视角。可以毫不夸张地说，中国的经济改革中所包含的一整套思维型态、理论框架和行动模式，必将成为全球经济发展的最重要成果，同时也必将引发经济学内部的一场深刻的反省与革新。从这个意义上说，对中国改革开放模式的总结无疑将具有全球意义，中国的经验为那些处于发展中的转型国家提供了大量值得借鉴的行动框架与制度安排，这些行动框架和制度安排无疑都烙上了独特的中国智慧的印记。然而我们还是可以从中国范式中抽象出一些更为一般的规律或者原则，这些一般原则尽管不可能在另一种文化或制度框架中被完全复制，但是其借鉴价值却值得珍视。中国经济改革的传统智慧可以概括为以下八条。

第一，中国的经济改革具有强制性变迁与诱致性变迁相融合的特征。其突出的表现是，在很多领域的改革中，初级行为团体在制度选择和制度变革中起到引人注目的关键作用，如农民在影响深远的农村制度变革中就不是作为单纯的“制度接受者”，而是在某种程度上参与和开启了制度选择和制度变革，最后再由政府将这些制度选择和制度变革形式向更大的范围内推广，并以国家法律的形式对初级行为团体的制度选择和制度变革加以确认和合法化。从这个角度来看，在中国以国家为制度主体的强制性制度变迁中，又包含着若干的诱致性制度变迁的因素和特征，这构成中国经济转型的一个重要特色。

第二，中国的经济改革具有渐进性变迁和激进性变迁相融合的特征。中国的经济改革总体上无疑是渐进式的，具有试错的“摸着石头过河”的特征，边际化改革有效降低了改革的摩擦成本，减少了社会震荡。但在每一具体改革举措的推行和新制度安排的实施方面，又具有激进的特征，很多具体的改革机制实际上是在很短的时间内完成的，国有企业的股份制改革、国有商业银行的股权结构和内部治理结构的变革、资本市场的股权分置改革等，实施周期都非常短，这显示出中国改革在总体稳健渐进的条件下在具体改革实施层面的果断性以及对于制度变革时机的准确把握。值得强调的是，渐进性改革虽然在制度变迁的长期路径上体现出渐进性特征，但是在制度变迁的每一个具体阶段和具体步骤上，又应该具有改革的实质性和果断性，也就是说，改革的每一个具体阶段和具体步骤都应该触及实质性的经济关系，都应该为最终的市场化目标奠定基石。渐进性制度变迁的使命是尽快建立完善的市场经济机制，结束经济体制长期扭曲和双轨运行的局面，避免经济过渡时期内传统体制的复归和经济矛盾长期累积而发生经济体系的全面危机。

第三，中国的经济改革具有增量改革的特征。中国改革采取边际性的增量改革的方式，整体改革过程不是按照一个理想的模式和预定的时间表来进行的，新的资源配置方式和激励机制不是同时在所有经济领域发挥作用，而是在率先进行改革的部门和改革后新成长的部门首先发挥作用。国有企业的改革就是这种增量改革模式的典型表现，早期的承包制在不触动国有企业根本产权制度的前提下利用利润留成产生了新的增量使用，取得了在国有企业改革的特定时期改善激励机制和提高效率的成果。乡镇企业的发展壮大是增量改革的另一个典型案例，乡镇企业在未触动传统经济部门和不对原有资产存量进行再配置的前提下，创造了国民经济中新的市场作用的领域，在资产增量的配置中逐渐引入了越来越多的市场机制，从而大大增加了经济的活力。当然，增量改革在不触及原有经济格局、维持社会经济稳定和利益格局均衡的同时，也对资源配置效率产生了某些消极影响，新体制和传统体制的双轨并行产生了大量的租金机会，企业和居民等经济主体倾向于通过寻租而不是公平的市场竞争来获得收益，容易造成大量生产性资源的浪费。

第四，中国的经济改革具有典型的局部性“试验—推广”的特征。政府先在某些经济领域或某些地区进行尝试性的改革，然后将成熟的经验和运作方式向其他地区和经济领域进行推广。这种“试验推广”的局部性改革方式尽管在某种程度上降低了改革风险，保证了整个改革过程的可控制性和稳健性，但是局部性改革本身的推广依赖于国家对不同领域和不同地区的强制性与行政性的隔离与割裂，容易导致不同地区和经济领域的发展与改革的不均衡性。但从总体来说，局部性的“试验—推广”的积极效应远远大于其消极层面，局部的尝试性改革激发了创新精神，同时也是整个国民对新体制和新模式的不断学习、适应和鉴别的过程，这对于降低改革的实施成本产生积极作用。这种模式对全球其他转型国家无疑也有借鉴意义。

第五，中国经济改革具有建立在有效利益补偿机制基础上的帕累托改进性质。改革说到底是一个利益格局的变化过程，在这个过程中，如何建立有效的利益补偿机制，使得改革中每一个人的福利均能获得“帕累托改进”而不是“非帕累托改变”，是经济改革的核心问题。在中国整个改革过程中，中央决策者都能够在改革推进的关键时点对改革的受损者进行及时的补偿，使得改革的实施成本和摩擦成本降低到最低限度，避免了社会格局的断裂。尤其是近年来，中央提出“城市反哺农村、工业反哺农业”，农业税的取消、农村合作医疗的推行、农村公共设施财政支付力度的加大、农村教育经费的倾斜等，都是这种利益补偿机制的有机组成。

第六，中国经济改革的成功推行有赖于有效的财政分权体制以及由此激发的地方政府创新精神。在中国的渐进式的转型中，地方创新行为总是充当了相当重要的角色，地方政府以及其他微观经济主体共同形成了地方性的创新主体，从而有力地推动了中央计划者的改革行动，而中央计划者总是在总结地方创新主体的创新经验之后将其适当合法化，从而形成整个国家的集体行动。

很多经济学家认为，转型中的地方政府之所以会有发展经济的行为，是来源于边际激励很强的财政分权体制的作用。财政分权体制给中国转型中的地方政府形成了很强的发展经济的激励。地方政府在财政分权体制下有足够的动力和内在激励去发展地方的经济，并给地方民营经济创造良好的发展条件。地方政府与民营企业的互动促进了民营经济的发展，而地方政府官员与地方经济发展在利益上的一致性是地方政府能够选择促进民营经济发展的重要原因。

第七，在中国经济改革中，一个显著的表现是在整体性的制度安排尚未作出系统性改革的条件下对某些微观主体创新行为采取默许式激励方式，这构成渐进式转型的一个重要特征。农村的家庭联产承包责任制的推行并不是在全国一刀切式地进行推广的，在家庭联产承包责任制试验的初期，农民和地方政府表现出强烈的创新意识，但是对于微观主体的自主创新，中央采取了务实的宽容态度，允许农民的自发试验。国有企业改革的各种自发性尝试行为也被中央默许和鼓励，而不是被武断地以一种统一的模式推行。在金融体系的改革中，各地农村合作金融机构和城市金融机构在产权重组与经营模式多元化上也得到了中央的默许式激励。这种对微观主体创新行为的默许式激励被证明是有效的，它容许在一定范围内的自发试验，容许微观主体在合理的程度上进行局部的创新，结果是为整个制度创新和制度变迁提供了必要的舆论前提和经验准备。

第八，在经济改革进程中，中国在保持国家控制力和意识形态稳定性的前提下，建立了有效的不同利益集团的制衡机制与利益表达机制。很多国内外文献指出，中国持续稳定的经济增长和顺利的转型，依赖于强大的国家控制力和政治格局的相对稳定，同时中国在持续的法治化努力下建立了新的制度框架和法律框架，不同利益集团的利益均衡和利益表达有着比较畅通的渠道，这为解决经济改革中利益主体不均衡问题提供了制度基础和有效渠道。这是值得发展中国家和转型国家借鉴的一条基本政治经济学智慧。

四、中国经济体制变迁的若干检讨和未来方向探讨

20世纪70年代末期在中国掀起的意义深远的巨大的改革洪流，奠定了中国在此后40年间改革与发展的基调，它对于中国人民思想观念上的强烈冲击和对于中国经济体制的深刻影响，已经并将继续随着历史的演进逐渐清晰地显现出来。广泛而深刻的体制变迁使中国获得了崭新的经济形态，40年间高速度的经济增长、广大民众生存与福利状况的巨大改善、国家综合实力的迅猛提升，这些举世瞩目的经济成就，成为近代世界经济发展史上罕见的经济赶超奇迹，中国被公认为经济发展与体制变迁的成功范例。

这场改革带给中国人观念上的震撼是无可比拟的，中国人通过这场波澜壮阔的变革获得了对于传统体制的宝贵的反思力量，我们难以想象，如果没有这种反思的勇气，中国如何能够支撑如此艰巨而漫长的改革进程。正如前述，早在中国社会主义经济建

设的初期，毛泽东就力图突破传统的封闭的苏联模式而在发展战略构想中独创具有中国特色的发展道路，这些思想和实践为中国70年代末期的经济改革创造了某种富有弹性的制度空间。邓小平继承并发扬了这种实事求是的反思精神，开启了一个中国民众自主选择发展模式的新时代。通过比较这两个时代背后的精神实质，我们发现，这种反思和叛逆的勇气是一脉相承的。

邓小平同志1992年春天的南方讲话是一个具有重大历史意义的事件，他对中国传统社会主义意识形态的冲击改变了许多根深蒂固的观念。保守主义者心目中不可更改的许多信条，如所有制问题，分配制度问题，社会主义本质特征，市场经济与社会主义关系问题等，都有了崭新的迥然不同的表述。社会主义成为一种“弹性的解释体系”，它再也不与单一的所有制、平均主义的分配制度、大一统的高度计划经济体制等意识相联系，而是与多元化的所有制结构、承认收入差异性以及更重视价格配置资源作用的市场经济体制相联系。

回顾这40年的改革进程，我们会发现，凡是我们遵循经济发展的基本规律、尊重微观经济行为主体的选择权利、坚持改革的市场经济取向的时期，我们的改革事业就会顺利地进行，反之就会出现改革徘徊不前以至倒退的局面；我们还会发现，凡是在那些尊重微观主体的自主选择权利、鼓励和保护微观主体制度创新的热情、始终坚持市场经济的基本取向的经济领域，我们的改革就会取得巨大的成效。改革开放初期农村生产经营体制的成功改革和乡镇企业的迅猛崛起，都是这个结论的最为有力的佐证。中国将社会主义市场经济作为改革的基本目标模式，是经过40

年改革的风风雨雨坎坎坷坷之后得出的正确选择，我们终于认识到，只有将市场调节作为资源配置的基本手段，才能最大限度地激发微观主体的创新热情，才能实现物质和人力资源的最优配置，才能促进生产力的持续稳定的发展。可以说，始终不渝地坚持改革的市场经济取向，是中国40年改革最为宝贵的经验。

一个竞争性的有效率的市场经济体系包含三个基本要素：其一是必须有自主经营、自负盈亏、产权明晰、权责明确的并有自主的市场选择权利的微观经济行为主体，其二是必须有以竞争性的市场价格为导向的包含各种要素的完善的市场体系，其三是必须有主要通过市场手段进行调节的规范而有效的宏观管理体系。这三个要素互为条件互相制约，共同构建成一个完整的市场经济体制。经过40年的改革，我们完全可以说，我们已经初步建立起社会主义市场经济体系，在重塑充满活力的市场主体、构建竞争性的市场机制和完善政府宏观调控体系三个方面都取得了突破性的进展。但是，这并不意味着我们的市场经济体系已经完美无缺，恰恰相反，以上述三个标准来衡量中国的市场化改革，我们发现我们还要有很长一段路要走。在重塑具有充分活力的市场主体方面，中国的国有企业改革还要按照市场化的要求继续深化，国有企业一方面要建立产权明晰的现代企业制度，使得国有企业真正成为摆脱行政依附色彩的独立的市场主体，另一方面要按照“有所为有所不为”的原则逐步从竞争性产业中实现战略性退出。在构建竞争性的市场机制方面，中国要切实营造一种鼓励竞争的社会氛围，消除国有经济在某些竞争性行业的垄断地位，鼓励和允许民间资本平等参与市场竞争，并消除在某些行业中仍旧残存的不符合市场经济规律的价格管制。在完善政府宏观管理体系方面，政府要转变传统的强力行政干预的观念，主要运用市场化的手段对经济进行规范的宏观调控，减少对经济运行的直接介入。“把企业当作企业，把政府当作政府”，这是一个极为浅显的道理，但是要实现这样的目标，中国还要付出更多的努力。

我们还要反省渐进式变迁的消极层面。40年以来，中国采取的是一种渐进式的以制度的局部创新和地域的局部开放为突破口的改革模式，在旧有的传统体制尚未彻底消失的前提下进行新体制的尝试，这种从旧体制内生出来的增量改革路径是制度创新成本和体制摩擦成本最小的一种模式，与那些暴风骤雨式的制度变迁的激进模式相比，这种渐进模式更易于被民众接受，避免了巨大的社会恐慌、社会利益结构的震荡性变化以及经济秩序的极端混乱。但是，渐进模式初期的成功并不意味着它完美无缺一劳永逸，它对旧体制的宽容为以后改革的彻底性设置了一定的屏障，丧失了全面彻底改革的最佳时机，使得制度弊端和体制缺欠得以苟延残喘恶化淤积，直到不可收拾的地步，这也是在经过高歌猛进的变革阶段后改革突然变得步履维艰的内在原因。政治体制改革的缓慢和延宕，国有企业产权改革的徘徊，以及行政体系的无效率，对于改革的进一步推进起到严重的阻碍作用，渐进模式在这些领域的犹疑态度在长期中使得改革成本加大，旧体制对于经济增长的阻力开始显现，而新旧体制“双轨”并行不悖的增量改革的能量已经释放殆尽。渐进模式并不意味着放弃彻底而全面的制度创新，尤其是政治制度创新。

我们还要防止过度的市场化带来的风险，对某些领域过度市场化的弊端要有足够的警惕和反省。我们要深刻检视国家和市场的关系，十八届三中全会正确地指出："要让市场在资源配置中起决定性作用，让政府在资源配置中起更好的作用"。对于后面一句话，我们恐怕还要有更为深刻的认识。在很多涉及国民基本福利和社会保障的领域，在很多民生和公共服务领域，过度的市场化已经给社会稳定和经济发展造成了巨大的负面影响。医疗领域过度市场化带来的看病难看病贵问题，教育领域过度市场化带来的教育乱象和教育质量下降问题，已经引起了全社会的关注和不满，即使在国有企业的改革方面，凡是涉及公共领域（比如在廉租房领域，在涉及公共安全的金融领域），也要在市场化方面极为审慎，不能以市场化为名损害广大人民的基本福利，不能以有损整个社会的和谐稳定为代价来盲目推行市场化。我们还要警惕在推行市场化的过程中行政权力与资本的勾结，警惕官僚资本主义对整个国家秩序和市场秩序带来的损害。我们还要防止在市场化过程中利益格局的固化和社会结构的固化，要创造一种合理的、弹性的、灵活的机制，给广大人民尤其是在社会经济结构中处于底层地位的人民以改变命运的机会，降低他们的生活和创业成本，给他们以生存的基本保障，并给他们提供发挥才智的空间，使他们活得有尊严，有幸福感，有稳定感，有对未来的希望。要高度警惕和极力防止两极分化，防止某些垄断性的阶层运用自己的垄断地位谋取垄断利益，要创造一种公平的、竞争性的、透明的游戏规则体系，让整个社会富有弹性和协调性，打破僵化的社会结构。我们要尤其关注城乡一体化和区域一体化的发展，尽最大努力消除地域性和族群性的贫困，促使公共服务和社会保障均等化和普惠化，使人民尤其是农民和城市贫困居民能够分享社会发展和社会变革带来的红利，以此来保证整个社会的长治久安和经济的可持续发展。

本章参考文献

[1] 建国以来毛泽东文稿（第 8 册）. 北京：中央文献出版社，1993

[2] 建国以来重要文献选编（第 13 册）. 北京：中央文献出版社，1996

[3] 建国以来重要文献选编（第 14 册）. 北京：中央文献出版社，1997

[4] 建国以来重要文献选编（第 15 册）. 北京：中央文献出版社，1997

[5] 韩俊 . 中国经济改革三十年：农村经济卷，重庆：重庆大学出版社，2008

[6] 贾艳敏 . 农业生产责任制的演变 . 镇江：江苏大学出版社，2009

[7] 李玲 . 人力资本、经济奇迹与中国模式 . 载潘维主编：中国模式：解读人民共和国的 60 年 . 北京：中央编译出版社，2009

[8] 莫远人主编 . 江苏乡镇工业发展史 . 南京：南京工学院出版社，1987

[9] 上海财经大学课题组 . 中国经济发展史（1949–2005）（上），上海：上海财经大学出版社，2007

[10] 王曙光 . 金融自由化与经济发展 . 北京：北京大学出版社，2004

[11] 中华人民共和国农业部计划司编 . 中国农村经济统计大全（1949–1978）. 北京：农业出版社，1989

第二章

混合所有制经济与国有企业改革

本章发表于《新视野》2016年第3期，作者：王曙光、徐余江。

本章对混合所有制经济构建过程中理论界的主要争议进行了系统评述，阐释了宏观视角、微观视角、双重视角下混合所有制经济的内涵并进行对比分析，创新性地提出了三种视角下的混合所有制经济构建与中国经济及国有企业改革过程中的三个阶段特征及政策取向的对应齿合关系，并从企业组织及产权结构方面探讨混合所有制企业的四种实现形式，最后针对混合所有制经济构建中六大关键问题进行澄清与说明。

一、混合所有制经济的构建：理论界的主要争议

混合所有制经济的构建相关研究成为近期理论界和学术界关注的热点问题之一。众多专家学者从混合所有制经济的内涵与性质、发展混合所有制经济的目的与意义、混合所有制经济的实施路径等方面开展了广泛、系统的讨论研究，取得了较多具有重要价值的学术成果，但同时也存在诸多重大争议。

混合所有制经济的内涵与性质是理论研究的基础与前提。混合所有制经济的内涵与性质的争议主要体现在三个方面。一个方面是从宏观及微观二元视角理解混合所有制经济的内涵与性质，这也是多数学者采用的视角，其中宏观的“基本经济制度论”主要关注社会的所有制结构，微观的“所有制实现形式论”主要关注企业的产权结构。学者们普遍认为，十八届三中全会所说的混合所有制经济就是指微观层次上的混合所有制。

其次，是从基本经济制度的实现形式来界定，持这一类观点

的学者，更多的是强调国有资本与非国有资本等不同资本之间的交叉持股、相互融合，并认为，如此界定混合所有制经济更能直接体现坚持和完善基本经济制度的用意，也更利于促进多种所有制经济的共同发展。

最后，是从与股份制之间的关系来理解混合所有制经济的内涵与性质，有学者认为，股份制经济不一定是混合所有制经济，但混合所有制经济肯定是股份制经济，是股份制经济的升级版。

对混合所有制经济的目的与意义的理解势必会影响国有企业改革顶层设计原则和实施路径。有学者认为，发展混合所有制经济的根本目的是壮大而不是削弱国有经济的影响力、控制力和竞争力；加强而不是破坏中国特色社会主义的制度基础；提升而不是降低国家竞争力。发展混合所有制经济有利于发挥各种所有制取长补短，有利于盘活资本。也有学者从破除国有企业垄断角度理解，发展混合所有制是为了增强国有企业的市场竞争力，为了有效破除长期被诟病的行业垄断问题。从社会主义市场经济制度的基础角度，有学者认为国有企业不是社会主义的基础，除极少数企业因国家战略需要而控股外，国家应一律以参股为主，在上市公司等领域还应向小股东转变。归纳起来分析，混合所有制经济的目的与意义之争主要体现在公有制经济主体地位、非公有制经济发展空间、国有企业私有化、社会主义市场经济制度等方面。

混合所有制经济的实施路径相关的研究主要体现在两个方面，一部分研究从全局出发，以企业投资主体多元化的视角，提出了新建企业、增资扩股、公开上市认购资本、股票流转、资本转让等方式构建混合所有制经济，提供了适合于多数企业可操作的构建思路；另一部分研究从具体的行业出发，以产业链垂直细分的视角，依据垂直细分行业特点与市场化程度，分环节地构建混合所有制经济。

整体分析，构建混合所有制经济的相关讨论较为激烈，存在诸多争议。混合所有制经济的内涵与性质、不同视角的混合所有制经济形态与中国经济改革及国有企业阶段特征之间的关系、混合所有制经济的实现形式、以及对构建过程中诸多关键问题的理解认知偏差等，仍需在基本理念层面进行辨析与澄清。

二、什么是混合所有制经济——三种视角的比较分析

随着中国经济改革及国有企业改革的进程，构建混合所有制经济的内在机理及外部环境发生了深刻的时代变化，仅从微观或宏观二元视角进行分析研究，显然存在一定的局限性和阶段性，不利于把握混合所有制经济的本质与内涵。

构建混合所有制经济可以从微观视角、宏观视角以及双重视角去理解与探讨，而不同的视角反映了研究主体、主次矛盾、内因外因的不同，由此衍推的改革战略、顶层设计、实施路径也迥然不同。

1. 微观视角

微观视角下的混合所有制经济往往被理解为企业内部的所有

制形式与组织形式，即不同所有制的资本在一个企业内部的混合，共同构成一个企业的产权结构。因此，微观视角下的混合所有制经济，也就是企业内部的产权结构的多元化。

2. 宏观视角

宏观视角下的混合所有制经济往往被理解为整个社会中不同所有制企业的并存。即私有资本组成的企业与国有资本组成的企业在整个社会中同时存在，展开公平的竞争。因此，从整个社会的产权结构来看，出现了多元化的格局。

3. 双重视角

双重视角下的混合所有制经济则是一种折中的全面的理解。企业内部的所有制形式与组织形式的多元化，有利于调动不同所有制的产权所有者的积极性，发挥不同所有制的产权主体的优势，有利于建立完善的法人治理结构。从全社会的宏观视角出发所理解的混合所有制经济，强调不同所有制的企业在市场经济中平等的法律地位和竞争主体地位，有利于加强不同所有制企业之间的竞争，消除传统体制中所有制的垄断，使国有企业和非国有企业在同等的市场条件和政府法律框架下展开公平的竞争，从而提高社会主义市场经济的运行效率。实际上，真正的混合所有制经济，既是微观意义上的企业内部的产权结构的多元化，又是宏观意义上的全社会企业所有制形态的多元化，这两者是不矛盾的，是融通的，共同构成完整意义上的混合所有制经济。

三、不同视角的混合所有制经济形态与中国经济改革和国企改革的三大阶段性特征呈现对应齿合关系

中国经济改革三十年采取的是“摸着石头过河”总体策略，实现了从计划经济向市场经济转变，改革内容主要涉及价格改革和国有企业改革。国有企业改革模式的演进是在中国经济改革大的背景下发生的。改革中采用了“双轨制”和渐进式改革策略，改革增量，保有存量，逐步放开价格市场，最终实现并轨发展。“双轨制”的发展促进了非国有经济的发展，“边际”突破式的发展成效明显，有效补充了社会主义市场经济，出现了国有经济与非国有经济同时存在发展的局面。早期国有企业的改革主要是放权让利，扩大企业自主权，采用承包制发展国有经济。这一时期，国有企业的发展取得了显著成效，在双轨制的庇护下获得了巨大的利益，避免了经济调整的严重干扰以及经济转型中的严重衰退。随着非国有经济的发展和国有经济扩大自主权的改革，进一步加速了价格改革的进程，从而在20世纪90年代初实现了并轨发展。国有企业的改革模式，国有经济的发展壮大，应放入到中国经济的改革发展、多元构成、主辅并存的大背景中来分析，同时也应看到国有经济与非国有经济的共同发展对促进价格改革的推动作用，从而又反馈作用于两者，形成下一步改革的正循环的政策输入，由此进入到中国经济改革的良性循环的大脉络中，而不仅仅是看到“治乱”的局部。中国经济改革与国有企业改革都是处在

螺旋式上升的发展进程中，尽管会出现“政策回流”，但改革积累的势能必定能够冲破回流造成的影响。改革早期，随着非国有经济迅速发展，国有经济保有增长，“中国被带回到一个混合经济体制中”。

随着中国经济发展，财税制度改革，非国有经济发展壮大，中国经济的结构发生了多元变化，中国经济的增长推动力发生了内在移易，中国经济及国有企业的改革策略出现了新的阶段特征。

90年代初期，一方面，随着非国有经济发展及财税制度改革，国有企业在地方政府中的经济地位逐步弱化，甚至成为“包袱”，地方政府主要的精力集中于提供良好的公共服务，以培养有利于经济发展的商业环境。区域竞争成为中国经济转型背后的最强推动力。另一方面，“放权让利”并不能让国有企业更加独立自主，国有企业亏本经营影响整个中国经济发展。随着中国经济整体外部环境的变革发展，从改革模式的信息成本和改革的阻力上来分析，此时注重企业微观主体的现代企业制度的建立是更合适宜、更加必要、更加迫切。在这样的背景下，国有企业开启现代企业制度建立及股份制改革，完善企业法人治理结构，引入多元投资主体，进行股份制改造，实现国有企业资本市场上市。对国有企业进行股份制改革，从而真正构建具有市场主体地位和资格的企业，促进社会主义市场经济微观基础形成，成为这一阶段的历史使命。由此，中国经济改革与国有企业改革超越了渐进式改革的“边际”突破的特征，而出现了整体性和系统性特征。

进入新世纪后，中国经济依然保持稳健高速增长，国有经济与非国有经济在不同领域和行业都实现了巨大发展。一方面，国有经济涉及领域行业更加集中，主要涉及公共品供给、基础设施、金融电信、国防军工等重要产业；另一方面，非国有经济发展已经成长为社会主义市场经济的重要组成部分，主要涉及消费类、服务业等产业，创造的利润、就业等远远超过国有经济。国有企业发展面临着解决股份制改革过程中遗留问题，亟须完善现代企业制度，进一步提升资本实力和市场竞争力；同时面临民营企业要求开放垄断领域的外部压力，肩负加入全球市场竞争的国家使命。国有企业在这个阶段的改革主要特征应该是双重的，既要注重企业内部治理结构完善，发展股份制，企业投资主体实现多元化，也要从社会经济结构层面开放垄断领域，引入竞争机制，促进国有经济的市场竞争力，增强资本实力。

通过上面分析梳理，我们理清了中国经济改革与国企改革的阶段性特征，而自中国经济改革肇始，混合所有制经济的发展可以说一直伴随着国有企业改革的进程。三种视角下的混合所有制经济与我国经济改革和国有企业改革不同时期政策取向形成了对应齿合的关系，反映了不同时期的改革重点与特征。

1. 宏观视角的混合所有制经济与国企改革早期阶段的对应齿合关系

宏观视角的混合所有制经济反映了我国经济改革和国有企业改革早期阶段的主要政策取向。在这个阶段，尚不具备全面改革国有企业所有制的历史条件和机制条件，因此改革主要体现为增量改革模式，即在原有的国有企业的所有制结构尚未进行根本性变革的情况下，鼓励非国有经济的快速发展，从而形成国有经济和非国有经济共同成长的局面。整个国家的经济形态呈现出多元化发展的特征，既有遍布全国的私营经济成分，尤其是各地涌现出很多私营的中小企业，而非国有的中小企业的迅猛成长，是中国增量改革最显著的成就之一，这一成就，弥补了国有企业在改革过程中所产生的诸多成本（如失业），显著降低了社会的摩擦成本和转型成本，使整个经济能够以一种较快的速度增长，同时使整个社会结构不至于在迅猛的改革中出现撕裂。因此在早期的国有企业改革中，更多地采取承包制等不直接触动企业所有制的改革形式和激励形式，在维持国有企业发展方面发挥了不可或缺的缓冲作用，为国有企业的所有制改革赢得了宝贵的时间和历史条件。在当时的历史条件下，国有企业的所有制形态不可能骤改，只能渐改，因此在体制上就形成了颇具中国特色的“双轨制”与渐进性特征，而这两个特征，构成了中国社会市场经济构建早期和经济改革早期的两个主要特征。但是这个时期，仍旧维持了国有企业在整个经济中的垄断地位，仍旧没有触及非常敏感的所有制问题，这两个问题，只能等待历史条件具备时才能得到水到渠成的解决。

2. 微观视角的混合所有制经济与90年代末期国企改革中期阶段的对应齿合关系

微观视角下的混合所有制经济则基本反映了中国经济改革在20世纪90年代末期到21世纪初期的阶段性特征。改革的深化使人们认识到，单纯的承包制尽管在短期内起到一定的效果，但是刻意回避所有制改革却使得承包制在长时期中难以维系，承包制难以提供有效的激励和约束机制，难以完成构建真正的市场经济主体的历史使命。因此对国有企业进行股份制改革，从而真正构建具有市场主体地位和资格的企业，使社会主义市场经济真正具备微观基础，就成为这一阶段的历史使命。20 世纪 90 年代到 21 世纪初期，国有企业股份制改造在全国展开，建立现代企业制度成为这一时期决策部门和学术界的共识。而资本市场的适时建立和有效运作，为国有企业的股份制改造提供了市场机制基础。这一阶段的国有经济获得了较快的发展，国有企业虽然在数量上有所减少，但是绩效却有实质性的提升，国有企业终于摆脱了困境，实现了历史性的跨越。此时的中国经济改革，已经超越了增量改革的思维，而进入实质性的存量改革的阶段，即对存量的国有经济进行比较深刻的所有制改革；同时，中国的经济改革，也相对超越了渐进式改革的“边际”突破的特征，而出现了整体性和系统性特征，甚至在一些局部的国有经济改革中体现了快速推进的特征（如国有银行的股份制改造和上市），这一本来属于激进式改革的行动模式，之所以在中国能够水到渠成地顺利实现，与前一时期经济的平稳较快增长以及增量改革的成就是分不开的。

3. 双重视角的混合所有制经济与新世纪以来国企改革深化阶段的对应齿合关系

双重视角下的混合所有制经济，则反映了中国进入新世纪之后国有企业改革进一步深化阶段的新特征。在这个历史阶段，既需要在整个经济中平行发展国有经济和非国有经济，鼓励各类所有制主体的成长，消除国有企业在若干产业中的垄断地位，从而激发市场经济的活力；同时，又需要在微观层面继续深化国有企业的所有制改革，继续完善国有企业的法人治理结构，继续探索创新国有资产管理的有效形式。

双重视角下混合所有制经济的构建，意味着我国未来企业改革的两种可能的路径选择：从微观来看，必须进一步推动国有企业的产权多元化，进一步吸引民间资本进入国有企业，这一方面可以极大地增强国有企业的资本实力和市场竞争力，另一方面更可以深刻地影响其内部治理结构，完善公司法人治理，建立真正有效的激励和约束机制。而后者，也许对中国的国有企业改革更加重要，其影响也更深远。这也是中国推行股份制改革的主要初衷之一。不同性质的资本进入国有企业之后，都要按照公司法的要求发挥其治理作用，都要在其中发挥其话语权，这对于国有企业形成真正有效的激励约束从而改变原有国企内部人控制局面是非常重要的，而这也是保障国有资产进一步保值增值和国企可持续发展的重要内在机制。

而从宏观视角来看，其可能的路径选择则是进一步降低行业的垄断程度，允许私营资本进入这些行业，从而改善这些行业的竞争程度，激活整个经济的活力。如此，则私营企业和国有企业（以及由不同比例的国有和私营资本构成的各类企业）可以在一个平台上进行公平竞争，它们面临着共同的准入门槛，执行同一的游戏规则，国家对它们一视同仁，没有任何歧视待遇，从而使市场经济主体的平等性这一前提得以实现。

为了保障混合所有制经济构建中的公平性，防止国有资产流失，应该建立完善的资本市场，建立完备的交易制度，使不同市场主体的产权交易能够在这个市场上进行公平、平等、自由和透明的交易。防止内部交易、黑幕交易、暗箱操作，防止内部人利用手中的权力变相侵吞国有资产，防止在构建混合所有制经济过程中国有资产的“制度性漏出”。

四、混合所有制经济的实现形式：企业组织与产权结构

混合所有制经济的实现形式，从企业组织经营形式角度来看，主要是建立现代企业制度的问题；从所有制层面来看，主要是完善产权制度的问题。混合所有制经济的构建涉及国有经济成分与非国有经济成分在企业内部产权结构的安排分布。以国有经济在企业中独资、控股、非控股，以及纯粹非国有经济成分的四种情况进行分类，对上述四种情况所对应的经营领域、产业进行归纳阐释。

①国有经济成分的独资形式。即纯粹的国有企业，在极少数的涉及国家重大战略性利益和国家重大安全问题的产业可以采纳此种模式。

②国有经济成分的控股形式。包括相对控股和绝对控股。绝对控股模式适用于国家战略性利益和国家安全问题的产业，如民生安全产业、银行体系、信息产业体系。

③国有经济成分的非控股形式。国有和非国有经济成分在股权上没有比例限制，在产权构成上具有自由裁量权，适用于大部分竞争性产业。

④纯粹的非国有经济成分的企业。即纯粹的私营企业。

以上四种形式，都是混合所有制经济中应该包含的四类企业。而由这四类企业所形成的经济体，即可被称为混合所有制经济。不要以为混合所有制经济中就不能有纯粹的国有企业（即国有经济成分的独资形式），这是一种绝对化的理解，也是一种错误的理解。混合所有制经济的形成，是以上四种不同所有制形态的企业共存所形成的，不能排斥任何一种企业形式。同时，混合所有制经济的形成，既有可能是在国有经济成分为主的企业中引入非国有经济成分，也有可能是在非国有经济成分中引入国有经济成分，这种所有制的混合是双向的，而不是单向的，是相互的融和，而不是单纯在国有经济中掺入非国有成分。这一点务必要在政策层面加以申明和强调，否则会在执行层面造成很大的流弊。

五、构建混合所有制经济中应澄清和把握的六大关键理论问题

关于构建混合所有制经济，各个界别讨论都很多，对构建混合所有制经济存在或多或少的理解认知偏差，本章认为，构建混合所有制经济应澄清和把握以下六大关键理论问题。

1. 混合所有制经济与股份制不要混为一谈

股份制是一种在微观意义上理解的混合所有制经济的实现形式，是一种企业内部的组织形式和产权结构形式。而混合所有制

经济在内涵和外延上都超越了股份制的范畴，把混合所有制经济与股份制等同起来的观点，是偏狭的，也是错误的。股份制是公司制的一种，其产权由不同来源的资本所构成，但不涉及资本的性质问题。一个纯粹国有经济成分的企业，也可以是一个股份制企业，因为它完全有可能由不同的国有经济体出资组建（我们可以称之为纯粹国有股份制企业）。同样地，一个纯粹私营经济成分的企业，也可以是一个股份制企业，因为它完全有可能由不同的私营经济体出资而组建（我们可以称之为纯粹私营股份制企业）。仅仅由诸多纯粹国有股份制企业构成的经济，不能称之为混合所有制经济；同样地，仅仅由诸多纯粹私营股份制企业构成的经济，也不能称之为混合所有制经济。通过以上的辨析，我们很容易发现，股份制与混合所有制经济并不是同一概念。

2. 混合所有制经济构建过程中要避免简单等同于私有化

从混合所有制经济的实现形式看，其中包含着双向的产权流动，即：既有可能是在纯粹国有经济成分的企业中引入私营经济成分，也有可能是在纯粹私营经济成分的企业中引入国有成分。但是这种双向的产权流动都不能理解为私有化，而是应理解为在企业内部的产权结构的多元化。目前应该警惕的一种不良趋向是，国有经济的内部控制人利用手中的特权，稀释国有经济股权，以低于市场均衡价格的价格出让国有股份，从而导致变相的私有化，导致国有资产的流失，引起经济改革的“非帕累托”结果。由这种不良的趋向带来的严重后果是，我国在构建混合所有制经济的过程中催生出一个由特权阶层演变而来的既得利益阶层，他们侵吞了国有资产，从而造成国家社会结构的撕裂和贫富差距的人为拉大，这对我国的未来经济发展和社会和谐是极为危险的因素。

3. 混合所有制经济构建过程中要兼顾公平与效率

由以上所论述的私有化趋向所导致的最大消极后果是我们在改革过程中损失了公平。混合所有制经济的构建，其目的是为了增强国有经济的活力，是使国有资产保值增值，是增强资本的活力和资源配置的效率。但是如果这种效率的增进是以显失公平为代价，那么这种效率的增进是不可持续的，也是一个坏的增进。

同时，我们还应该警惕另外一个趋向，即在构建混合所有制经济过程中出现“过度混合”的现象。在涉及国家重大战略利益和民生利益的非完全竞争领域，过度地引入私营资本，也会带来若干严重的消极后果，英国等欧洲国家在20世纪80年代的自由化进程中的过度私有化以及俄罗斯等国在转型过程中的过度私有化所带来的民众公共福利的降低和公共品供给的低效，其教训是惨痛的，其对社会公平和效率的双重消解是非常严重的，值得我国在构建混合所有制经济进程中警惕。

4. 混合所有制经济构建要注意因地制宜、因企制宜和循序渐进

在中央提出加快构建混合所有制经济之后，各地均制定了区域性的混合所有制经济构建计划，一时颇为热闹。但是一个值得关注的趋势是，很多地方政府对于混合所有制经济的理解有偏差，

认为混合所有制经济的构建就是在国有企业中简单地掺入私营资本，而且某些地方政府对于国有企业中掺入多少比例的私营资本进行硬性的规定。而且，很多地方政府均制定了严格的详尽的混合所有制经济构建时间表，要求本地企业限时完成混合所有制的构建工作。这种行政指令式的一刀切的做法，是违反市场原则的，也是极为有害的。一个具有市场主体地位和法律主体地位的企业，拥有自己的独立的不可侵犯的权利，去根据自己的市场竞争状况和企业运行状况，决定自己的企业到底采取何种产权形式和组织形式。我国国有企业情况复杂，地域情况千差万别，因此在混合所有制经济的构建过程中应注意因地制宜、因企制宜，不要盲目地运动式地推进，而要循序渐进，尊重各个地方、各个企业的独立决策权和差异性。

5. 混合所有制经济构建的根本目的之一是消除垄断

消除垄断也有两种不同的路径。一种路径是允许私营经济成分进入垄断产业，降低准入门槛，使国有经济成分与私营经济成分同时展开竞争，从而消除或减缓某些产业的垄断局面。另一种路径是允许原有纯粹国有企业（即国有独资企业）中引入私营经济成分，由国有资本与私营资本共同构成股份制企业，从而降低某些产业中的国有经济成分的垄断。前一种路径可以保证能够降低垄断程度，加强市场竞争；而后一种路径有可能仅仅是通过掺入私营资本而增强了某个在产业中居垄断地位的企业的资本实力（并使其资本构成多元化），但对于改善该领域的垄断局面可能并无助益。我们不能排除这种可能性。因此，对于有些学者提出的试图依靠在垄断性国有企业中引入私营经济成分而消除垄断的建议，我们应该保持一定的辨别力，因为这种微观意义上（在一个企业内部）的产权多元化，并不能必然保证消除垄断，而有可能加剧垄断。

6. 构建混合所有制经济过程中应注重完善公司法人治理结构

有些国企在引入民间资本后，壮大了资金实力，股权结构进一步合理化。但是法人治理结构仍旧处在比较落后的阶段，国有企业原有的一套治理结构仍在起作用，民间资本的话语权在改制后的国有企业中没有得到充分的体现。这一方面挫伤了民间资本进入国有企业的动力和积极性，另一方面也违背了国有企业进行混合所有制改革的初衷。同时，一些地方在国有企业改制后，仍旧存在着政府强力干预的情况，使得改制后的公司法人治理结构形同虚设。

以我国农村合作金融体系的改制为例。近年来，全国农信社的改制正在迅猛推进，即从体制机制上全面整合现有农村信用社联合社，通过引进民间资本，以新设合并方式成立农村股份制商业银行，形成架构规范、运作科学、治理有效的公司治理模式。实际上，农村合作金融体系改制为农村商业银行，引进民间资本，就是我们所说的混合所有制改革。但是农村商业银行组建实践中存在的最大问题是这些由农信社改制成的中小银行的法人治理问题。从各地农商银行组建至今的运行状况看，公司治理的核心要求和基本精神目前大部分还只停留在书面和形式上，在管理上，各地省联社大多依旧采取传统的管理方式，深度介入作为法人的各地市农商银行的经营管理，成为各地农商行发展的桎梏。所有农商银行的董事长、行长、副行长等高管依然纳入省联社的“统一管理”，其聘免完全由省联社（即省政府）主导。重大人事安排完全抛开董事会，在董事会完全不知情的情况下进行，这种行为严重违反了我国《公司法》，违背了中央要求完善农信社法人治理的要求，给农信社体系的混合所有制经济构建带来严重的不良后果。如果在国有企业改革过程中不注重法人治理结构的规范和完善，而把混合所有制经济的构建仅仅简单理解为吸引民间资本进入国有企业，这种做法恰恰违背了混合所有制经济改革的初衷，这种“改资不改制”的模式与思路应该摒弃。

本章参考文献

[1] 季晓南 . 发展混合所有制是深化国企改革的突破口和加速器 . 上海经济，2014（5）

[2] 李艳秋 . 十八届三中全会以来混合所有制经济问题研究综述 . 思想理论教育导刊，2015（4）

[3] 王佳菲 .“混合所有制经济”若干问题辨析 . 前线，2014（7）

[4] 厉以宁，程志强 . 中国道路与混合所有制经济 . 北京：商务印书馆，2014

[5] 刘崇献 . 混合所有制的内涵及实施路径 . 中国流通经济，2014（7）

[6] 沈聪 . 混合所有制经济若干问题辨析 . 中国勘察设计，2014（8）

[7] 张卓元 . 当前需要深入研究的十个重大经济改革议题 . 中国特色社会主义研究，2014（3）

[8] 何自力 . 混合所有制经济：性质、目的与根本方向 . 人民论坛 · 学术前沿，2014（9）

[9] 周其仁 . 没有市场平台，国企改革是改不出来的 . 中国民商，2014（5）

[10] 任新建 . 对发展混合所有制的几点看法 . 上海人大，2014（4）

[11] 杨卫东 . 论新一轮国有企业改革 . 华中师范大学学报，2014（3）

[12] 张维迎 . 市场的逻辑 . 上海：上海人民出版社，2012

[13] 吴敬琏 .《吴敬琏文集（中）》. 北京：中央编译出版社，2013

[14] Ronald H.Coase，Ning Wang 著；徐尧，李哲民译 . 变革中国：市场经济的中国之路，北京：中信出版社，2013

[15] 林毅夫，蔡昉，李周 . 充分信息与国有企业改革，上海：格致出版社、上海人民出版社，2014

[16]Word Bank，“The Chinese Economy: Fighting Inflation, Deepending Reforms”, vol.I, Report No.15288-CHA：16，1996.

[17] 厉以宁 . 股份制与现代市场经济，南京：江苏人民出版社，1994

[18] 陈国平，欧阳向英，刘秀莲 . 俄罗斯国有企业改革 . 北京：中国社会科学出版社，2014

[19] 王曙光 . 天下农本——制度变革与文化自觉 . 北京：中国发展出版社，2015

第三章

国有资产管理模式的历史演变

本章发表于《当代中国史研究》2016年第5期，原题《新中国国有资产管理模式的演变——从全面介入到两权分离》，作者：王丹莉。

国有资产在新中国经济发展中一直扮演着重要的角色。本章尝试以政府与国有企业之间的关系为切入点探讨新中国成立以来国有资产管理所表现出的变化和特征。从政府直接干预下的国有经济体系的快速构建与不断壮大，到为了实现有效激励而进行的所有者与经营者之间“权”、“利”关系的不断调整，再到所有权与经营权分离后借助于国有资本运营公司实现国有股东的人格化，以市场化而不是行政干预的方式解决两权分离后存在于出资人与经营者之间的委托代理关系，新中国的国有资产管理经历了从直接到间接、从介入到评估、从微观到宏观、从管企业到管资产再到管资本的转变。

国有资产在新中国经济发展中一直扮演着重要的角色。计划经济时期，凭藉着由庞大的国有经济体系支撑的国有资产的运营，中国的基础工业得到了快速发展，并由此建立了相对完整的工业体系。改革开放后的今天，国有经济仍然是我国国民经济至关重要的组成部分。国有资产管理是解读中国政府与经济之间关系的一把钥匙。正因为如此，这一问题才一直备受关注。近年来，研究者对于国有企业的国有资产管理问题投入了更多的研究热情，以下几个方面常常是研究者探讨的重点：一是现有的国有资产管理模式及其存在的问题和可能的解决方案；二是对国有资产管理中所涉及的国有企业改革层面问题的讨论；三是对国有资本运营公司的经营现状及国有资本投资结构、产业布局等问题的深入分析；四是对国有资产管理中新出现的如国有资本经营预算制度等问题的探讨。由于问题本身与现实的密切联系，对国有资产管理的探讨大多是针对当下的管理实践进行的。本章尝试从历史的视角梳理新中国国有资产管理所发生的变迁，并探讨这一变化所体现出的特征。

广义的“国有资产”包括经营性国有资产和非经营性国有资产以及资源性国有资产三大类[①]，本章的“国有资产”仅指企业所拥有的经营性国有资产，因为不论是在计划经济时期，还是在改革开放以后，这都是国有资产中最重要的一个构成部分，也是我们分析国有资产管理时最需要关注的内容。对于企业经营性国有资产管理的讨论必然会涉及两个要素，第一个是国有资产的所有者，尽管理论上国有资产由全民所有，但由全体公民对国有资产进行管理在实践中缺乏可操作性，因此，现实中的国有资产“所有者”角色由政府来扮演。第二个是国有资产的经营者，即国有企业。本章即以政府与国有企业之间的关系为切入点探讨新中国成立以来国有资产管理所表现出的变化。概括而言，新中国的国有资产管理经历了从直接到间接、从介入到评估、从微观到宏观、从管企业到管资产再到管资本的转变。

一、国有经济体系的快速构建与计划管理的起步

新中国国有资产规模和国有经济体系的壮大并非发端于社会主义改造。1949 年前后，数量庞大的官僚资本企业的收归国有，连同解放区的公营经济及在此基础上组建起来的国营金融和国营商贸体系，以及政府通过征用、转让等方式接收的外资企业，为新中国国有经济体系的形成创造了条件。国民经济恢复时

① 李松森、孙晓峰编著：《国有资产管理》，东北财经大学出版社2010年版，第4页。

期，政府大力推动合作社经济的发展，这些举措使公私营企业的力量对比发生了快速的变化。在社会主义改造开始以前，国有经济在国民经济中的比重，特别是在交通、金融以及工业等领域，已经颇为可观。以工业产值为例，1949 年国营工业企业的产值占全国工业总产值的比重为 34.2%，1952 年这一比重已经上升到 52.8%[①]。

1949 年国营工业企业仅有 2858 个，1952 年已经增至 9517 个[②]。对国营企业实施计划管理的探索也从这一时期启动。1950 年 6 月，中央重工业部计划司在《国营工业经济计划工作的组织与方法》中强调“所有一切与生产及建设相关的全部经济内容”都必须包括在工业经济计划内，而“企业计划”应当包括产品计划、劳动计划、供应计划、成本计划等生产计划以及产品分配计划、基本建设计划和财务计划等内容。以产品计划为例，必须包括“产量的技术定额、生产设备的运用情况、产品之种类与质量、按月度及季度的产品数量和完成产品计划的技术条件”等内容[③]。企业计划应逐级上报主管机构，最终经中央人民政府批准后再下达执行命令。这种计划管理方式在赶超工业化战略开始实施后被不断加强。

① 中国社会科学院、中央档案馆编：《中华人民共和国经济档案资料选编・1949–1952・工商体制卷》，中国社会科学出版社1993年版，第976页。

② 中国社会科学院、中央档案馆编：《中华人民共和国经济档案资料选编・1949–1952・工商体制卷》，中国社会科学出版社1993年版，第267~283页。

③ 中国社会科学院、中央档案馆编：《中华人民共和国经济档案资料选编・1949–1952・综合卷》，中国城市经济社会出版社1990年版，第802~804页。

二、工业化目标下全面介入的“所有者”：计划经济时期的国有资产管理

1950 年统一财经后，中央政府财政收入大幅增长，使其推进大规模经济建设成为可能，而优先发展重工业的工业化目标的确立则直接影响了新中国政府对国有资产的管理方式。1953 年，中国在苏联的援助下启动了第一个五年计划，也在学习和模仿苏联的过程中建立起高度集中的计划经济体制。“一五”计划的基本任务就是“集中主要力量进行以苏联帮助我国设计的 156 个单位为中心的、由限额以上的 694 个建设单位组成的工业建设”[①]。为了推进这些项目的建设，政府开始进行大量的直接投资。从 1953 年到 1978 年的二十余年间，每一年国家投资在基本建设投资资金来源中的比重都在 70% 以上[②]，1961 年为 73.7%，是其中唯一低于 75% 的一年。政府的直接投资为国有资产的大规模形成奠定了坚实的基础。

政府不仅在国有资产的形成中发挥着重要的作用，还控制着国有资产的运营。从“一五”时期起，政府开始了对国营企业严格的计划管理。按照当时国务院的规定，关于国营企业的生产，总产值、主要产品产量、新种类产品试制、重要的技术经济定额、

① 李富春：《关于发展国民经济的第一个五年计划的报告》，《人民日报》1955年7月8日第2版。

② 国家统计局固定资产投资统计司编：《中国固定资产投资统计年鉴1950–1995》，中国统计出版社1997年版，第91页。

成本降低率、成本降低额、职工总数、年底工人到达数、工资总额、平均工资、劳动生产率、利润等12项指标都属于指令性指标，一经确定不得随意更改。1957年仅中央直属国营企业就有9300余个[①]，社会主义改造完成后，公有制在国民经济中占据了绝对主导的地位，越来越多的国营企业接受政府的指令性计划。

而除了生产环节的全程控制，国营企业的财务也受到政府的严格管理。在逐步建立计划经济体制的第一个五年计划期间，虽然时有调整，对国营企业基本上一直施行高度集中的统收统支的管理体制。国营企业日常生产经营中所需的各项资金，多由各级财政支付。以流动资金供给为例，从1951年起一直到改革开放，国营企业的流动资金除了在1959~1961年期间短暂地施行过由全部由银行供应外，其余时间或者全部由财政拨款，或者按照一定比例由财政和银行分别供应[②]。一般情况下财政拨款是国营企业流动资金的最主要来源，银行供应的只是很少一部分。而在利润分配方面，国营企业绝大部分的利润都要上缴财政，并不能自主支配。

也就是说，从计划经济体制确立开始，政府就以全面介入的姿态出现在国有资产的管理和经营当中，所有权与经营权实现了高度的统一，作为出资人的政府既是所有者又直接干预国有资产的经营。在物资集中统一管理、价格由政府控制、市场调节机制

---

① 董志凯、武力主编：《中华人民共和国经济史（1953–1957）》（上卷），社会科学文献出版社2011年版，第436页。

② 1956年4月1日李先念《关于财贸工作的汇报提要》：载中国社会科学院、中央档案馆编《中华人民共和国经济档案资料选编·综合卷·1953–1957》，中国物价出版社2000年版，第653页。

缺失的大背景下，承载着国有资产运营任务的国营企业从原料供应、要素价格、生产过程、产品分配与销售、基本建设、财务制度等方方面面都受到了政府的严格限制，几乎丧失了生产经营自主权。

过多的干预确保了资源向政府希望优先发展的部门倾斜，却抑制了国营企业的生产积极性。这一问题在第一个五年计划期间就已经显露出来，一方面，在生产经营决策和收益分配上的被动地位无法为企业提供有效的激励，难以调动企业更大的生产热情；另一方面，企业“收入多少，收入是否完成，和自己本身的支出不发生关系”[①]，即财政资金的无偿使用使国营企业没有足够的动力去增加收入节约支出，国营企业的这种“预算软约束”在计划经济时期始终存在。为了改变这一状况，使国有资产的运营更有效率，中央政府并不乏反思和改革，第一个五年计划完成后和20世纪的60年代末，在国有资产管理方面，中央政府曾经两次尝试放权。权利的下放包括两个层面：一个是将管理权下放给地方政府，调动地方政府的积极性；另一个是通过调整利润分配、适度扩大自主权等方式调动企业的积极性。但是，每一次快速的大规模放权往往都会带来一定时期内生产与管理的混乱无序以及地区之间、企业之间盲目的重复建设，使经济陷入一个“一统就死、一放就乱”的怪圈。在计划经济运行方式和强调重工业的发展战略没有发生根本性改变的前提下，国营企业的问题并没有得到彻底解决。以全面介入的所有者身份出现的新中国政府，高效而快速地构建了一个基本完整的工业体系，然而，如何在实现这

---

① 李松森、孙晓峰编著：《国有资产管理》，东北财经大学出版社2010年版，第4页。

一目标之后继续推动国有资产的高效运营是计划经济时期政府面临的一个难题。

三、两权分离下的出资人与经营者：现代企业制度构建过程中的国有资产管理

改革开放以后的国有资产管理大体上可以分为三个阶段：第一个阶段是 1978~1984 年，这一时期城市经济管理体制的改革逐步启动。为了调动企业的生产积极性，作为国有资产所有者的政府首先不再以全面介入的姿态出现，而是逐步向国有企业放权让利。第二个阶段是 1984~1992 年，认可并着手于探索所有权与经营权的分离、转变“政企不分”的局面是这一时期国有资产管理改革的主要特征。第三阶段是 1992 年以后，在社会主义市场经济体制的改革目标确立后，理论的突破成为国企改革的加速器，在构建现代企业制度的过程中探索公有制与市场经济的结合方式是这一时期国有资产管理的重点。所有这些变革的核心目标在于：第一，从“所有者”的角度而言，是改变国有企业一直以来存在的“所有者缺位”现象，一方面明确“所有者”的权利，另一方面也对政府的行为边界作出重新界定；第二，从“经营者”的角度而言，是让担负着国有资产保值增值任务的国有企业不再依附于政府，而成为市场经济条件下真正独立的并具有竞争力的经济主体；第三，在市场经济条件下寻求新的机制，以市场化而不是行政干预的方式解决所有权与经营权分离之后存在于出资人与经

营者之间的委托代理关系。

1. 从“放权让利”开始

如前文所述，在计划经济时期，为了减少高度集中的决策和管理模式对企业生产经营积极性的抑制，政府已经开始了一些扩大企业自主权、提高企业利润留成比例的尝试。改革开放初期的“放权让利”在一定程度上可以被视为这种思路的延续，但力度更大。1979 年 7 月，国务院发布《关于扩大国营工业企业经营管理自主权的若干规定》，在确保完成国家经济计划的前提下，这一规定赋予了企业在补充计划制定、产品生产与销售、利润留成、固定资产处理、外汇分成等方面一些自主权，但政府在计划制定下达、产品定价上仍具有绝对的主导权[①]。此后的几年中，全国范围内扩大经营自主权的试点企业数量不断增加，各种形式的经济责任制开始在大量企业中推行，国营企业的利润分配制度随之改革。1983 年和 1984 年财政部先后两次出台关于“利改税”的规定，对国营企业施行以税代利，与此几乎同时进行的是“拨改贷”，1983 年 6 月国务院批转央行《关于国营企业流动资金改由人民银行统一管理的报告》，其中明确提出从 1983 年 7 月起，“国营企业的流动资金，全部改由银行贷款供应，国家财政不再增拨流动资金。”[②] 国营企业必须通过贷款或自筹方式获取流动资金，而不能像以往一样依赖国家财政的无偿拨款。

① 国家经济委员会经济体制改革局编：《中国经济管理政策法令选编1979年1月–1983年6月》（上），经济科学出版社1983年版，第15~18页。

② 国家经济委员会经济体制改革局编：《中国经济管理政策法令选编1979年1月–1983年6月》（下），经济科学出版社1983年版，第410页。

1984年5月，国务院发出《关于进一步扩大国营工业企业自主权的暂行规定》[①]，和此前出台的规定相比，国营企业在产品的生产与销售中获得了更大的自主权，甚至原来的国家统配物资都允许企业在一定比例内自行销售，企业还可以在一定范围内对工业生产资料进行自行定价，此外，在机构设置、人事任用、工资奖金、联合经营等方面企业都可以根据自身需要作出相关决策。同年，经国务院批准，国家计委对计划体制进行改革，工农业生产中的大量产品不再推行指令性计划。尽管在这一时期的改革中所有制形式和隶属关系并没有发生大的变化，但市场调节逐渐被引入到国营企业的生产经营过程中，国有资产的经营管理已经告别了单纯由国家计划和政府行政命令来决定的时代。

2. 所有权与经营权的分离

从20世纪80年代中期开始，我国经济体制改革的重点逐步向城市转移，增强国有企业的活力成为经济体制改革的中心环节。1984年10月《中共中央关于经济体制改革的决定》中第一次提出国有企业的所有权与经营权可以“适当分开”，这意味着全民所有并不等同于必须由政府直接经营企业。1987年中共十三大报告中明确提出全民所有制企业“不可能由全体人民经营，一般也不适宜由国家直接经营”，为了企业的生机与活力，应当“实行所有权与经营权分离，把经营权真正交给企业”[②]。这一理念

① 中共中央文献研究室编：《十二大以来重要文献选编》（上），中央文献出版社2011年版，第394~397页。

② 中共中央文献研究室编：《十三大以来重要文献选编》（上），中央文献出版社2011年版，第24页。

的提出标志着国有资产管理的改革进入第二阶段，在肯定了“两权分离”的合法性与合理性之后，国有企业有权在保证所有权不变的前提下，灵活地选择经营方式以实现国有资产的保值增值，那么“政企不分”是必然要解决的问题。

短短几年的时间里，中央相继出台了一系列文件，1985年国务院批准《关于增强大中型国营工业企业活力若干问题的暂行规定》，强调“部门和城市都要实行政企职责分开、简政放权”；1986年9月，中共中央、国务院发布《全民所有制工业企业厂长工作条例》，提出厂长“对本企业的生产指挥和经营管理工作统一领导，全面负责”，即国有企业的领导体制为厂长负责制，而不再是“党委领导下的厂长负责制”；1986年12月国务院《关于深化企业改革增强企业活力的若干规定》提出对全民所有制小型企业可“试行租赁、承包经营”，对全民所有制大中型企业“实行多种形式的经营责任制”，并严禁截留下放给企业的权利；1988年的《全民所有制工业企业法》以法律形式确认了国家对国有企业施行所有权与经营权相分离的管理原则。1992年6月，国务院发布《全民所有制工业企业转换经营机制条例》，该条例明确了国有企业不仅享有生产经营决策权、产品及劳务定价权、产品销售权等权利，还享有进出口权、留用资金支配权、投资决策权、拒绝摊派权等等权利，企业在生产经营、利润分配、人事管理方面获得了前所未有的自主权。这些文件使政府与企业各自的职责日渐明晰，同时也推动着经营国有资产的国有企业成为独立自主、自负盈亏的经济主体。

3. 现代企业制度构建与两权分离后的“委托代理”关系

在所有权与经营权逐步分离的背景下，我们对国营企业的称呼也发生了改变，以“国有”替代了“国营”，称谓的变化已经可以看出国有资产管理模式的转变，代表全体人民行使“所有权”的政府退出了对企业的直接经营，“国有”更多的是对产权属性的强调。如果说前一阶段的改革侧重于调整政府与企业之间经济利益的分配关系，推动国有企业发展成为自主经营的独立经济主体，那么在 1992 年以后，改革则沿着两个方向向前推进：一个是从宏观层面探索“两权分离”后，作为所有者或者说出资人的政府如何实现对国有企业的管理和制约；另一个是从微观层面深入到国有企业内部，构建现代企业制度，完善公司治理结构，使国有企业能够适应市场经济条件下的竞争环境。

就宏观层面而言，两权分离、政企分开的一个直接后果是政府对国有企业日常生产经营活动行政性干预的不断减少，那么随之而来的问题是政府如何实现对国有企业的监督，以保证国有资产的增值和防止国有资产的流失。换言之，所有权与经营权的分离必然带来委托代理问题，如何在将国有企业推向独立的同时保障国有资产所有者的权益是这一层委托代理关系中必须解决的核心命题。1988 年 5 月，国家国有资产管理局成立，成为专门负责国有资产监督与管理的政府机构。这一机构在国有资产的管理方面做出了很多探索和改革，但仍具有一定行政管理的色彩。为了将简政放权落到实处，一些地方政府很早就开始了改组企业主管部门的尝试。如深圳、上海等地先后成立国有资产投资或经营管理公司，代表政府管理国有资产。1992 年，国有资产管理局还一度提出并推行“国有资产授权经营”的管理模式，尝试组建企业集团并授权企业集团对其旗下企业的国有资产进行管理，希望通过企业集团代行出资人权利以推动国有资产的保值增值。这些探索为今天国有资产管理模式的形成奠定了基础。

2002 年党的十六大提出了在坚持国有资产国家所有的前提下，由中央和地方政府“分别代表国家履行出资人职责”的新设想。2003 年 4 月，国务院国有资产监督管理委员会正式成立，政府作为国有资产所有者所应履行的职能与其所承担的社会公共管理职能被明确分离开来。随着地方各级国资委的成立，我国的国有资产管理按照新的模式进行：作为国有资产所有者的代表，国资委尽管享有对企业负责人、重大事项、国有资产进行管理的权利，但为了确保所有权与经营权的分离，国资委并不直接管理国有企业，而是授权给国有资本运营或投资公司，在国有企业公司制日益完善的条件下，国有资本运营管理公司以投资者或者说股东的身份，通过派出股东代表、董事、监事等方式参与到由其控股或参股的企业的重大决策中去。

与以往的国有资产管理方式相比，这种运作模式有两点特别值得关注：其一，借助于国有资本运营管理公司，国资委实现了国有股东的人格化，在一定程度上解决了出资人不到位的问题。其二，国有资本运营或投资公司代表出资人对于国有企业进行的管理所采取的是市场化的干预方式而不是行政手段，这是改革开放以来国有资产管理体制改革希望达到的目标之一。

2007 年 9 月，国务院发布《关于试行国有资本经营预算的意见》，国有资本经营预算制度的建立是近年来关于国有资产管理的又一项重要改革。国有资本经营预算试点工作于2007年启动，根据要求，试点企业必须按照一定比例上缴国有资本收益。国有独资企业的利润、清算收入，国有控股、参股企业国有股权的股利、利息，以及企业国有产权的转让收入都是国有资本收益的构成部分。2011年，国务院决定将1631户企业纳入中央国有资本经营预算实施范围，并提高了中央企业国有资本收益的收取比例，一些省市也先后出台了国有资本经营预算的实施办法。这一制度的实施改变了从1994年起国家不要求国有企业上缴税后利润的做法，而依法取得国有资本的收益，不仅是对所有者权益的维护，再次调整了国有资产所有者和经营者之间的利益分配关系，同时也推动着国有资本经营收入与支出的规范化和国有资本收益的全民共享。

就微观层面而言，在确立了社会主义市场经济体制的改革目标之后，国有企业的改革方向也更加明确，1993年召开的中共十四届三中全会提出国有企业应建立“产权清晰、权责明确、政企分开、管理科学的现代企业制度”。1994年，国务院选择了一批国有大中型企业，启动了建立现代企业制度的试点工作，试点方案中的两项内容对此后的国有资产管理以及国有企业的发展产生了深远的影响：第一，为明晰企业的产权关系，由国家授权投资机构（如国家投资公司、国家控股公司、国有资产经营公司、国有独资公司或企业集团等）作为国有资产投资主体，依法对其所持股企业股权管理；第二，企业不仅要在组织形式上改组为公司，还必须建立规范的内部组织管理机构，包括股东大会、董事会和监事会，构建健全规范的公司治理结构成为国有企业此后改革的一项重要目标。同一时期，政府还大力推进国有企业的股份制改革，实现股权的多元化。

从 20 世纪 90 年代起，随着乡镇企业、外资企业和私营企业的发展与崛起，国有企业在市场经济竞争中面临着日益严峻的挑战，在经历了企业转制和艰难的“脱困”之后，国有企业的运行机制发生了明显的变化。2003 年国资委成立后，先后采取了公开招聘央企高管、推进国有独资企业的董事会建设和独立董事制度以及央企的兼并重组等等举措继续深化国有企业的改革。现代企业制度的构建与公司治理结构的完善推动着国有资产的经营者——国有企业逐步走向市场，国有资产的运营与保值增值越来越通过市场化而非行政干预的方式实现。

四、四重转变：新中国国有资产管理的演进特征

从政府直接干预下的国有经济体系的快速构建与不断壮大，到为了实现有效激励而进行的所有者与经营者之间“权”、“利”关系的不断调整，再到所有权与经营权分离后的国有资产管理模式的创新，新中国的国有资产管理呈现出以下四个方面的变化特征。

首先，国有资产的管理方式发生了从直接到间接的转变。在计划经济体制确立初期，为了倾全力推进工业特别是重工业的发展，在资源匮乏、积累有限的条件下，政府采用了最为直接的方式以国营企业为载体对国有资产的管理和运营进行干预。在这一

方式下，所有企业的原料供应、投资建设、生产销售等每一个环节都与政府发生着密切的联系，企业在生产经营中事无巨细地遵行着政府的计划与指令。政府的行政命令可以控制资源的配置，却无法确保微观经济主体的生产积极性，这导致后来国有资产运营的低效。第一个五年计划结束前后，国务院曾出台文件尝试改进工业管理体制，其中一个重要举措就是大幅度减少对企业下达的指令性指标，允许企业在日常经营中根据实际情况适度修改非指令性指标，希望以此扩大企业的自主空间。1964 年，国家经委还提出了试办工业、交通托拉斯的意见，这一政策的初衷就是要通过创办托拉斯性质的工业、交通公司，“用社会主义的经济办法（而不是用行政办法）”“按照经济原则”来管理国营企业，以杜绝工业管理的“机关化和官僚主义”①。这些措施的目的都在于尽量减少政府对国营企业的直接干预，然而这一目标很难在政企不分的前提下实现。改革开放后，所有权与经营权分离，政府由最初的放权，逐步过渡到目前的授权给国有资本运营公司，让后者以经济手段影响国有企业的重大决策，这推动着政府的国有资产管理实现从直接到间接的转变。

其次，对国有资产价值的评判发生了从介入到评估的转变。赶超战略下的工业化起步时期政府对国有资产的管理是介入式的，国有资产的形成及其保值增值过程中的每一步几乎都有政府介入的印迹。1984 年以后，将国有资产的所有权与经营权分离开来的改革原则日益清晰和明确，政府逐步退出企业的日常生产

① 中共中央文献研究室编：《建国以来重要文献选编》（第十九册），中央文献出版社1998年版，第138页。

经营过程。在慢慢走向独立自主、自负盈亏的过程中，国有企业的经营模式以及组织形式都发生着重大变化。很多国营企业开始采取租赁、承包等经营方式，各种形式的经营责任制被大量采用，一些地区较早地开始了国营企业的股份制试点。于是，企业的出售转让、企业之间的兼并联营、企业的股权多元化以及与外商外资的合作等等问题随之而来，这必然涉及国有资产产权的变动。如何在这一转变中维护国有资产所有者同时也包括经营者的合法权益、确保国有资产不会在产权的变动中有所损失是亟待解决的问题，这要求政府在产权层面探索新的管理机制。1990 年 7 月，国家国有资产管理局资产评估中心成立，负责对资产评估机构进行资格审查并组织国有资产的评估等工作，地方各级国有资产管理局的资产评估中心也相继成立。1991 年 11 月，国务院颁布了《国有资产评估管理办法》，提出在发生资产拍卖、转让，企业的兼并、出售、联营、股份经营、清算，中外合资或中外合作项目，企业租赁等情形时必须对国有资产进行评估。而国有资产的评估需要由政府认可的具有相关资质的评估机构来进行，行政主管部门不能进行国有资产评估[①]。政府对国有资产的管理、对国有资产价值的认定实现了从介入到评估的转变，维护国有资产权益的方式也开始发生变化。

第三，国有资产管理对象实现了从管企业到管资产再到管资本的转变。如前所述，在高度集中的计划经济体制下，政府对国有资产的管理主要体现为管企业，通过直接介入，影响企业的生

① 国家国有资产管理局政策法规司编：《国有资产管理法规汇编（1988年–1997年3月）》，经济科学出版社1997年版，第334~335页。

产细节，即使是扩大企业自主权，也是有限度的。1957 年底《国务院关于改进工业管理体制的规定》中曾大力削减企业的指令性指标，但主要产品产量、职工总数、工资总额、利润等四项内容仍必须严格遵照国家的指令性计划。对企业的控制是高积累以及计划经济体制得以维系的重要条件。改革开放后，对国有资产的管理首先是完成了从管企业到管资产的转变。20 世纪 80 年代中后期，随着各种经营责任制的推行，政府对企业的干预逐步减少。“从管企业到管资产”这一变化的核心特点在于政府不再介入企业的日常经营，但要求企业实现国有资产的保值增值。以当时颇为盛行的承包经营责任制为例，企业需要向政府承诺的是“包上交国家利润，包完成技术改造任务”①，但如何完成企业完全可以自主决策。而新世纪以来的国有资产管理开始由管资产向管资本转变。随着所有制结构的调整和国有企业改革的深入，产权的流动与重组成为社会经济中的常态，国有资本与集体资本以及非公有资本交叉持股的混合所有制经济获得了前所未有的发展，这必然带来企业产权结构的变化。“管资本”与“管资产”相比，前者更加强调资本的流动性，更加强调以股权为纽带通过市场化的运作优化国有资本的配置，从而实现产业的整合，因此也更为契合当下混合所有制企业快速发展的经济形势。

最后，政府对国有资产管理的角度实现了从微观到宏观的转变。计划经济时期政府对国有资产的管理是通过对国营企业从组织形式到生产过程的全程控制实现的。而改革开放后，政府关注

---

① 中共中央文献研究室编：《十三大以来重要文献选编》（上），中央文献出版社2011年版，第80页。

的重点逐渐由微观层面上升到宏观层面，在逐步退出国有企业的生产经营决策之后，如何优化国有资本的整体布局、推进国有经济的战略性调整是政府在国有资产管理中面临的核心命题之一。特别是新世纪以来，一方面国家高度关注国有资本产业布局的优化和整合，国资委自2006年起明显加大了中央企业的兼并重组力度，在减少央企数量的同时也对国有资本涵盖的领域做出调整。另一方面，政府相继出台文件鼓励非公有制经济的发展，支持民间资本进入公用事业等领域，放开一些垄断行业的竞争性业务。1978年，全民所有制工业占全部工业总产值的比重为77.63%，而改革开放30余年后，不论从企业数量还是从企业规模来看，国有企业占据绝对优势的领域已大为减少。2011年，规模以上工业国有控股企业占规模以上工业总产值的26.2%，其中，在煤、电、油、气、水的生产和交通运输设备制造等关系国计民生的重要领域，所占比重达到40%~95%；在冶金、有色等原材料领域，比重达到25%~40%；但在多数竞争性行业比重在10%以下[①]。2013年《中共中央关于全面深化改革若干重大问题的决定》中提出国有资本的投资运营“要服务于国家战略目标，更多投向关系国家安全、国民经济命脉的重要行业和关键领域”，这为国有资本的投资明确了方向，而这一目标的逐步推进也标志着政府对国有资产的管理实现了从微观层面到宏观层面的转变。

从1949年新中国成立到现在，政府对国有资产的管理模式发生了巨大的变化。改革开放以前，国有企业的运营并不是单纯

① 国家统计局：《从十六大到十八大经济社会发展成就系列报告之八》，http://www.stats.gov.cn/ztjc/ztfx/kxfzcjhh/201209/t20120904_72844.html

的企业行为，在集中一切力量发展基础工业的大背景下，国有资产的经营、管理、增值同时肩负着推进工业化建设的国家使命。而改革开放以后，政府逐步减少了对国有企业的干预，在构建社会主义市场经济体制的过程中，对国有资产的管理也开始更多地遵行市场经济的运行规则。新中国的国有资产管理由此经历了从直接到间接、从介入到评估、从管企业到管资本、从微观到宏观的转变，国有资产管理模式的变化在一个侧面也反映出了政府职能以及治理方式的转变。

从新中国近 70 年的长期发展视角出发，我们可以看到国有资产和国有企业一直在新中国的工业化和赶超战略中扮演着极其特殊而关键的角色，国有资产的有效增值和国有企业的发展壮大，既是我国社会主义经济制度的必然要求，也是社会主义经济制度得以巩固强大的有力保障，更是中国在全球化竞争中得以保持战略优势地位的重要体制前提。因此，必须从国家战略高度认识国有资产管理制度的演变与创新，无论政府管理国有资产的方式发生何种变迁，其最终目标始终应该是保证国有资产的发展壮大，而不是削弱国有资产和国有企业，政府对国有资产的管理与增值始终肩负着不可替代的职责。国有资产的真正所有者是全体人民，因此，全体人民对国有资产应该享有的权益必须得到法律上的有效保障和捍卫。

本章参考文献

[1] 李松森，孙晓峰编著 . 国有资产管理 . 大连：东北财经大学出版社，2010

[2] 中国社会科学院，中央档案馆编 . 中华人民共和国经济档案资料选编·1949–1952·工商体制卷 . 北京：中国社会科学出版社，1993

[3] 李富春．关于发展国民经济的第一个五年计划的报告．人民日报，1955–07–08

[4] 国家统计局固定资产投资统计司编．中国固定资产投资统计年鉴 1950–1995. 北京：中国统计出版社，1997

[5] 董志凯，武力主编．中华人民共和国经济史（1953–1957）》（上卷），北京：社会科学文献出版社，2011

[6] 财政部工业交通财务司编．中华人民共和国财政史料·第五辑·国营企业财务（1950–1980）. 北京：中国财政经济出版社，1985

[7] 中国社会科学院，中央档案馆编．中华人民共和国经济档案资料选编·综合卷·1953—1957. 北京：中国物价出版社，2000

[8] 国家经济委员会经济体制改革局编．中国经济管理政策法令选编 1979 年 1 月 –1983 年 6 月（上）. 北京：经济科学出版社，1983

[9] 国家经济委员会经济体制改革局编．中国经济管理政策法令选编 1979 年 1 月 –1983 年 6 月（下）. 北京：经济科学出版社，1983

[10] 中共中央文献研究室编．十二大以来重要文献选编（上）. 北京：中央文献出版社，2011

[11] 中共中央文献研究室编．十三大以来重要文献选编（上）. 北京：中央文献出版社，2011

[12] 中共中央文献研究室编．建国以来重要文献选编（第十九册）. 北京：中央文献出版社，1998

[13] 国家国有资产管理局政策法规司编．国有资产管理法规汇编（1988 年 –1997 年 3 月）. 北京：经济科学出版社，1997

第四章

混合所有制经济与国有资产管理模式创新

本章发表于《中共中央党校学报》2016年第6期，原题《混合所有制经济与国有资产管理模式创新：委托—代理视角》，作者：王曙光、徐余江。本章获《新华文摘》2017年第7期全文转载，中国人民大学复印报刊资料《社会主义经济理论与实践》2017年3月全文转载。

本章从委托—代理理论出发，创新性地提出国有资产管理中四重委托—代理关系的生成机制及法理基础，并逐层探究四重委托—代理关系引发的问题及解决机制，提出顶层构建一元终极所有者、中间层塑造人格化积极股东、底层实行市场化运作、国有资产红利分配的系统解决机制。本章全面分析并设计了四类混合所有制企业与国有资产管理对应策略，并对国有资产管理模式创新中五个重要核心机制进行了深入探讨。

一、引言

国有资产管理体制改革是国有经济改革的重要组成部分，随着混合所有制经济构建成为新时期中国经济与国有企业改革的重要战略实践，国有资产管理模式创新研究将为国有资产保值增值、提升国有资本竞争力、放大国有资本功能提供更有力的理论支撑及实施参照。本章尝试从委托—代理理论出发，对当下国有资产管理体制存在的弊端及未来的机制创新进行系统探讨。

委托—代理理论由美国经济学家伯利（Adolf Berle）和米恩斯（Gardiner C. Means）在 20 世纪 30 年代提出，该理论主要研究信息不对称条件下企业的所有权与经营权分离问题，以及企业内部激励与约束问题，大大改进了经济学家对企业所有者与经营者之间内在关系以及更一般市场交易关系的理解，为研究企业制度、资产管理、公司治理提供了理论支撑。

西方委托—代理理论的生成机制与企业制度（比如股份制）

变革紧密相联，企业委托—代理关系受公司治理结构及外部环境等变量因素影响，其成果已经在资产管理、市场交易、社会法律等诸多领域得以应用实践。

我国国有资产管理委托—代理关系研究根植于国有资产管理体制改革的时代特性及阶段性实践，一方面，从公有制经济与股份公司的激励与监督机制出发，部分研究成果认为国有企业委托—代理关系的巨大代理成本及监督机制不健全制约国有资产效益提升；初始委托人的监督积极性和最终代理人的工作努力水平随公有化程度的提高和公有制经济规模的扩大而递减；有研究通过分析分权式国有资产多层委管制的局限性，提出加强来自终极所有者的所有权约束，实行中央对国有资产的统一管理下的多元运营机制。另一方面，一些成果针对 21 世纪初国有资产管理委托—代理关系的现状，以授权投资机构、中央政府与地方政府等为对象研究国有资产所有者缺位问题及委托—代理有效性问题；或整体性研究多重委托—代理关系的存在问题，主要讨论代理链条过长、所有者缺位、激励不相容等问题。十八届三中全会以来，有学者研究认为构建国有资产管理体制新框架，国资委应由出资人、董事会的双重职责向“干净”的出资人转变；为避免委托—代理管理链条过长，增加交易成本，国有资本投资运营公司不宜进行股权多元化。从国有资产经营管理监督和预算制度方面，有研究认为，构建一个包括对国资委的监督在内的国有资产经营管理监督体系是深化国有资产管理体制改革的重要内容；建立国有资本经营预算制度既是国有资产管理机构依法履行出资人职责的重要方式，也是推进国有经济布局和结构调整的重要手段。

随着混合所有制经济改革深入，国有资本投资运营平台改组组建加速，国有资产管理委托—代理关系层级、委托人效用诉求、代理人市场化、所有者缺位、交易成本等方面发生了新的变化，对国有资产管理模式创新提出了新要求。

本章在已有国有资产管理委托—代理关系研究成果基础上，深入分析现行国有资产管理委托—代理链条中的各层级关系，理清每一重委托—代理关系的生成机制及法理基础，探讨每一重委托—代理关系引发的问题及解决机制，系统性、全链条分析委托—代理关系引发的委托风险与代理风险，并结合混合所有制经济构建，提出以投资运营公司为中间层，塑造人格化积极股东，对其下属的国有企业投资运营采用市场化机制，这种人格化积极股东塑造和市场化运作机制是混合所有制经济健康持续发展的重要保障，也是国有资产管理模式创新的重要内容。本章还分析四类混合所有制企业与国有资产管理、投资运营公司内在关系并设计对应策略，最后对国有资产管理模式创新中五个重要核心机制进行了全面深入探讨。

二、我国国有资产管理中的四重委托—代理关系

基于现行国有资产管理制度运行现状，本章尝试以委托—代理角度探讨混合所有制经济与国有资产管理模式创新，对现行国有资产管理运行系统中的全体人民（全民所有财产）、全国人民代表大会、国资委、国有资本投资运营公司、国有企业等五大主

体之间的委托—代理关系进行分析，理清了现行国有资产管理制度中的四重委托—代理关系生成机制与法理基础。

1. 第一重委托—代理关系：全体人民与全国人民代表大会

从法律上讲，我国国有资产属于全民所有，但是作为个体的公民无法直接对国有资产进行管理与运营，现行制度安排下，通过委托全国人民代表大会代理国有资产管理，由此形成全体人民作为委托人、全国人民代表大会作为代理人的第一重国有资产管理委托—代理关系。法理上可以参见《宪法》中关于“人民行使国家权力的机关是全国人民代表大会和地方各级人民代表大会”的规定。

2. 第二重委托—代理关系：全国人民代表大会与国资委

全国人民代表大会作为国家最高权力机关，主要职责涉及国家根本大法立法、监督宪法执行、制定与修改法律、国家重大事件审议批准等相关事情，不具有国有资产直接的、实际的投资运营管理的职责和能力。由此，全国人民代表大会作为委托人，将国有资产委托给国资委进行管理，形成国有资产管理中的第二重委托—代理关系。全民所有财产通过全国人民代表大会授权，国资委成为全民所有财产的天然代理人。

3. 第三重委托—代理关系：国资委与国有资本投资运营公司

随着市场经济及现代企业制度发展，国资委作为政府部门，同样由于不具备直接的、实际的国有资产投资运营管理的职责和能力，需要通过委托—代理，寻找到具有国有资产管理的专业化代理人，以实现国有资产保值增值；而国有资本投资运营公司作为市场化资产管理代表，具有专业化的代理能力。由此，国资委授权国有资本投资运营公司代理管理，形成国资委与国有资本投资运营公司第三重委托—代理关系。这一层委托—代理关系中，国资委既是上一层级的代理人，也是这一层级的委托人，这也是国有资产管理委托—代理关系中的主要特征即角色重叠。

4.第四重委托—代理关系：国有资本投资运营公司与国有企业

国有资本投资运营公司作为股东，投资企业形成国有独资公司或股份有限公司，或开展国有资产运营，由国有企业的经营者具体对企业进行经营和管理，由此形成国有资本投资运营公司与国有企业的第四重委托—代理关系。

三、四重委托—代理关系引发的问题及解决机制

1. 第一重委托—代理关系引发的问题及解决机制：国有资产红利分配机制的构建

国有资产属于全民所有，但是每一个公民并不能直接对国有资产进行运营管理，因此须通过委托给全国人民代表大会进行管理。在这一重委托—代理关系中，“全民”仅仅是理论上的所有者，而不是现实所有者，不是独立法人，不具有市场商业化行为能力。这一重委托—代理关系引发的问题是：所有者对国有资产

收益情况并无直接感受与体验，两者相关性较弱，两者之间的激励约束机制松耦合，由此容易影响国有资产保值增值，造成国有资产流失，减缓现代企业制度建立进程；有学者认为在这一层委托—代理关系中，如果把法律上的所有者与事实上的所有者之间的关系理解为一种信托托管关系，将有助于问题分析。同时，市场化的委托—代理关系往往存在重复多次博弈关系，通过博弈减少委托—代理成本，实现代理关系均衡，而这一重委托—代理关系仅是单一博弈关系。如何通过市场化代理人制度来实现重复博弈机制，避免代理人制度的独占性、唯一性、同质化，增加代理人的替代性、差异化，避免摊薄委托人控制权，是国有企业资产管理中多层级委托—代理关系中存在的共性问题。

从代理人角度分析，尽管《宪法》中规定“人民行使国家权力的机关是全国人民代表大会和地方各级人民代表大会”，但是针对国有资产法理表述应该更加明确与具体，以充分体现人民作为国有资产产权所有者权利，体现国有资产全民所有的法律意义。

另外我们看到，从初始委托人到最终代理人之间链条过长，应建立国有资产红利分配机制，考虑将部分国有企业股权划拨至全国社保基金理事会，解决社会保障等问题，增强全体人民作为初始委托人共享国有资产红利的幸福感，由此建立整个链条上的信息及约束反馈机制。

2. 第二重委托—代理关系引发的问题及解决机制：顶层构建“一元终极所有者”

通过全国人民代表大会授权，国资委成为国有资产管理的天然代理人。第二重委托—代理关系存在委托人所有者缺位、代理人道德风险问题。

为解决委托人所有者缺位等问题，尝试通过顶层构建“一元终极所有者”的战略设计，实现以全国人民代表大会为代表的一元终极所有者。

全国人民代表大会作为委托人，作为“一元终极所有者”，一方面需要呼应从“管资产”到“管资本”的国有企业改革战略调整，制定相应的国有资产管理法律，涵盖国资委等国有资产管理运作系统的各个方面，明确激励与约束制度，促进国有资产管理系统良性运转；另一方面，应制定国有资产管理“母法”，将竞争性、垄断性、公益性、资源性等各类国有资本全部涵盖，文化机构、金融机构、国防部队、地方省份的国有资本一并纳入。

国资委作为国有资产代理人，能否有效地实施国有资产管理，真正反映人民的意愿并对行为后果负责任，还存在很大的疑问，这其中缺乏相应的监管，可能存在代理人道德风险问题。其解决途径是通过全国人大立法实施国资监管，明确国资委相应的责权利，形成可修正的考核制度，避免代理人道德风险产生，形成有效激励约束机制；另一方面，国资委关于国有资产管理的相关法规的颁布实施也都需要通过全国人大的审议批准才能有效。

3. 第三重委托—代理关系引发的问题及解决机制：中间层人格化积极股东的塑造

国资委与国有资本投资运营公司，目前仍然是行政性委托—代理关系，而非市场化委托—代理关系，其激励与约束机制不够完善。国资委既是监督者，又是政策制定者，承担多重角色。委托人与代理人之间应是平等关系，但是在行政性委托—代理关系中，国资委与国投公司更多是上下级关系。国投公司作为人格化积极股东的动力不明显。国资委与国投公司之间的委托—代理关系市场化程度低，退出与替代机制不完善，存在代理人指定式、单一化等非市场化现象，其根源在于代理人市场化制度尚未建立。

国资委管理多家投资运营公司和国有企业，并不直接参与企业经营，对企业进行监督与评估存在信息不对称。国资委作为委托人，其中存在名誉委托人与职能委托人之分，职能委托人与代理人之间存在合谋寻租等问题。

国投公司等负责人属于国管干部序列，不拥有企业剩余索取权，可能会采取事不关已的态度，相应的激励与约束机制发挥效用难度加大。这一重委托—代理关系引发的问题较多，同时也是解决好整个国有资产管理委托—代理关系中的重要一环。

解决这一重委托—代理关系问题的关键在以国有资本投资运营平台为中间层，塑造人格化积极股东，要处理好所有者与经营者分离、政府与企业职能定位等问题。中间层塑造人格化积极股东是此轮国有资产管理体制改革的关键，也是混合所有制经济下国有资产管理模式创新的关键。平台型国有资本运营或投资公司扮演着中间层的角色，这一方面可以解决所有者缺位和所有者人格化的问题，另一方面也可以实现比较规范的法人治理，不对所投资的企业进行不适当的行政干预，实现政府的职能转型。

构建国有资本投资运营公司应形成多家竞争局面，国资委根据各家投资运营公司的自身条件、投资运营业绩、信誉等等作为择优依据，授权其进行国有资本投资运营。两者之间的合同具有明确期限，以投资运营组合的长期价值作为绩效考核标准，合同期间内业绩良好，可以继续相应的委托—代理关系，否则可以解除，并从新一轮竞标者中择优选取。

目前国投公司人格化积极股东的功能并未完全建立，需要改进完善。从委托人角度来讲，国资委需要明确作为监管者的职能定位，不参与企业经营决策，要建立相应的监管、考核、薪酬体系，同时着力完善代理人市场化制度，通过市场化筛选机制来确定国有资产授权哪一家投资运营公司，以减少代理人的独占性。

同时国资委作为政府部门与国投公司之间存在效用函数差异。政府部门更注重社会效益，国投公司作为企业更加关注经济效益。这一重委托—代理关系存在经济效益与社会效益不同诉求之间的差异，即行政指令式管理与企业利润最大化原则相悖的激励与约束关系。由此，要从制度设计上去除此类现象。

4. 第四重委托—代理关系引发的问题及解决机制：底层市场化运作机制构建

国有资本投资运营公司与国有企业这一重委托—代理关系中存在道德风险、激励不相容、所有者缺位等问题。国有资本投资运营公司角色双重，要处理行政与市场之间的关系，同时，由于链条上的关系，存在风险转嫁机制，即经营收益高时，则按链条上利润进行分配；如果投资损失则会将风险转嫁，或是上下游风险转嫁，或将投资损失归结于外部环境的不确定性。同时，国有资产的剩余索取权不可转让，也可能带来投资运营公司的激励不兼容等问题。

从所有者角度出发，改组组建国有资本投资运营公司解决了国有企业上市公司的所有者到位问题，但是并没有解决投资运营公司本身的所有者缺位问题，仅是将所有者缺位问题向第三重委托—代理关系推移。这一层引发问题及解决机制，一方面可以通过中间层人格化积极股东的构建，完善激励与约束机制；同时，从投资运营的国有企业角度，其运作采用市场化方式。发挥底层企业党委、董事、监事、股东大会等现代企业制度优势，完善公司治理结构。优化国有资本投资运营公司与国有企业之间的委托—代理关系，形成两者之间的纯粹的投资与被投资关系，国有资本投资运营公司通过“用手投票”和“用脚投票”行使股东权利。

综上，本章系统探讨了国有资产管理四重委托—代理关系及其引发的问题，并提出了相应的解决机制，在此基础上，本章认为从全链条、系统性视角来看，委托—代理关系引发的风险涵盖委托人风险与代理人风险。普通的股份制企业更多涉及到代理人风险，而国有资产管理委托—代理关系中不仅涉及代理人风险，还存在委托人风险。具体涉及到四个方面，分别是顶层一元终极所有者缺位（越位）风险、中间层人格化积极股东缺失或者不完善的风险，底层行政化运作多于市场化运作风险，以及三层之间的激励约束机制缺失带来的风险。

回顾国有资产管理体制改革历程，国有资产管理意识提升及管理制度建立是伴随计划经济向市场经济转变、现代企业制度的建立而发展起来的。国有资产管理委托—代理关系的生成机制与国有企业改革过程中政资分开、政企分开、所有权与经营权分离等阶段成果紧密相关。每一阶段改革战略调整与政策实施实际上就是着力解决国有资产管理委托—代理关系的某一个链条引发的风险。为解决委托—代理关系中的激励不相容问题，我国先后进行了利润分成激励、税收激励、承包责任制、股份制等一系列改革，逐步优化完善国有资产管理委托—代理关系实现帕累托改进，达成委托人与代理人之间均衡的激励与约束机制。为构建中间层人格化积极股东，21 世纪初成立中央汇金公司，主要行使出资人权利和义务，重点解决金融业国有资产的出资人缺位问题，为国有商业银行资产优化、证券化提供了平台、为国有商业银行公司治理结构建设提供了根本保障，为国有资产管理在底层（多个国有重点金融企业）的市场化运作提供了条件。

四、混合所有制经济下四类企业与国有资产管理策略

无论从国有资产管理改革战略及产业结构调整等宏观视角，还是从企业组织与产权结构等微观视角，混合所有制经济下的企业应采用分类管理的制度及策略。以期形成上下衔接、定位明确、合理可行的国有资产管理体系。从中间层构建人格化积极股东角度，将国有资本投资运营平台初步分为两类，即政策性投资运营公司和商业性投资运营公司。下面我们将混合所有制经济下国有

经济成分独资、控股、非控股、非国有经济成分等四类企业与国有资产管理、投资运营公司内在关系及对应策略进行研究与设计，但需要强调的是，尽管存在政策性与商业性投资运营公司之分，实际操作中具体到不同行业中的不同产业链，两者完全有可能出现交叉，甚至是相互转换的；同时，不同类型的企业诉求存在明显差别，因此本章仅是从大类上进行策略设计。

1. 国有经济成分的独资形式

即纯粹的国有企业，在极少数的涉及国家重大战略性利益和国家重大安全问题的产业可以采纳此种模式。通过改组此类国有企业为政策性投资运营公司，发挥政策性运营公司“人格化积极股东”治理作用。对于此类国有企业的考核指标更加注重社会效益，兼顾经济效益。

2. 国有经济成分的控股形式

包括相对控股和绝对控股。该类企业可以由商业性投资运营公司进行股权配置与资产运营。绝对控股模式适用于涉及国家战略性利益和国家安全问题的产业，如民生安全产业、银行体系、信息产业体系。该类混合所有制经济企业注重国有资本收益管理，经济效益与社会效益并重，以市场化、专业化方式建立企业绩效考核、薪酬制度、人才遴选制度。注重该类企业国有资产流失及国有企业腐败监管。明确监管主体责权利，关注二级公司或者多链条“股权混合”的监管。

3. 国有经济成分的非控股形式

该类混合所有制经济企业中的国有和非国有经济成分在股权构成上没有比例限制，具有自由裁量权，适用于大部分竞争性产业。该类混合所有制经济企业主要注重经济效益兼顾社会效益，应划入到商业性投资运营公司委托—代理范畴中。在监管力度上相对弱化于国有经济控股经济成分，该类型企业信息公开相对透明，可运用市场化手段借助第三方及网络公共平台共同监管，及时形成该类型企业监管的“负面清单”，同时进行试点推广，以适用于其他类型的混合所有制经济企业。

4. 纯粹的非国有经济成分的企业

非国有经济成分即纯粹的私营企业。私营企业原则上未纳入国有资产管理的范畴，但私营企业是混合所有制经济构建的重要组成部分，私营企业有效参与混合经济构建有助于促进、甚至倒逼国有资产管理模式创新。

私营企业可以参与设立商业性或政策性主权型基金、产业基金。商业性或政策性主权型基金、产业基金可投参股纯粹非国有经济成分企业，以鼓励并扶持相关产业发展，贯彻国家特定产业政策。以国有资本带动非国有资本的发展，并逐步转型为上述第三类型的混合所有制经济企业，由此形成国有经济与非国有经济“你中有我，我中有你”的局面。此类企业中的国有资产管理主要通过主权型基金或产业基金，通过市场化方式进行运作与监管。

五、混合所有制经济下国有资产管理模式创新核心机制

本章对混合所有制经济下国有资产管理模式创新五方面核心机制进行设计分析，下述机制是不同类型国有企业或投资运营平台发展的共性需求，是本轮国有资产管理体制改革成效的关键。

1. 从“管资产”到“管资本”的战略思维转变与机制设计

现行的国有资产管理制度注重“管人管事管资产”，《关于深化国有企业改革的指导意见》明确提出，新一轮国有资产管理制度应从“管资产”向“管资本”转变。“管资产”的切入点是企业，偏向于中观及微观层面，缺乏流动性与全局性，监管制度、考核制度、薪酬安排缺乏差异性；“管资本”呼应国家治理转型，体现市场化资源配置方式，有利于优化产业结构，实现企业股权多元化。“管资本”不仅涉及国内配置还涉及国外监管，考虑资本进入机制同时也谋划退出机制。

“管资本”应从国有企业整体改制以及国有资本管理框架、政策措施等方面进行顶层推进。其中国有资本管理框架与政策措施在公开的文件中依然相对薄弱。本章中提出的中间层人格化积极股东塑造为从“管资产”向“管资本”战略思维转变提供了可行路径。人格化积极股东塑造以投资运营公司为实践平台，代替国资委等相关政府机构履行出资人职能，以股东的身份、市场化

的运作机制与规范化的法人治理结构参与到产业投资与股权运营中，最大限度地规避直接的行政干预。从企业制度和市场主体角度，“管资本”应以《公司法》为遵循对国有企业进行调节管理，目的是建立现代企业制度，发展混合所有制股份公司。

本轮国有企业改革涉及大量重组并购，对国有资产评估、产权流转等基础管理制度完善提出新要求。基础管理制度完善将为“管资本”提供政策与法律依据，保护国有资产权益，为国有产权交易提供客观公平而透明的衡量标准，利于不同所有制企业之间平等竞争，促进混合所有制经济构建。

2. 构建中间层人格化积极股东

在国有资产管理委托—代理关系中，如何体现全体人民作为国有资产的真正所有者行使相应出资人权利和义务，是一个极端复杂和棘手的问题。塑造人格化的国有资产投资运营主体，授权开展国有资本运作，按照责权对应原则切实承担国有资产保值增值及监督管理责任，是一个切实可行的模式。通过建立国有资本运营公司和国有资本投资公司来实现国有股东的人格化，以此作为国有资本的运作平台，与出资者形成“委托—代理”关系，而与控股或参股的企业则形成股东和被投资企业的关系。

平台型国有资本运营或投资公司扮演着中间层的角色，重点从三个方面完善和解决现行管理模式下存在的问题。首先是投资运营公司自身法人治理结构完善，通过股东会、董事会等制度，采用市场化履职行权方式，实现对控股或参股国有企业的履职行权，不对所投资的企业进行不适当的行政干预。其次，明确投资运营公司作为积极股东的定位，主动为代理企业提供相应的制度与知识支撑，通过专职、专业的派出董事制度，推动控股或参股国有企业现代企业制度完善。最后，中间层人格化积极股东处于政府、国有企业这两层委托—代理关系中，既是代理人，也是委托人。政策层面需明确投资运营公司的市场化主体性质，并非官僚机构，与私营企业等在领域准入、金融融资、税收等方面平等对待。

3. 发挥公司治理结构中的党委政治核心作用

发展混合所有制经济和创新国有资产管理模式同样面临处理董事监事制度与党组织领导的关系。两者的关系既是国有企业制度改革与国有资产管理改革中的老问题，同样也是新问题。

新问题主要体现在混合所有制经济下董监事制度与党组织治理的关系与企业所有制性质、公司治理模式、治理管理水平、行政领导关系、综合评价标准等多个因素有关。在我们以上探讨的混合所有制经济下的四类企业中，党委书记与董事长之间的关系呈现出不同的设计安排。国有独资和国有控股企业，党委书记与董事长设定为同一人交叉任职，一并处理党委会与董事会之间的关系，发挥党委政治核心领导作用，同时基于董事会、监事会、股东大会，完善公司治理结构。国有参股企业及民营企业，则视情况进行安排，党委书记可以进入董事会，也可以由不同人选负责，不宜做硬性规定。

新时期，国有资产管理模式创新中党委职能应从人才遴选、企业改革、国家政策落实等方面参与决策，遵循以下五个方面的原则。党委应注重发挥政治核心作用，避免官僚化原则；应注重构建风险防范与监督监察制度，避免代理执行以及越界指挥原则；应注重与董事会、监事会互相约束、制衡发展，避免功能交叉与摩擦成本过高原则；应注重群众工作方法与维护企业员工权益，避免与高管形成利益共谋原则；应注重企业文化塑造，避免组织僵化、缺乏活力原则，由此改善公司法人治理并建立中国特色的治理结构。

4. 构建完善国有产权交易平台

混合所有制经济构建，有赖于国有企业现代产权制度的建立与完善。在国有企业建立现代产权制度的一个核心前提是国有资产的有序流转及合理配置。现行的国有产权交易机制存在诸多问题，科学的风险防范机制、有效的监督措施、统一的交易规范、有效的资产评估等尚待进一步完善，导致资源跨企业、跨交易所、跨区域、跨所有制流动受阻，加大国有资产流失风险，不利于提高国有资产运营效率。

国有产权交易是国有资产与社会资源的一种最有效、最经济、市场化的混合配置方式。构建完善国有产权交易平台，实现国有产权有效交易，是混合所有制经济构建与国有资产管理模式创新的重要途径与核心机制。借助国有产权交易平台的导向功能、服务功能、中介功能，增强产权交易透明度与信息公开，为不同所有制资本交易创造条件，降低国有资产流失风险，实现国有资产保值增值。

从国有产权交易市场环境方面，需要构建公开、公平、公正的国有产权交易市场环境，清理交易过程存在的非市场化做法，通过建立多渠道、可融合、易呈现的评估系统，建立跨区域、跨所有制的多层次混合委托—代理契约等方式，防止国有产权交易合谋。要完善入市退市制度、财产保障制度、税收激励制度、监督约束制度等，培育开放透明、竞争有序、合法合规的市场体系，提高国有资产与社会资源配置效率。

从规范市场交易品种方面，目前国有产权交易的来源主要涉及资本市场与公共资源交易市场。我国国有产权交易市场在规范交易品种方面需要进一步完善，应界定不同属性与进入方式的国有产权交易合规框架。国有产权交易平台已经不是一个新事物，在混合所有制经济构建过程中，国有产权进场交易程度将进一步提高，社会认知度将进一步提升，交易内容将进一步规范。近年来建设的北京市联合产权交易所、上海产权交易所、文化产权交易中心、林业产权交易所等机构为进一步完善国有产权交易平台提供了实证研究对象和实践参照样例。比如近期文化产权交易中心的设立即完善了文化领域产权交易市场、构建全国文化产权交易中介市场，实现文化与金融等多样业态协同发展。

5. 构建分类差异化绩效评价体系

国有资产管理绩效评价体系，是对国有资产管理运行情况进行动态评估、绩效考核、修正完善的重要核心机制。混合所有制经济构建过程中，绩效评价体系涉及国资委、国有资本投资运营平台、国有企业等诸多利益相关方，要充分考虑相关方差异化的利益诉求与功能职能定位。要改变目前绩效评价体系中存在的考核与企业战略目标脱钩、考核流程透明度不高、关键考核指标设计不够明确、不同功能与定位的国有企业采取统一绩效考核等诸多问题，完善现行的绩效考核体系。首先，不同类型的投资运营平台及国有企业应采取有区别的分类绩效考核，政策性投资运营公司与商业性投资运营公司的战略定位与诉求目标存在重要差异，相应的绩效考核评价应注意区分社会效益指标与经济效益指标等。绩效考核体系应与国有资产管理委托—代理关系中激励机制要形成互相兼容、互相促进、闭环修正的关系，比如商业性投资运营平台在考核相应契约期限内的国有企业经营绩效时，按照上文中提到的可以增加或解除相应的国有资产管理委托—代理关系，以提升绩效管理的有效性与权威性。

本章参考文献

[1] 张维迎 . 企业的企业家—契约理论 . 上海：上海人民出版社，2014

[2] 郁光华，伏健 . 股份公司的代理成本和监督机制 . 经济研究，1994（3）

[3] 张维迎 . 公有制经济中的委托人—代理人关系：理论分析和政策含义 . 经济研究，1995（4）

[4] 翟林瑜 . 从代理理论看国有企业改革的方向 . 经济研究，1995（2）

[5] 吴敬琏 . 吴敬琏文集（中）. 北京：中央编译出版社，2013

[6] 陈清泰 . 深化国有资产管理体制改革的几个问题 . 管理世界，2003（6）

[7] 林毅夫，蔡昉，李周 . 充分信息与国有企业改革 . 上海：格致出版社，2014

[8] 许保利 . 中国国有企业的改革 . 北京：经济科学出版社，2016

[9] 黄速建 . 国有企业改革和发展：制度安排与现实选择 . 北京：经济管理出版社，2014

[10] 张春霖 . 存在道德风险的委托—代理关系：理论分析及其应用中的问题 . 经济研究，1995（8）

[11] 周红 . 中国国有资产委托—代理关系研究 . 吉林大学博士学位论文，2008

[12] 王曙光，徐余江 . 混合所有制经济与深化国有企业改革 . 新视野，2016（3）

第五章

国有资本投资运营公司构建与国有资本管理创新

本章发表于《经济体制改革》2017年第3期，原题《国有资本投资运营公司：人格化积极股东塑造及其运行机制》，作者：王曙光、王天雨。

改组组建国有资本投资运营公司是深化国有企业改革的重要内容，也是推进国有企业混合所有制改革的重要途径。本章通过梳理现有国内外资产管理模式、股权结构与公司绩效等研究成果，深入分析了改组组建国有资本投资运营公司的必要性，创新性地提出以人格化积极股东塑造为核心的国有资本投资运营公司的构建模式并对其运行机制进行了详尽解析，对重塑国有资产监督管理委员会、国有资本投资运营公司及其下属成员公司三者之间新型委托—代理关系有重要意义。

改组组建国有资本投资运营公司是本轮深化国有企业改革的重要内容。通过国有资本投资运营公司的改组组建，不仅为国有企业改革及国有资产管理开辟了新的路径并极大改善了国有企业的股权结构与公司治理架构，从而推进了国有资产管理方式的转变，促进国有资本与非国有资本的融合发展，提升国有资本的竞争力与流动性；而且也为真正实现国有企业的市场化运行及国有资本与其他资本在市场中获得平等地位提供了可能。随着国有资本投资运营公司改革试点的不断深入，传统的“国资委—国有企业”两层管理结构被打破，逐步形成“国资委—国有资本投资运营公司—国有企业”三层架构；由此进一步明确国有资本的权属及以国资委为代表的相关政府机构的职能定位，实现国有资本投资运营公司的市场化运作。随着改革的不断深入，投资运营公司治理机制问题、投资运营公司与国资委及下属成员公司之间的委托—代理关系问题、投资运营公司的运营模式等焦点问题引起学术界与政府决策部门的高度关注。本章通过系统性梳理国内外现有国有资产管理模式、股权结构与公司绩效关系等相关文献，深入分析了改组组建国有资本投资运营公司的必要性，创新性地提出了以人格化积极股东塑造为核心的国有资本投资运营公司的构建方式并对其内在的运行机制进行了系统讨论。

所谓人格化积极股东就是将国有资本所有者的代表“人格化”，剥离出政府长久以来作为国有资本股东代理人产生的行政职能，而让“人格化积极股东”作为国有资本所有者新的代表，代替国资委等相关政府机构履行出资人职能，以股东的身份、市场化的运作机制与规范化的法人治理结构参与到国有企业的实际经营管理中，最大限度地规避直接的行政干预。

一、引言：国有企业和国有资产管理方式沿革与国内外典型模式

伴随着新中国的成立，我国真正意义上的国有企业逐步开始在国民经济中扮演重要地位。时至今日，国有企业已渗透到各类关系国家经济命脉的行业，并因其庞大的资产规模及雄厚的资源禀赋，成为我国应对世界经济环境冲击的重要力量与支撑国内社会经济发展的强有力引擎。

新中国成立之初，由于我国经济结构单一，工业化程度低下，物质基础薄弱，各项事业百废待兴，加之西方国家的封锁与尚未消弭的战争威胁，能否迅速建立起全面的工业体系，尤其是重工业体系，将直接关系到国家的存亡与政权的稳定。然而，重工业属于资本密集型产业，建设周期长、初期投资规模大、回报收效

慢；同时考虑到同期我国低下的经济发展水平、资金极其稀缺的客观现实，若要再通过作为“看不见的手”的市场力量配置资源，势必无法实现快速的工业化与经济赶超战略。这就本质上要求政府在一段时期内必须承担起最大限度集中稀缺经济资源的使命，以强有力的、统一的政府意志布局全国经济的整体发展与资源配置，而国有企业便历史性地成为中国实施快速工业化与维持赶超战略的重要手段，成为了事实上的“国家工厂”与国家财政收入的主要来源、财政支出的重要渠道。但也正因为国有企业与政府的密不可分的关系，在计划经济逐步向市场经济转型的过程中，国有企业也开始显现出自身的弊端：总体盈利水平低、债务负担重、长期存在结构性矛盾；生产效率低下、体制氛围浓重、责任意识不强、创新意识薄弱等。在更加强调资源配置效率及引入现代企业制度的今天，学界与政府决策层便开始了持续的对国有企业资产管理体制模式与国企改革的探索性研究与实践。

在本章展开国有投资运营公司构建与人格化积极股东塑造及其运行机制的讨论之前，有必要对我国国有资产管理体制模式的沿革以及国外典型的国资管理模式进行梳理与归纳。并由此能够更进一步明确看出，以人格化积极股东塑造为核心的国有投资运营公司构建具有历史与时代的合理性、必要性。

1. 我国国有资产管理体制的历史探索

在我国经济社会发展的不同历史阶段，国有企业均发挥了举足轻重的作用，但也不断暴露出自身的局限性，国有资产如何保值增值一直成为一个极其具有挑战性的问题，因此，政府决策层也在不断地进行着国有资产管理体制的变革。概括而言，我国国有资产管理体制的历史探索可分为实施国有资产经营责任制度、组建国有资产管理专职机构并建立国有资产基础管理制度、两权分离形成国有资本出资人概念三个不同的阶段。

改革开放时期，经济体制改革的核心要义是要增强企业活力，实行政企职责分开；引导各级政府不再直接对企业进行经营管理，放权让利，搞活国有企业。国有企业的活力确在不断增强，但国有资产的流失问题也比较严重。放权的结果使得政府无法掌握国有资产的动态规模以及价值的实际变动。因此，决策层开始尝试国有资产的经营责任制。即是说，尽管政府放宽了政策约束并减少了直接介入，但因政府与企业经营管理者之间存在着信息不对称，为了保证国有资产的经营绩效，需要一定的考核约束作为保障，以此作为选聘企业经营者的依据。此后，国有企业在行业内所面临的更加激烈的市场竞争，也催生出了国有企业之间及国有企业与其他所有制企业之间联营的现象。经营形式的增加与多变，也内在要求组建具有专业化团队和规模效益的专职机构以便对国有资产进行更有效的管理。在这样的背景下，隶属于财政部的国有资产管理局于 1988 年正式设立，主要负责国有资产的清产核资、资产评估、产权登记等基础性工作，如此有效地规范了国有资产的处置交易行为。此后，多地国资局陆续建立，标志着我国全国性的国有资产管理体系终于形成。

进入 21 世纪以来，面对日趋激烈的市场竞争，国有企业在改革中也出现了若干新情况，在引入以两权分离为基本特征的现代企业制度后产生了职责交叉、权责不明的新问题。基于此，理论界再次展开了有关国有企业出资者、经营者区分以及二者所享有权利与承担义务的讨论，这就引出了国有资本出资人概念。本章所提出的“人格化积极股东塑造”的概念，正是这场讨论的符合逻辑的延伸。现代公司金融理论研究表明，股权结构、公司治理结构与公司绩效存在着相关关系。国有资本投资运营平台的构建将通过打破现有国有企业内外部治理结构，从而对国有企业的经营绩效产生影响。

2. 国外现有典型的国资管理模式

纵观世界各经济体，由于各国历史演进路径不同、政权更迭形式各异，使得各国呈现出多样化的经济发展模式与多元化的经济所有制形式。但无论是资本主义国家还是社会主义国家，计划经济抑或是市场经济，只要存在国家政权，就必然存在国家政府具有支配权与管理权的国有资产（或公有资产），这是保证国家机器及整体社会良好运转必要的物质保证。因此，对国外现有国资管理模式的梳理归纳，对于我国不断完善国有资产管理模式及路径选择具有一定的借鉴意义。

总体来看，国外现有的具有代表性的国资管理模式主要可以分为三类：一是以日本、韩国为代表的高度集权式的“日韩模式”；二是以英国、法国为代表的集分权相结合的“英法模式”；三是以美国、加拿大为代表的两权分离为特征的“美加模式”（盛毅、林彬，2004）。具体来讲，“日韩模式”是“财政部——主管部门”的国有资产管理架构。财政部门负责国有资产的综合管理，而各级行政主管部门则负责国有资产的具体管理。如，国有资产购置、处置等具体交易事项需要由行政主管部门编制计划，并经由财政部予以审批，最终的财政预算由国会批准实施。因日韩均是带有“政府主导”性质的市场经济国家，其如此高度集权式的国有资产管理模式也就在情理之中了。而“英法模式”，则更侧重于集权与分权的结合。“集权”体现在政府对于企业在宏观层面的监督管控，使其始终保持合规经营，体现国家意志、兼顾社会利益；同时，仍要保持国有企业一定程度的经营自主权与经营活力，强化其经营责任意识与市场主体意识。这样，经营国有资产的企业才能始终以市场的视角与竞争的心态，不断推进国有资产的保值增值。而“英法模式”分权的意义也在此。另外，市场经济发展较为成熟的美、加等国，则延续经济政策一贯保有的“自由”，实行国有资产管理高度分权的管理模式，即“财政部——管理局”模式。财政部仅负责国有资产管理相关制度法规的制定与预算的编制，而国有资产的日常管理则由独立于财政部的专业资产管理机构来负责。同时，美国还将国有资产划分为经营性与非经营性两类，并采取分类管理。基于我国市场经济的发展来源于计划经济体制的变革，加之当前国有企业亟待解决的问题是既要保证国有企业“大而不僵”的活力，又要能够保证国家对国有资产实时变动情况适度的掌控，所以“美加模式”对于我国国有资产管理体制的建立具有更强的参考意义。

3. 国内关于国有资产管理体制变革的基本思路

现阶段，国内关于国有资产管理体制改革模式、具体路径选择以及关于国有资本投资运营公司的理论研究较为缺乏，而且大多集中于对相关政策的反复归纳与解读，基本上都是在国有资产分类的思路下探讨相关管理体制的构建，鲜有具有指导性和创建性的研究结论。概括而言，当前国有资产管理体制改革的设想有以下几类：①监管与决策相分离的模式（陈庆、安林，2014）；②监管、决策与执行相互分离、相互制衡的管理模式（郭春丽，2014）；③“三层三类”的管理模式（胡云鹏、殷坤，2004；黄慧群、黄素建，2014）。三种国有资产管理模式均是通过新设或撤销层级部门，改变现有国有资产管理架构，进而有效分离相关权责，确保监督管理部门的行政工作效率、国有企业的良性运转与国有资产的合理配置。具体而言，监管权与决策权相分离的管理模式是通过新设机构“中国企监会”将政府国资监管机构所有监管职能、国家授权给非国资委系统的其他政府部门行使的出资人职能以及全国各级涉及产权资产交易的部门机构收归其统一执行管理，而各级国资委仅履行出资人行为。“监管—决策—执行”相互分离、相互制衡的管理模式则是同时要求在人民代表大会层面组建国有资产管理委员会作为国家最高层面管理国有资产的决策机构；在执行层面组建若干国有资本投资运营公司，从事业务的市场化运营；而将现有的国有资产监督管理委员会改组为独立的国资监管机构，作为监管层。由此，使国资委“管人、管事、管资产”的多重身份得以清减。而提出的“三层三类”管理模式是在区分国有企业三项基本功能的基础上将国有企业分为三类，并自上而下设立国有经济管理委员会、国有资产投资运营公司、经营性国有企业的三层次管理架构。

国有资本投资运营公司不同于一般意义上的集团和母公司。它以出资人身份运营国有资本，确保国有资产的保值增值，对国家负责，严防国有资产流失。国有资本投资运营公司应当把握当前良好发展机遇，充分利用政策红利，真正成为产权市场和资本市场的竞争主体（陈道江，2014）。而本轮国有企业改革三个主要方向是混合所有制改革、国有资产管理体制改革、推动国有企业完善现代企业制度；国有资本投资运营公司因具有较大的自由度，将有助于加快混合所有制改革（潘泽清，2016）。

然而，现有相关文献成果仍存在对国有资本投资运营公司如何构建完善法人治理结构，如何定位其与国资委之间权责关系，如何形成与其下属企业之间市场化激励约束机制等方面问题认识模糊的问题。基于此，本章将针对国有资本投资运营公司如何构建完善的法人治理结构，如何处理与国资委之间的委托—代理关系，如何与其成员公司之间形成市场化的激励约束机制及改组组建的内在动机等问题进行分析探讨。

二、国有资产管理机制创新：人格化积极股东塑造的功能定位与现实意义

1. 有效解决国有资本所有者虚置问题

《中华人民共和国宪法》第一章第七条明确规定：国有经济，即社会主义全民所有制经济，是国民经济中的主导力量。国家保障国有经济的巩固和发展。依据《宪法》规定，从法理上讲，“全民”应是国有资产的所有者，是国家股或国家法人股的唯一股东。然而，“全民”概念过于泛化，不是一个人格化的主体，自然也

就不能成为国有资本实际的控制者。同时，代表全体人民利益的另一非人格化主体“国家”，也不可能直接行使对全部国有资本的所有权。因此，在我国国有资本的经营过程中，必然存在着多层级的委托—代理关系链。委托代理关系链条的长度越长、层级越多，国有资本经营管理的权责则会愈加模糊交叠，造成所有者地位的虚置，即人人都是所有者，却人人都无法实现真正意义上的对国有资本的所有。当政治层面的“所有者”与经济法律层面的“所有者”不一致时，产权主体行为就难免行政化，道德风险等诸多弊病接踵而至（窦晴身、王鸿鸣，2002）。

如前文所言，人格化积极股东的出现，既有利于宏观层面国资监管机构方针政策的“市场化”传导，又能在微观层面有效解决国有资本所有者虚置的问题。

2. 实现国有资本市场化常态运作，落实国有资本红利

在“国资委—国有企业”的两层监管架构中，国资委是代表国有资本国家所有权的权利主体，同时掌握着政治（行政）权力与财产权利；加之国有资本本质上具有全民所有的性质，故而，国资委的一举一动更加受到多方关注与舆论约束。国资委对国有资本使用的政策导向既要兼顾国家利益与社会利益，又需确保资本营利性、实现国有资本的保值增值。国资委的双重身份、双重责任所带来的“目标相悖”，使其在政策的制定与执行中很难做到多方面的协调统一，部分国有资本也无法得到高效运作，成为闲置僵化的资本“包袱”。

人格化积极股东的塑造，可以通过市场或行政的手段划拨或

整合原有国资委名下规模庞大的国有资本。人格化的积极股东作为名正言顺的市场经营主体，可以在国内外资本市场中采用多种方式，如重组、合并、置换、抵押、质押、证券化等对国有资本进行市场化运作，从而激发出国有资本潜藏的巨大能动性。国有资本高效运营所获得的资本收益，不仅能够在微观层面上改善国有企业的财务状况，而且可以推动我国国民经济整体水平的提升。同时，人格化积极股东在地方上的“落地生根”，可以更加敏锐地捕捉到区域范围内的比较优势，催生出更具规模效应的投资溢出性效能，夯实地方财政储备，用以解决当地民生问题，使国民享受国有资本红利，实现国有资本真正意义上的“取之于民，用之于民，为全民所有”。

3. 促进国有资本产业布局，推动产业优化升级

人格化积极股东使国有资本的投资运营减少了政治色彩与行政意志，而主要从事国有资本投资、运营的业务层面的操作。一方面，国有资本投资侧重于增量投资，即选择新兴战略性产业作为投资目标，积极推动社会经济结构的转型发展，并取得产业成长所带来的资本收益。另一方面，国有资本运营的主要任务在于资产整合，包括存量资产整合与增量资产整合。盘活存量，有利于增进国有企业的竞争力及传统产业的长效经营；扩充增量，有助于行业内部及产业之间的优胜劣汰，优化产业结构，促进国有资本更为合理的产业布局。人格化积极股东的塑造对于改善资源配置效率、避免重复建设与投资、整合国有企业资源、优化区域产业布局有重要意义。

4. 改善股权结构，提升国有企业经营绩效

近年来，国有企业改革与国有资产管理体制改革逐步深化，取得了若干重要成果，但国有企业总体盈利水平及生产效率仍偏低，债务负担较重，对政府的依赖程度较强，长期存在的结构性矛盾也未从根本上得到解决。人格化积极股东的塑造，极大地改变了国有企业的股权结构，打破了相关行业领域国有企业的垄断地位，充分调动了社会各个方面的资源，一定程度上降低了除国有资本以外的其他各类资本的投资门槛。在此过程中，国有资本也能够有机会积极参与到国内外的资本市场中，成为真正富有活力的金融资本；掌握国有资本的国有企业也会得到更多的改革红利与国有资本释放出的市场经营红利。

人格化积极股东的塑造改变了国有企业的股权结构，故而国有资本的杠杆作用能够撬动更多资本资源支持相关产业的发展，使国有企业财务状况得到改善，进而使其更加便于取得市场化信贷政策的优惠及业务拓展的话语权等；在此“良性循环”的轨道中最终实现国有企业经营绩效的提升。

5. 完善公司治理结构，推进现代企业文化建设

伴随着股权结构的变化，公司治理结构也相应地发生改变。原来由国资委控股监管下的国有企业，其董事会、监事会与经理层人员的选聘及任免均带有浓厚的政府指令色彩。国有独资企业与国有控股企业，因国有股权足以影响股东大会的决议，故难以有效规避“股东”与“董事长”之间的天然联系与股东的

实际操纵行为，公司治理结构处于基本失效状态。国有企业内部也会因此形成自上而下的“政府兜底”的侥幸心理和不作为的消极心态，不利于现代企业制度的推进与竞争性企业文化的建设。

人格化积极股东的塑造剥离了政府对于国有企业的行政管理职能，同时政府授权人格化积极股东代为其履行出资人职能。作为企业出资人，便须以出资额为限行使权利、承担义务，各出资人均会被一视同仁，有利于民营资本与国有资本的平等市场地位的实现。企业董事会、监事会的席位也会因出资额占比由来自多元背景的人员担任；经理层及企业高管均可采用人才选聘制度，竞争上岗。更具市场竞争意识、创新精神人才的进入，有利于消除国有企业员工工作低效、责任推诿的现象，建立起争先比优、合作团结、强凝聚力、高战斗力的企业文化。

三、国有资本投资运营公司构建

1. 国有资本投资运营公司的构建与国有企业三层委托—代理关系

现阶段我国国有资本投资运营公司将由以下两类方式改组组建：一是通过划拨现有商业类国有企业的国有股权以及国有资本经营预算注资设立；二是选择具备一定条件的国有独资企业集团，通过自身产业优化布局和资本整合改组设立国有资本投资运营公司。国有资本投资运营公司的构建，打破了传统的“国资委—国有企业”的两层管理结构，而代之以“国资委—国有资本投资运营公司—国有企业”三层架构。三层委托—代理关系的形成不仅符合以国有资本改革带动国企改革，政府仅以出资人身份管理国有资产的思路要求；而且，这将进一步明确国有资本的权属及以国资委为代表的相关政府机构的职能定位，有效消除由政府意志和利益干预甚至直接决定国有企业行为而造成的工作积极性降低、流程化管理低效等问题；有利于国有企业引入市场化运作机制，建立现代企业制度，实现国有资本的市场化运营与国有资本投资运营公司的市场化运作。

具体而言，三层委托—代理关系包括以国有资产监督管理委员会为代表的顶层；以国有资产投资、运营公司为主的中间层和以国有企业及国有资产投资运营公司下属成员企业构成的底层。不同层级的设置，具有不同的且不可替代的作用：以国资委为代表的顶层，可谓是传统意义上的“政府角色”，它的存在能够不断强化并始终保持国企改革进程中国有资产归国家所有的性质不变，进而保证国有企业的经营方向能够始终符合国民经济及社会发展的内在要求。国有资本投资运营公司则是独立的市场主体，是政府“人格化积极股东”的市场代表，履行出资人监管职责，在三层委托—代理关系中发挥着至关重要的作用。而处于三层委托代理关系底层的下属成员企业，则是在理顺公司治理结构的基础上，依托国有资本的投资及相关配套制度，既在一定程度上保持“国有”性质，又能够不断推进自身市场化改革及管控模式创新探索的市场主体。

2. 中间层人格化积极股东的塑造

国有企业改革与国有资产管理体制创新的核心是如何构建中间层人格化积极股东，建立相应的激励约束机制。在三级委托—代理关系中，中间层是关键。

国有资本投资运营公司作为中间层人格化积极股东，是国家授权经营国有资本的公司制市场主体，采用公司化运作模式，以投资、融资和项目建设为主营业务，通过更专业化的资产经营和管理实现国有资本的保值增值，逐步减弱国有企业对政府的依赖程度，增强责任意识及竞争意识。

国有资本投资运营公司作为上述新型三层委托—代理关系中最为重要的中间层，不仅有效分离了政府行政管理与国有资本出资人的两种职能，实现了国有企业的去行政化；而且将"政府"人格化，塑造出了可以名正言顺地参与市场竞争，按照市场化模式运作的积极股东，建立起国有企业的公司法人治理结构，有效提高国企的经营效率。国有资本投资运营公司通过规范化、专业化投融资、产业培育、资本整合，推动社会整体层面的产业集聚和转型升级，使国有资产行业布局和微观配置更加合理化。当然，由于国有资产所有权依然保留在国家手中，因此，国有资本投资运营公司仍要承担起一定服务国家战略目标的责任。

中间层人格化积极股东塑造的意义不仅在于从形式上打破了传统二级委托—代理关系，实现了政府职能的有效分离，国有资本投资运营公司设立的更重要意义在于经营思想与经营文化的变革。即是说，人格化积极股东塑造的本质是采用市场化的运作机制，实现国有资本管理理念与文化的转变，摆脱行政化管理的僵化思维，加快建立现代产权制度，完善现代企业制度，进而形成良性的激励约束机制，使国有资本在市场中真正实现与其他各类不同所有制资本平等竞争，以此促进混合所有制经济发展，激活国有资本。故此，国有资本投资运营公司的人格化积极股东塑造应充分发挥自身的信息优势，在政府与市场之间搭建一个桥梁，一方面将行政化的管理上移至国资委；另一方面，将市场化的激励下沉至成员公司，真正实现自身作为积极股东的效能。具体而言，人格化积极股东的塑造旨在解决三方面的问题。首先是要理顺国资委与国有资本投资运营公司之间的委托—代理关系；其次是完善并创新国有资本投资运营公司的法人治理结构及现代企业制度；第三是建立国有资本投资运营公司与其下属成员公司之间有效的约束激励机制及绩效考核体系，下面本章重点就国有资本投资运营公司的运行机制进行详细解析。

四、国有资本投资运营公司的运行机制

1. 构建国有资本投资运营公司要因地制宜、因省各异

现阶段，国有资本投资运营公司的构建存在三种模式：一是上海模式，即首先把涉及国有资本的行业领域进行分类，然后在各类行业领域中建立一个综合性的专业国有资本投资运营公司。二是“类淡马锡模式”，即将区域范围内（一个国家或一个地区）

几乎所有行业领域的国有资本进行整合，进而进行规模化、系统性的投资运营。三是“并行模式”，即混合型的大国有资本投资运营公司与专业化、分行业分领域的小国有资本投资运营公司并行存在。而对于我国国家层面与具体地方层级的国有资本投资运营公司所选用的模式，是要与本国及本地区的基本国情与区情紧密相关的。资本实力较为雄厚、国有企业较为发达的省份，市场化程度也普遍较高，国有资本投资运营公司构建的工作重点只需更侧重于推进国有资本的合理布局与产业的结构调整；而国有企业发展情况不佳、经济发展水平较为滞后、市场化程度较低的省份则更需注重国有资本投资运营公司的设立而带来的制度文化渗透、公司治理结构的变化与经营意识的转变等。工作重点的不同，导致国有资本投资运营公司设立模式的差异。因此，构建国有资本投资运营公司不可采用“一刀切”的方式，要做到因地制宜，因省各异。

2. 优化委托—代理关系，处理好国资委与国有资本投资运营公司之间的关系

从国资委与国有资本投资运营公司两者关系分析，国资委授权国有资本投资运营公司开展国有资本股权管理运营、产业投资，两者之间形成了国有资本的委托—代理关系。但因国资委同时既是政策制定者，又是实际管理者、履行出资人职责，并与国有资本投资运营公司存在上下级的行政管辖关系，所以，国资委与国有资本投资运营公司之间可能会出现行政化的委托—代理关系，缺乏市场化的激励约束机制。本轮国企改革的关键依然是避免两

者之间的行政化管理模式，如何使国资委做到不干涉或不直接参与国有企业的具体经营，仅提供企业发展的保障性与服务性措施，履行出资人的监管职能，是国有资本投资运营公司构建及运行过程中极其关键的问题。

国有资本投资运营公司作为由国家授权而经营国有资本的公司制市场主体，国资委应仅以其出资额为限，以股东身份对其行使相应的决策和监督管理权，着力构建国有资本管理的制度性规范，建立并完善国有资本监管等相关政策的制定，充分发挥其负面清单列示及其在国有资本市场化运作、职业经理人选聘等方面不可替代的作用。这将有利于推进我国国资监管机构职能逐步向以管资本为主转变，建立并完善监管权力清单和责任清单，实现国资监管机构不干预企业自主经营权与国有企业经营的去行政化。在处理国资委与国有资本投资运营公司的委托—代理关系中，国资委必须认清自己的职能定位，着重落实其出资人与监管人职责，同时又要着重国有资本投资运营公司优质独立法人的市场主体地位，不过度介入公司的日常经营。

3. 完善国有资本投资运营公司的内部治理，推进现代企业制度建设

国有资本投资运营公司应积极探索有效运营方式，建立现代企业制度，优化董事会成员结构，规范绩效考核办法并完善人事聘用制度，建立完善的激励约束机制，最大程度激发公司各层级员工工作积极性，由以往“管人管事管资产”的传统模式，向“管资本”的新兴模式转变。

国有资本投资运营公司作为市场化的资本运营主体，既要防止政府干预过多导致企业失去活力，又要防止出资人监管职责不到位而产生的内部人控制风险。因此，完善现代企业制度是国有资本投资运营公司的立身之基。在当前的市场化条件下，应在国有资本投资运营公司构建过程中逐步建立其内部的破产文化，由此促进国有资本投资运营公司与其下属企业之间激励约束机制的产生、奖惩机制的完善。国有资本投资运营公司应强化职业经理人外部选聘意识，着力建设专业人才储备库及多指标、全方位绩效评定体系。另外，国有资本投资运营公司应从现代企业制度出发，充分发挥董事会、监事会、经理层相互激励、相互制约的法人治理功能，促进国有资产投资运营公司的规范化治理，以提升决策效率。国有资本投资运营公司所控股、参股的原有国有企业则应通过市场化遴选机制进行选择，即在微观层面实现要素配置效率的提升，进而提高国有资本的竞争力与流动性。而在宏观层面上，国有资本投资运营公司应通过重组并购等方式逐步撤回高风险、低回报、产能过剩的夕阳行业领域投资，进而转向新兴的、高回报的朝阳产业，实现国有资本布局、产业结构的优化升级及国民经济结构的转变。

4. 引入市场化运作机制，处理好国有资本投资运营公司与其关联国有企业之间的关系

从国有资本投资运营公司与其关联企业两者之间关系分析，国有资本投资运营公司通过负责多家央企、国企的股权管理，开展产业投资，重组消化过剩产能、开展国际化发展等业务，由此

形成了国有资本投资运营公司与关联企业（多家央企）之间的委托—代理关系。不难发现，国有资本投资运营公司角色双重，是政府与市场之间的中间层，要权衡处理好行政与市场之间的关系。国有资本投资运营公司与关联企业这一重委托—代理关系中不可避免地存在道德风险、激励不相容、所有者缺位等问题。

对于国有资本投资运营公司与其关联国有企业，应通过引入市场化运作机制，公司或公司下设二级专项事业部对相关企业采用多样的持股方式体现其控制监管职能。所选择投资项目应多以盈利为目标，除市政公用设施建设、基础设施建设等具有明显公益性的项目外，其他项目不应再获得国家补贴。国有资本投资运营公司也仅以股东身份，以持股比例和出资额为限对投资企业行使相应的经营决策、监督管理的权利及有限责任。

国有资本投资运营公司与其关联国有企业之间应以治理管控为主，避免行政管控；应根据关联企业的战略定位、股权结构、业务特点、发展阶段采取分类治理策略，完善其治理水平。以往国有企业改革中形成的专职董事制度对于国有资本投资运营公司是具有一定借鉴意义的。专职董事由国有资本投资运营公司派出，在成员公司中承担董事的专业性职责，代表出资人行使相应的权利与责任。专职董事的薪酬则在国有资本投资运营公司领取，代理相应的管理工作。同时，国有资本投资运营公司应以市场化为原则，同时兼顾效率与制衡，对关联国有企业进行分级授权，做实关联国有企业董事会，完善其公司治理结构，不断增强企业竞争力。

5. 国有企业混合所有制改革层级的选择

当前，主流学界认为，国有企业混合所有制改革存在两个可供选择的层级，要提高国有资产管理的绩效，必须涉及到国有企业混合所有制改革的层级选择问题。一是在保持集团公司国有独资的前提下，在集团公司的二级及以下各级法人企业之间，实现混合所有制经营；二是在集团公司层面即一级法人层级上推行混合所有制改革，而二级及以下法人企业则可自由选择是否推行混合所有制经营。第一种模式要求国有资本在不同法人层级均有渗透，与其他不同类非国有资本并行存在，进而决定二级及以下法人企业董事会中仍需保留相应“政府角色”的席位。这不仅会增加集团公司与其二级及以下法人企业之间的委托—代理成本、信息交易成本等，而且不利于集团公司整体发展战略目标的统一制定和实施，甚至存在以国有资本控制更多非国有资本的政策套利行为的发生。第二种模式，在集团公司层面推行混合所有制改革的方式，因其在一级法人层面存在各种资本形式，本质上就要求集团公司董事会必须由各类投资者组成；二级及以下各级法人企业形成业务独立并进行独立核算的事业部。集团公司仅对其各事业部经营决策过程中的重大事项具有审批权，各事业部对自身其他日常经营活动具有充分自主权。如此公司治理结构以及混合所有制改革路径，可有效简化委托—代理成本与集团公司经营效率的提升，使各类资本在公司经营发展中产生良性有序竞争，实现激活国有资本的目的。因此，笔者认为，第二类国有企业混合所有制改革层级的选择将具有更广阔的实践探索空间。

五、结语

自 2014 年我国选择中粮集团与国家开发投资公司作为“国有资本投资公司”试点开始，中国诚通控股集团有限公司和中国国新控股有限责任公司又于 2016 年年初被列入“国有资本运营公司”试点名单。与此同时，国资委在 2016 年 7 月 14 日再次宣布在神华集团、宝钢、武钢、中国五矿、招商局集团、中交集团和保利集团等 7 家企业开展国有资本投资运营公司的试点工作。除此之外，我国也已在 24 个省级国资委改组组建了 50 家国有资本投资运营公司。试点工作顺利进行，收效明显。国有资本投资运营公司的产生也从根本上改变了国有企业长久以来的股权结构与公司治理结构，增强了国有企业经营责任意识与竞争意识，有效实现了国有企业改革的“去行政化”。以国有资本投资运营公司为代表的“人格化积极股东塑造”的完成，推进了国有资本经营权与管理权的分离，为国企引入现代企业制度奠定了良好的外部环境，也使之前存在制度壁垒与理论门槛的政策实施变得顺理成章，在推进国有企业改革及国有资本管理模式创新的过程中必将具有深远的现实意义和广阔的发展空间。

但与此同时，我们应清醒地认识到：国有资产管理体制改革的成功与否，来自于改革过程中是否能够始终保持“去行政化”的初衷；国有资本投资运营公司运作的有效性则取决于其运作机制的市场化程度和内部治理的有效性。因此，在当前全国各地区全面推进国有资本投资运营公司改组组建的背景下，应谨防由“盲目乐观情绪”而引发的“新瓶装旧酒、换汤不换药”的沿袭行政化老路的政策套利现象的发生。

本章参考文献

[1] 陈道江 . 国有资本投资运营的理性分析与路径选择 . 中共中央党校学报，2014（02）

[2] 陈庆，安林 . 完善国有资产管理体制研究 . 首都经济贸易大学学报，2014（1）

[3] 窦晴身，王鸿鸣 . 国有企业公司制改造中所有者虚置问题探析 . 法学，2002（01）

[4] 郭春丽 . 国有资产管理体制改革的总体思路和实现路径 . 宏观经济管理，2014（10）

[5] 胡云鹏，殷坤 . “三层模式”：一种理想的国资管理体制新架构 . 市场论坛，2004（5）

[6] 黄群慧，黄速建 . 论新时期全面深化国有经济改革重大任务 . 中国工业经济，2014（9）

[7] 潘泽清 . 投资运营公司的地位 . 中国金融，2016（04）

[8] 盛毅，林彬 . 地方国有资产管理体制改革与创新 . 北京：人民出版社，2004

第六章

混合所有制经济与国有资本投资运营平台构建

本章发表于《新视野》2017年第4期，原题《国有资本投资运营平台构建：动机类型分析与风险规避机制》，作者：王曙光、徐余江。

在系统梳理关于国有资本投资运营平台构建的意义、定位与运行机制等现有文献的基础上，本章创新性提出国有资本投资运营平台构建的动机类型分析，详细论述了国有资本投资运营平台构建的七大类动机类型（产业链整合、过剩产能整合、国有资本投资增值、新兴产业战略优势、国际化战略、区位优势战略、国家安全战略）及其模式的内涵、适应性、难点与风险，并针对性地提出相应的风险规避机制。最后，本章阐述了国有资本投资运营平台构建应遵循的基本原则。

改组组建国有资本投资运营平台是国有企业改革的重要试点内容。国有资本投资运营平台是混合所有制经济构建的重要方式与途径，通过平台改组组建，有利于促进国有资本与非国有资本的融合发展，激发国有资本的竞争力，增强国有资本的流动性。随着多家中央企业试点国有资本投资运营平台改革不断深入，国有资本投资运营平台构建等相关研究成为学术界关注的重点。本章梳理国有资本投资运营平台构建的意义、定位与运行机制等相关研究，创新性提出国有资本投资运营平台构建的动机类型分析，详细论述国有资本投资运营平台构建的七大类动机类型（产业链整合、过剩产能整合、国有资本投资增值、新兴产业战略优势、国际化战略、区位优势战略、国家安全战略）及其模式的内涵、适应性、难点与风险，系统性提出相应的风险规避机制。最后，本章阐述了国有资本投资运营平台构建应遵循的基本原则与需要防范的实践误区。

一、文献综述

伴随着多家国有资本投资运营平台的出现，学术界对其存在的意义、定位、运作机制等问题关注更加深入，进行了理论层面的探索性研究，取得了一定成果。

关于国有资本投资运营平台的改组组建意义与定位方面，有学者研究认为，应组建行业性或综合性的国有资本投资基金公司，以提高国有资本的配置效率，形成国有资本的有序进入与退出机制（厉以宁，2014）。投资运营公司是国有资本独资的金融性公司，是转向管资本的重要载体（陈清泰，2016）。投资运营公司不同于一般意义上的集团和母公司，它以出资人身份运营国有资本，确保国有资产的保值增值，对国家负责，严防国有资产流失（陈道江，2014）。投资运营公司具有较大的自由度，有助于加快混合所有制改革（潘泽清，2016）。也有学者从国资委的职能定位转变切入研究，认为国资委应从监管和出资人双重身份转变为单一的监管者，国有资本投资运营平台承担国有资本出资人职责，从而形成国资委负责监管，国有资本投资运营平台管资本，企业管生产经营的层级分明的国有资产监管运营体制（刘纪鹏，2014）。

关于国有资本投资运营平台的运行机制方面，有学者认为国有资本投资公司只是持有非上市企业的国有股权，其股权投资要不断在不同企业间进入或退出。国有资本运营公司则负责上市公司的国有股权的管理（许保利，2016）。国有资本监管体制的改革突破口在于加强国有企业董事会建设，完善其法人治理结构，让董事会发挥自主经营决策的核心作用（张卓元，2016）。有学者研究认为应借鉴国际经济经验，但不能以英美模式为标准，应运用动态的思路，寻找适合中国国情的所有制结构（杨春学、杨新铭，2016）。还有学者从国有资本投资运营公司改革所面临问题为切入点，概括出我国国有资本投资运营公司的基本特征、主要任务、以及相应的公司治理结构（肖金成，2016）。

学界对于国有资本投资运营平台的定位、意义以及其运行机制进行了分析，但是缺乏对于国有资本投资运营平台构建的动机类型深入分析，国有资本投资运营平台改组组建的内在动机是什么，运行模式又有哪些，各种模式的适应性、构建难点、面临风险有哪些，具体的风险规避机制是什么？投资运营平台应遵循哪些基本原则？本章将针对上述问题进行深入探讨与分析。

二、国有资本投资运营平台构建的七大类动机类型分析：内涵、适应性、难点及风险

国有资本投资运营平台的构建动机具有很大的差异性，而因其动机类型不同，其面临的困难与风险亦有所差别。大约有以下七大动机类型。

1. 产业链整合动机

产业链整合动机指国有资本投资运营平台通过控股、参股产业链中的企业，实现国有资本在产业链中的进入与控制，并通过集团层面的综合管控促进企业之间形成上下游衔接、互相协作的发展共赢局面。基于产业链整合动机，国有资本投资运营平台构建的模式类型为产业链整合模式。该模式的适应性是指通过整合可以形成市场的定价权，形成各个环节之间的资源共享，有利于实现产业链横向或纵向之间的调控，每一个环节的加入都是价值增值的过程，形成全产业链价值增值放大效应。产业链整合模式可以细分为横向产业链整合模式和纵向产业链整合模式。产业链整合模式一方面实现产业链上的同质企业优势资源互补，避免恶性竞争；另一方面产业链上企业重组，有利于激活国有资本与非国有资本融合，促进混合所有制经济发展。

产业链整合模式的难点在于，首先是如何发现产业链中多个企业的比较优势，即如何通过市场化的机制寻找到合适的企业作为产业链条中的企业，并且帮助企业融入上下游产业的链条中。其二，对于国有资本投资运营平台的产业链管控能力具有高要求，如何管理好多家企业，如何通过集团层面的资源配置使产业链条中的企业增值。其三，目前国有企业改革中的产业链整合过于粗放，仅仅从企业经营范围覆盖上完成了产业链的整合，产业链标准规范以及产业链中品牌建立需要进一步加强。

产业链整合模式同样存在一定的风险。产业链整合模式对于国有资本投资运营平台的现代管理方法和工具的运用要求较高，需要从整个产业链出发，以专业化的视角和方法，对纳入其中的企业进行甄别与挑选，如链条中某个环节出现问题就会影响整个产业链。产业链整合模式风险还来自于产业链中的单个企业可能会与整个集团公司层面的利益相违背。产业链整合模式面向不同产业所面对的风险也是有差异的。

2. 过剩产能整合动机

过剩产能整合动机是以市场需求为牵引，从产业源头压缩生产能力，推进产能过剩领域企业合并重组，改善行业竞争环境，避免企业主体之间恶性竞争，实现过剩产能领域国有资本止损与国有经济结构调整。基于过剩产能整合动机，国有资本投资运营平台构建的模式类型为过剩产能整合模式。过剩产能整合模式适用于行业内出现多家企业恶性竞争，并且持续亏损，但是仅仅通过单个企业的改变无法改变整个行业的生态。该模式下企业自身结构升级能力、创新能力较弱，需要国有资本投资运营平台进行集中整合与管控。

过剩产能行业的现状错综复杂，过剩产能整合模式面临着企业“积极抵制被兼并”（张维迎，2014）、整合周期长、企业冗员和职工安置问题等困难。过剩产能问题的出现还与技术变化、社会发展、需求变化以及政策等多种因素紧密相关。

产能压缩需要一定周期，并非短时间就可以见效。产能压缩是一项艰巨任务，对于实际执行过程是一个巨大的挑战。过剩产能整合过程中，如何做好相关企业员工的转岗再就业，如何构建员工转岗再就业的培训体系，这也是国有资本投资运营平台与政府之间共同的难点。

过剩产能整合的风险主要有国有企业与政府及银行间的链条风险、引发的失业等社会问题、国有资产流失风险。国有企业为政府提供重要税收，解决大量社会就业；同时，国有企业通过银行获得低成本贷款，与银行之间风险关联度高。国有企业因过剩产能所引发的重组或破产，给政府、银行、社会都带来较大的冲击。国有资本投资运营平台开展过剩产能整合，相关企业引入非国有资本，或者直接挂牌交易，上述系列交易中国有资产如何评估与定价是关键，操作不当或可引发国有资产流失风险。

3. 国有资本投资增值动机

国有资本投资增值动机是指国有资本投入到具有增长性、盈利性的企业或产业中，建立投资进入与退出的合理机制，实现国有资本投资增值。基于国有资本投资增值动机，国有资本投资运营平台构建的模式类型为国有资本投资增值模式。该模式适用于国内外股票市场投资、战略投资者引入、产业投资等领域。

此类国有资本投资运营平台实现的难点在于建立一套国有资本投资及风险管控体系。纯市场化的操作，对投资专业性要求较高，如何构建国有资本进入与退出机制？国有资本进入某个领域可以发挥其比较优势，受体制机制约束存在资本退出问题。国有资本增值投资模式是从市场化的企业或者产业中，寻找满足投资逻辑的标的，形成股权投资，或者成为战略投资者等，并能够在一定的时候实现退出。

该模式的风险是国有企业往往缺乏市场化与专业化运作经验，同时人才梯队不健全，与其他投资机构相竞争，存在弱势。国有企业决策缓慢，国有资本投资运营平台如果继续采用以往行政式的投资模式，将降低投资效率，无法快速应对市场变化。该模式下存在国有资产流失的风险，如何评估投资亏损与国有资产流失之间的红线需要有相应的解决机制。

4. 新兴产业战略优势动机

新兴产业战略优势动机是指在新兴产业发展的初期，国有资本投资运营平台培育具有核心技术优势、优质产品或服务的市场主体的战略投资运营方式。新兴产业具有先发优势，是国有资本提升综合竞争力的重要投资方向，是我国经济转型发展的新动力。基于新兴产业战略优势动机，国有资本投资运营平台构建的模式类型为新兴产业战略优势模式。新兴产业战略优势模式适用于处于培育发展初期、具有广阔市场前景、以新技术推动使用方式的转变、资本未充分进入的产业。国有资本投资运营平台应从全球产业发展的链条中寻求新兴产业发展的契机，摆脱以低端制造、消耗能量且重污染的发展方式，通过突破核心关键技术，建立新兴产业的行业标准。

新兴产业一般存在市场培育周期，前期需要大量资本投入，新兴产业战略优势的关键是提供具有市场竞争力的产品或服务。新兴产业战略优势模式的难点主要体现在，新兴产业培育期需要大量的资本投资，突破产业中的核心技术，形成早期的产品和服务。新兴产业具有外溢效应，即前期投入的资本突破的核心技术具有普遍的侵入性和强渗透性，由此早期企业不愿意投入，但是后期又纷纷进入，加剧市场白热化竞争，摊薄利润收入。另一方面，新兴产业需要大量的创新，从技术研发到产品研制，再到商业模式，都是培育发展变动之中，国有企业往往在垄断领域里能够实现增长，缺乏新兴产业突破的动力。考核机制也是一个难点，新兴产业培育期间投入较大，项目回报周期较长，需要针对这种模式，调整对国有资本投资运营平台的考核机制。

新兴产业战略优势模式同样面临诸多风险，主要涉及到市场需求风险、技术外溢和替代风险、同业竞争风险等。新兴产业发展初期，产品和服务性价比相对较低，如何能够形成有效的市场需求是首要风险。新兴产业的核心技术存在外溢和替代风险。随着新兴产业技术成熟度升级以及专业人才流动，市场中掌握核心技术的企业逐渐增多，由此形成市场的技术外溢效应，反而会降低市场进入门槛，会影响早期大量资本投入企业的投入回报。技术的发展是不断替代的，当投入大量资本的新兴产业被更加具有技术优势和产品优势的产业替代时，这就是核心技术替代风险。新兴产业也存在同业竞争风险，国内的发展存在“扎堆”的特征，市场中的企业数量远远大于市场可容纳的企业数量，由此新兴产业还未真正起步发展就变成了过剩产业。

5. 国际化战略动机

国际化战略动机是指国有资本战略投资国外知名企业或者国有企业海外市场开拓与发展。国有企业国际化是本轮国有企业的改革重点，也是多年来国有企业发展的目标。通过国有资本投资运营平台实现国有资本的海外配置与运营，加入到国际产业的变革中，实现国有企业全球化与国际化。基于国际化战略动机，国有资本投资运营平台构建的模式类型为国际化战略模式。该模式适用于国外具有明显需求的行业、国内产品具有性价比优势的领域、以及国有资本开展直接投资的产业等。

国有资本投资运营平台海外发展面临着诸多难点，涉及到海外战略设计与实施、海外合作伙伴建立、企业社会责任与劳资纠纷、以及与当地法律法规符合度。

国有企业国内发展的经验难以在海外进行复制，国有企业海外发展依然缺乏顶层设计与战略规划。国有企业国际化发展需要与熟悉当地文化、法律、业务的本土公司开展合作，如何找寻到合适的合作伙伴是海外发展的关键。欧美国家大都形成了较为完善的工会制度，国有资本投资运营平台处理劳资纠纷经营不足，缺乏与海外企业工会交涉经验。

国有企业国际化面临着诸多的风险，随着人民币贬值的预期加剧，国有企业海外发展的购买力受到一定的风险影响。国有企业的资金多是国内银行提供的贷款等，随着银行业的不良贷款率上升，银行的风险也会影响到国有企业海外发展的进展。全球需求依旧疲软，国有企业海外市场的发展面临需求不足的风险，如何通过提升国有企业的产品服务质量，增强海外市场份额？除此之外，以美国为主导的国际规则也会影响国有企业海外发展，欧美国家的国家安全审查制度也是国有企业海外发展面临的风险。

6. 区位优势战略动机

区位优势战略动机是指国内不同的区域之间的产业发展阶段、资源禀赋、环境成本、金融政策等等各个方面存在区位差异，以解决区位实际问题为导向，构建综合性或者专业性的国有资本投资运营平台公司，发挥集中管控与投资运营的作用。基于区位优势战略动机，国有资本投资运营平台构建的模式类型为区位优势战略模式。该模式适用于地方及区域性国有资本投资运营平台的构建。

区位优势模式的难点是如何准确定位区位优势在哪里，并以此针对性地改组组建国有资本投资运营平台，解决地方国有资产管理面临的问题。该模式是各省开展地方国有资本投资运营平台的模式总称。通过分析上海、广东、重庆等地的国有资本投资运营平台改革实践，我们发现，因各省发展状况、产业特征、资源禀赋等存在差异，呈现出了不同的产业模式。

该模式的风险是制度与政策的扭曲风险，以及引发区域性社会问题等。国有企业在地方税收及提供就业起到重要作用，政府会采取保护措施维护企业的发展，会陷入一旦国有企业发展受限，政府就补贴和支持，越是补贴就会更加影响区域经济发展的怪圈。另一方面，地方国有企业融资成本较低，抑制非国有资本投资。综上，区位优势战略模式的风险主要体现在地方政府与所属国有企业之间的利益相关方之间的利益捆绑。

7. 国家安全战略动机

国家安全战略动机是指国有资本在涉及国家重大利益相关及

国家安全的领域开展投资与运营，以维持国内相关产业的安全以及国家经济的稳定。基于国家安全战略动机，国有资本投资运营平台构建的模式类型为国家安全战略模式。该模式主要适用于农业安全、文化安全、国防安全等相关领域。

国家安全战略模式的难点，首先是如何处理国家战略与企业利润最大化之间的矛盾，国家安全战略产业需要大量的国有资本投入，项目盈利性较弱，由此，国有资本投资运营平台承担国家安全战略实施和企业盈利双重责任。其次，由于其生产经营活动的目的需要兼顾国家利益，因此往往受到政府特殊优惠政策的支持，从而导致了市场垄断的问题的出现，非国有资本进入需要一定门槛，如何能够实现国有资本与非国有资本在产业中的混合发展，以及如何实现安全领域与一般领域之间的技术和服务互相借鉴与共享。

国家安全战略模式的风险，首先是，因涉及国家安全领域，投资运营信息透明度较弱，存在信息不对称引发的监管缺乏风险。同时，由于行业垄断存在，运营执行以政策为主导，市场化运作程度低，存在由行政式干预引发企业现代企业制度不健全风险，即如何既保障国家安全，同时又能够建立完善的现代企业制度，是该模式的核心问题。最后是国家安全战略模式下的过度资产证券化引发的国家安全风险。国家安全领域可以开展资产证券化运作，但应避免在引入战略投资者或者在进行混合所有制发展过程中，造成核心技术及服务的流失，从而影响国家安全。

三、国有资本投资运营平台的风险规避机制

基于上述国有资本投资运营平台构建的动机类型，以及构建模式面临的难点与风险分析，本部分对七大类模式的风险规避机制进行分析。

1. 产业链整合模式风险规避机制

从全产业链上的相关企业角度来分析，企业在发展过程中往往会遇到瓶颈，急需资源、资金等，由此融入全产业链的意愿迫切。在这种情况下，上游或下游中企业都需要有统一的管理者来协调，产业链整合具有符合各方利益的必要性。

产业链整合模式可以分环节控制，适度开放引入竞争，发展混合所有制经济。一般意义上的产业链整合意味着要控制产业链中所有环节，但是从产生利润和技术掌控的角度来分析，产业链整合模式应避免出现大而全的集团公司，控制产业链条中某几个关键环节，其他环节可以开放竞争。产业链整合模式需要注重末端管理，加强基础设施的建设，形成行业的规范与标准，避免从源头就资源配置不合理。注重末端管理是产业链整合从粗放式向精细化转变的首要关键，也就是要从生产营销、财务战略、公司管理、创新能力等多个方面设立产业链价值创造的能力指标体系。

产业链整合模式实现形式多样，可以在国有资本投资运营平台内部实现产业链上企业的重组合并，实现上下游企业产业链条衔接；也可以由多家国有资本投资平台设立产业发展基金，实现

产业资源整合，掌握产业的定价权等。

2. 过剩产能整合模式风险规避机制

国有资本投资运营平台的建立有助于从宏观与微观两个层面改善过剩产能的国有企业现状。宏观上，国有资本投资运营平台应整合多家国有企业，以控制生产端企业的源头，根据市场需求开展相应的生产，从增量上控制，存量上减少库存，借助股票市场和产权市场盘活存量。同时要开展产能转移工作，结合国家一带一路的发展规划，实现产能与技术转移。合并重组会出现员工转岗再就业等社会问题，需要通过政府进行综合治理改善，构建转岗再就业培训体系，比如以服务业作为转岗再就业的主要突破口（周小川，2016）。微观上，实现国有企业的法人治理结构，理清企业与政府之间的关系，合并的企业从业务上内部管控，优化资源配置效率，减少内部竞争。企业应辩证看待过剩产能问题，注重产品、服务质量提升。

过剩产能整合模式要注重企业合并重组后的公司治理问题。该类型投资运营平台的目标并不见得能够盈利，定位目标是理清行业生态、实现国有资本有序退出。国有资本投资运营平台起到市场秩序恢复，促进产业链条再生的作用，实施过程中部分绩效特别差的企业也可以申请破产清算。

过剩产能整合意味着减少国有资本错配带来经济损失，消除因控制权带来的非市场化企业行为，消除价格扭曲，降低环境成本。过剩产能整合为国际产能合作提供具有竞争力的产品和服务创造条件，有助于国有资本海外配置。

3. 国有资本投资增值模式风险规避机制

国有资本投资运营平台开展国内及海外证券市场、产业基金投资，需要有专业的基金经理团队以及产业研究团队。通过组建海外投资的国家队，实现国有资本在海外证券市场的增值发展。关注国内及国外具有培育性及高成长性的企业，开展国有资本投资，由此形成国有资本增值与放大作用。

国有资本投资增值或亏损与外部环境以及内部决策都有联系，在投资过程中需要建立相应的政策边界，明确投资亏损与国有资产流失的区别，避免将经济问题政治化。政府既要给予国有资本投资公司充分的自主权，也要建立国有资本监管风险防控体系。对于该类型的投资运营平台的业绩评价应基于投资组合价值的变化，而不是看单个投资项目的盈亏；从投资长期价值评估，而不是易受市场波动的短期收益或业绩。

4. 新兴产业战略优势模式风险规避机制

新兴产业战略优势模式可以借助国家战略，通过多家国有资本投资平台设立产业发展基金，并以此作为母基金，与地方多元融合形成子基金，带动社会资金的进入与发展。母基金分产业环节进入，主要实现股本投资，不做大股东，不干预企业的经营。由此，促进新兴产业、基础重要产业的发展。

新兴产业发展是国家经济转型发展的关键支点。新兴产业的核心关键技术应建立知识产权保护机制，这是国有资本投资运营平台公司的侧重点。产业发展一方面是政策支持，另一方面需要具有企业家精神的人才。政策支持方面并非一成不变，需要根据市场进行适应性调整，既有计划，也有灵活性。新兴产业发展需要周期，从技术培育到产业应用，这期间国有资本投资运营平台应建立产学研互相衔接的转化渠道。国有资本投资运营平台应给予成员企业市场化探索的自由，提供企业家创新的空间，企业家精神需要承担风险，但企业家创新带给企业的回报是巨大的。

5. 国际化战略模式风险规避机制

国有资本投资运营平台的国际化战略应从以下方面入手，一是重要产业链条的核心环节控制，二是结合国家战略实现国企产能及产品的输出。

随着国内技术装备与产业发展，以及发展中国家工业化及发达国家新工业化进程快速，国有企业国际化发展切合了全球化的趋势。例如在国家“一带一路”倡议下，在基础设施、工业制造等领域，国有企业国际之间的产能合作，有助于降低企业的成本，同时创新国有企业海外发展新模式。国有资本投资运营平台国际化发展应重点培育形成产业集群，从产业聚集区域和产业链条分布上发挥各国有企业海外互相协调与支撑作用。例如从海外产业园区、货运港口等建设项目中，加强市场化信息共享，发挥产业集群优势效应。

国有企业海外发展需要与当地的企业开展合作，战略合作伙伴的赠别与选择是极其重要的战略。当地企业对本土化的文化、法律、政策更加清楚，寻找到合适的战略合作伙伴有助于降低风险与难点。国有资本投资运营平台应注重承担企业社会责任，处理好与工会关系，研究当地法律、法规，注重劳资协议的约束。建立海外投资风险担保体系是发达国家普遍的做法。国有资本投资运营平台应推动国家层面建立海外直接投资风险防范保障体系，一方面注重海外风险评级报告的编制与发布，建立风险保证基金；同时，鼓励商业性保险公司开展海外投资保险业务（黄速建，2014）。国有企业海外发展与投资的规模持续增长是必然趋势，相关数据显示（世界投资报告，2016）国有企业国际化发展还处于起步阶段。

6. 区位优势模式风险规避机制

区位优势模式下国有资本投资运营平台的构建需要透明化区域平台的投资运营信息，接受地方社会监督，避免形成内部控制人。政府应转变角色，减少对相关企业的补贴与保护。上述措施，不仅给予国有企业市场化竞争环境，而且有助于促进非国有资本投资参与国有企业改革，激活带动非国有资本发展产生的经济和社会效益是巨大的。例如地方国资委通过建设省属企业规范治理视频信息系统，实行信息化监管；推行国有产权首席代表报告制度，落实省属企业董事长产权代表责任。地方国有资本投资运营平台应以国家产业升级、战略发展为主要方向，结合地方国资发展现状，推动国有资本的投资与运营。

7. 国家安全战略模式风险规避机制

该模式下的解决机制主要涉及分类进行绩效考核、分环节吸引非国有资本进入、相关产业国际化发展等。以国家安全动机出发构建的国有资本投资运营平台是面向服务国家战略、保障国家安全与国民经济运转为导向的。国家安全领域与商业性领域的考核机制应有明显差别。国企改革配套政策对该部分内容有具体说明，但依然需要细分涉及国家安全领域的考核细则及具体操作办法。

国家安全战略模式下，需要在核心环节上具有自我核心竞争力，对于非核心且具有盈利性的产业链环节中可以适度开放，以吸引非国有资本的投资。涉及国家安全战略模式（比如在粮食、金融、文化、军工贸易等领域）的国有资本投资运营平台也可以开展国际化发展的进程。

四、结论：构建国有资本投资运营平台的基本原则与需要防范的实践误区

混合所有制经济与国有资本投资运营平台构建不仅要深入分析动机类型，明确其发展过程中的难点、适应性以及风险规避机制等，同时还要遵循六个方面的基本原则，以及需要防范相应的实践误区。

1. 鼓励社会资本参与原则，避免“挤出效应”

混合所有制经济的内涵在学界仍然存在较多分歧，本章主张国有资本与社会资本的混合发展，现阶段应注重从宏观、微

观双重层次实现混合，以实现企业股权多元、以及国家经济所有制层面多元化。本轮国有企业改革应该是国有资本与社会资本共赢共创局面。国有企业在产能过剩领域要实现退出、在新兴产业领域实现进入、在军工国防领域适度开放、在社会公共服务领域注重公益性与营利性结合，改革面临艰难挑战，同时也迎来产业发展机遇。社会资本参与，即发挥了其原有的灵活性与市场敏感性，当然也承担着风险，由此利益分配时应该公平对待。

国有企业改革发展过程中，曾出现“国进民退”的发展态势，抑制了社会资本在部分领域的投资，形成国有资本的垄断，产生了社会资本的“挤出效应”。“挤出效应”的产生主要来源于政策方面的规定、国家补贴，以及低成本融资等，这一系列原因造成了社会资本与国有资本的不平等。但是通过市场检验，社会资本建立的公司企业内部治理结构、决策机制、市场竞争力往往具有很强的优势。我们认为国有资本投资运营平台本身是国有独资的，其下属企业的发展要鼓励引入社会资本，形成多元化的股权结构，发挥优势互补。

2. 鼓励市场竞争原则，避免行业垄断

国有企业发展的经验告诉我们，企业发展必须引入竞争。国有企业改革过程中为了引入竞争，采取了行政性指令。例如垄断领域的国有企业拆分，即由一家总公司拆成同一领域的两家公司；以及垄断领域对于民营企业开放。此系列措施，在国内市场形成了国有企业之间，以及国有企业与民营企业的竞争局面。随着海外市场拓展，国有企业在海外的互相压价则不利于国家整体利益，则此轮改革为避免国企在海外市场恶性竞争，多家央企进行了重组。国有企业之间的竞争一定程度上打破了垄断的格局，但是这种竞争还仅仅是国有企业之间，在市场争夺上，时常会受到上级部门的指派等等。我们理解，这种发展方式有竞争性，但是依然属于垄断行业。

国有资本投资运营平台的构建应鼓励市场竞争原则，避免行业垄断。经过多年发展，国有企业垄断行业也是问题最多的行业，应“发挥市场在资源配置中作用”。国家政策制定部门需要在产业发展方面制定相关立法，禁止出现垄断局面，促进企业之间公平竞争。

3. 遵循国家产业布局原则，避免压制企业家创新

国家产业布局是从国家经济可持续发展角度实施的战略，国家产业布局原则意在引导国有资本进入到新兴产业，退出过剩产能产业，考虑的是进入与退出两个层面。国有资本投资运营平台构建要遵循国家产业布局，但同时应该鼓励企业家创新，避免压制企业家创新。

企业家创新是推动企业发展、技术进步、产业迭代发展的重要推动力。企业家创新体现在引进新产品、开辟新市场、改变组织形态等诸多方面。企业家创新精神应是具有精神素质、能力素质、知识素质、意识素质、观念素质等五个方面素质（张维迎，2006）。企业家创新才是企业发展的关键，受限于体制机制等原因，国有企业恰恰束缚了企业家创新。

国家层面在推动产业布局同时，也意识到企业家创新精神培育的重要性，例如国家在发展智能制造、“互联网 +”等大的产业战略布局，同时也鼓励“双创”，这就是以宏观政策引导为主，同时激发企业家人才的创新精神。我们也发现，比如某些产业发展起来并不是国家产业布局的结果，而是企业家推动的结果，当然这有一个前提，就是国家政策支持，基础设施完备等。

4. 鼓励地方模式创新原则，避免单一化模式

随着中央企业开展混合所有制经济改革与国有资本投资运营平台改组组建，地方国有企业与国资管理体制改革也紧密展开。地方国有资本投资运营平台构建模式具有明显差异，应鼓励地方模式创新，避免单一化模式。

鼓励地方模式创新能够带动区域间的竞争，充分发挥地方国资监管部门和国有企业的积极性和主动性，与中央企业层面改革之间形成良性互动。中央企业以集团化方式运作，其下属企业也多分布于各个省份，中央企业改革模式与地方模式之间均是以国有资本保值增值、竞争力提升为大前提，实现路径却各有不同，可以互相借鉴。

5.建立激励约束机制原则，避免道德风险与逆向选择

建立与完善国有企业高管人员、国有企业员工激励约束机制是深化国有企业改革、混合所有制经济发展、国有资本投资运营平台构建的一项重要内容。国有企业的激励约束机制依然存在诸

多问题。激励机制的核心问题是满足高管、员工的物质和精神层面的利益需求。约束机制的核心问题是制度化监督并形成与激励相对应的考核机制。目前，国有企业改革的多项试点内容有助于增强企业激励约束机制。比如职业经理人选聘制度、内部员工持股计划等等（黄速建，2014）。

激励约束机制是委托代理理论中所有权与经营权所产生的必然问题。因激励约束机制不健全，国有企业的发展常常面临失序低效，从而产生道德风险与逆向选择等问题。国有资本投资运营平台的构建将对原先的组织关系、公司治理、员工积极性等等各个方面提出新的要求。认清国有企业现存的激励约束机制问题、明确国有资本投资运营平台出现的新要求，从而更加有针对性采取相应措施、形成制度，完善治理机制。

6. 提升产业层级、优化产业结构原则，避免盲目扩张

国有经济在我国历次产业结构调整中均发挥着重要作用，国有企业是经济发展的中坚力量。但是国有企业改革滞后，国有资本对产业层级提升、产业结构优化负面作用日益显现。提升产业层级、优化产业结构是国家实施供给侧改革的重要战略内容。国有资本投资运营平台构建应遵循提升产业层级、优化产业结构原则，避免盲目扩张，降低资源配置效率，阻碍经济发展。

国有资本控制着重要经济领域，生产要素自由流动和升级受阻，产业升级难以推进；国有资本进入一般竞争性领域，影响竞争机制发挥作用，同时自身退出机制僵化（张文魁、袁东

明，2015）。国有企业发展过程中往往因政策因素导致垄断，继而获得丰厚的利润，难以提升产业层级、优化产业结构。上述国有资本在产业结构调整中的负面影响均需要通过改革加以完善。

国有资本投资运营平台提升产业层级、优化产业结构原则的形成重点在于以市场化的机制去激励约束企业，使企业能够在全球竞争中持续创新。当盲目扩张无法带给企业利润时，当盲目扩张没有低廉的银行贷款支撑时，企业才真正回归到市场化，回到企业生命力的再造上来。

本章参考文献

[1] 厉以宁．中国道路与混合所有制经济．北京：商务印书馆，2014

[2] 陈清泰．澄清认识推进国企改革．财经，2016（25）

[3] 陈道江．国有资本投资运营的理性分析与路径选择．中共中央党校学报，2014（02）

[4] 潘泽清．投资运营公司的地位．中国金融，2016（04）

[5] 刘纪鹏．中国国资改革创新模式探索．经济导刊，2014（05）

[6] 许保利．中国国有企业的变革，北京：经济科学出版社，2016

[7] 张卓元．从“管企业为主”到“管资本为主”：国企改革的重大理论创新．新视野，2016（03）

[8] 杨春学，杨新铭．“十三五”时期国有企业改革重点思路，北京：社会科学文献出版社，2016

[9] 肖金成等．设立国有资本运营公司的几个关键问题．人民论坛·学术前沿，2016(01）

[10] 张维迎．理解公司，上海：上海人民出版社，2014

[11] 周小川．供给侧结构性改革与消除价格扭曲．国际金融论坛2016中国报告，2016

[12] 黄速建．国有企业改革和发展：制度安排与现实选择，北京：经济管理出版社，2014

[13] 2016 世界投资报告 . 联合国贸易发展组织 .2016.4–7

[14] 张维迎 . 价格、市场与企业家，北京：北京大学出版社，2006

[15] 黄速建 . 国有企业改革和发展：制度安排与现实选择，北京：经济管理出版社，2014

[16] 张文魁，袁东明 . 国有企业改革与中国经济增长，北京：中国财政经济出版社，2015

第七章

社会价值假说视角下国有背景风险投资绩效研究

本文发表于《金融科学》2018年第1期，原题《社会价值假说视角下国有背景风险投资实证研究：投资绩效与市场规模效应》，作者：王曙光、王哲。

国有背景风险投资在整个风险投资行业发展和我国产业结构调整方面扮演着特殊重要角色。本章实证分析了我国国有背景风险投资的投资绩效以及其对风险投资行业的影响，结果发现：与私有风险投资相比，国有风险投资更早进入风险企业，从而验证了社会价值假说，即国有风险投资以弥补市场失灵为目的，追求经济收益的同时更重视投资所带来的社会效益；国有风险投资对私有风险投资起到了显著的示范效应，国有风险投资的加入有效促进了风险投资行业规模的扩大，且不存在对私有背景风险投资的挤出效应，从而修正了私人利益假说的结论。在此基础上，本章提出了发挥国有风险投资示范带动作用、改善风险投资市场环境和激发国有风险投资活力的政策建议。

一、引言：国有背景风险投资的经济社会功能：两个假说和本章主旨

近年来我国经济增长面临诸多挑战，实施创新驱动战略，从而消化过剩产能、提升产业层级、转变增长方式成为我国新常态下实现经济可持续增长的必由之路。然而创新领域存在市场失灵的问题，罗默内生增长理论认为，技术进步的知识溢出效应使得其个人成本远远高于社会成本，私人资本缺乏足够的动力进行技术创新，进而使得社会层面对创新的投入小于对创新的需求，造成市场失灵（Romer，2010）。风险投资机构的存在恰恰能够一定程度上消除这种市场失灵（Amit，Brander & Zott，1998），其作为创新创业活动的重要参与方，在资本市场中承担着发掘优秀创新创业企业，并为其提供资本等方面帮助以支持其发展壮大的重要功能。

政府在风险投资发展中扮演着重要角色，从世界范围来看，

政府支持风险投资的方式有税收优惠、财政补贴、政府扶持以及公共资金直接参与风险投资等，而公共资金直接参与风险投资是最直接的途径，也是我国政府目前最普遍采用的模式。对政府参与风险投资所引发的经济绩效，学术有不同的意见，一种观点认为，政府对风险投资的支持一定程度上可以缓解创新活动正外部性导致的市场失灵，对私有资本起到示范和带动作用，但是也有观点认为，政府行为的政治性可能会引发政府风险投资行为的扭曲，“挤出”私人部门的投资（Lerner，2002）。在研究国有背景风险投资机构的投资效果的过程中，学术界提出了两种假说：社会价值假说和私人利益假说。

1. 社会价值假说

与私有背景风险投资单纯追求投资绩效不同，国有背景风险投资机构的设立目的是为了解决由于风险投资的正外部性所导致的“市场失灵”问题，使得资源得以有效配置，鼓励和带动更多的资本进入风险投资领域，以促进创新活动的发展。有研究表明，风险投资进入风险企业时机越早，对企业技术创新活动的激励效果越明显（李爽，2017）。因此为了促进创新活动，国有背景风险投资机构应该比私有背景风险投资机构更早进入风险企业。

而投资绩效方面，国有背景的风险投资为了与私有背景的风险投资形成有效互补，会投资一批私有背景风险投资不愿投资的周期长、风险大，但对国计民生有重要意义的初创企业，这一定程度上会影响其整体的投资绩效。Brander 等人（2010）也通过理论分析认为国有背景风险投资机构所投项目的回报率应该低于私有背景的风险投资机构。总之，国有背景风险投资机构以解决市场失灵为设立目的，追求经济收益的同时更重视投资所带来的社会效益，我们称之为社会价值假说。

2. 私人利益假说

国有背景的风险投资机构资金来源于国有资本，承担着国有资产保值增值的压力。而国有资产保值增值的压力会使得国有背景的风险投资将投资业绩放在政策目标之上，与私有背景的风险投资难以形成互补，甚至一定程度上形成竞争关系。相比于私有背景的风险投资机构，国有背景的风险投资机构拥有更多的政治资源。从这个角度来讲，优秀的初创企业会更期待得到国有背景风险投资的青睐。作为交换，企业往往愿意以相对较低的价格让这类风险投资入股。这一定程度上提升了国有背景风险投资的投资绩效，但这种交换违背了国有风险投资机构设立的初衷。总之，我们将国有背景风险投资为了谋取更多私人利益而偏离了原有设立目的的现象称为私人利益假说。

有研究发现，国有背景风险投资机构的投资表现与私有背景风险投资机构间存在差异。Brander 等人（2010）研究了加拿大的风险投资发展情况，发现无论在成功退出比例还是鼓励创新方面，国有背景的风险投资机构都弱于私有背景的风险投资机构。国内学者则对中国的风险投资机构进行了相关研究。钱苹、张帏（2007）研究发现，国有背景风险投资机构的平均投资回报率显著低于非国有背景风险投资机构。余琰等人（2011）把 2005 年的股权分置改革作为一个特殊的时间节点，发现股权分置改革前，国有风险投资相对于非国有风险投资，投资收益更低，而股权分置改革后国有风险投资的投资收益变得更高。另外，风险投资机构的声誉、风险投资机构的投资经验以及风险投资的退出方式也会影响风险投资机构的投资绩效（Chemmanur，Krishnan &Nandy，2008；Gompers，Kovner& Lerner，2009）。

本章以 2009~2016 年期间的风险投资退出事件为研究样本，探寻风险投资行业发展的新阶段下国有背景风险投资机构的发展情况与绩效。一方面，本章关注国有风险投资的投资表现，但另一方面我们更关注其是否真正带动了行业的发展和进步，是否带动了我国产业的创新和升级，是否存在对私有风险投资的明显的挤出效应，期待从实证研究的结果，实际验证或者修正社会价值假说和私人利益假说，从而凸显出国有背景风险投资所担负的特殊经济社会功能，并在此基础上提出增强国有背景风险投资整体绩效的可行政策框架。

二、国有背景风险投资的投资绩效的实证研究

1. 数据来源

本章选取 2009~2016 年间风险投资机构投资退出的公司作为研究对象，采用的数据来自投中集团 CVsource 数据库和清科集团私募通数据库。

2. 变量设定

（1）被解释变量

本研究中的被解释变量为风险投资机构的首次投资时间和投资绩效。其中在研究投资绩效时，我们沿用钱苹、张帏（2007）及余琰等人（2014）的方法将投资绩效标准化。具体公式为：

标准化的投资绩效 =（风险投资机构退出时的账面回报 – 取得股权时的投资金额）/ 投资年限。

（2）解释变量

本研究中的解释变量为风险投资机构是否具有国有背景。本章根据清科私募通数据库中的数据对风险投资机构进行分类。凡是由政府控股和参股的风险投资机构，我们都将其认定为具有国有背景的风险投资机构（GVC），否则为私有背景的风险投资机构（PVC）。

（3）控制变量

本研究中的控制变量有：风险投资机构的声望、机构规模、总投资数量、成立年限、企业退出前风险机构数量、退出方式以及交易所地区（中国大陆、中国香港、美国）。

表 7.1　　　变量定义和描述性统计

变量名	变量含义
Return	标准化的投资绩效 =（风险投资机构退出时的账面回报 – 取得股权时的投资金额）/ 投资年限
GVC	风险投资机构的背景，国有背景风险投资机构此值取 1，否则取 0
Reputation	风险投资机构的声望，根据清科集团 2016 年中国创业投资机构排名确定，前 50 名此值取 1，否则取 0

续表

变量名	变量含义
Size	风险投资机构规模（单位，百万美元）
InvNum	风险投资机构总投资事件数量
Age	风险投资机构成立时长（截至 2016 年 12 月 31 日，单位，年）
IPO	企业退出方式是否为首次公开上市，若是取值 1，否则为 0
VCs	参与投资的风险投资机构数量
USA	企业交易所位于美国，若是取值 1，否则为 0
HK	企业交易所位于中国香港，若是取值 1，否则为 0

3. 实证结果与分析

为了研究国有背景风险投资机构投资表现，我们分别以风险投资机构首次投资时间和标准化后的投资绩效作为被解释变量，利用 OLS 方法进行了回归检验，结果如下：

表 7.2　　首次投资时间的回归结果

变量名称	（1）	（2）
return	reg	reg_robust
GVC	−0.329**	−0.329*
	（0.149）	（0.177）
Reputation	0.552***	0.552***
	（0.162）	（0.178）
Size	6.47e−05***	6.47e−05***
	（1.26e−05）	（1.43e−05）
InvNum	−0.00136***	−0.00136**
	（0.000503）	（0.000607）
Age	−0.000293***	−0.000293***
	（2.62e−05）	（3.04e−05）
IPO	−1.163***	−1.163***
	（0.131）	（0.135）

续表

变量名称	（1）	（2）
VCs	−0.126***	−0.126***
	（0.00653）	（0.00552）
USA	−0.397	−0.397
	（0.255）	（0.244）
HK	1.168***	1.168***
	（0.350）	（0.379）
样本量	2053	2053
	0.31	0.31
F 值	101.91	119.05

注：*、**、*** 分别表示在 10%、5% 和 1% 水平下显著，括号内数值表示对应系数的 t 统计量。

表 7.2 模型（1）（2）的结果显示了以风险投资机构首次投资的时间为被解释变量时的回归结果。其中模型（2）相比于模型（1）消除了异方差的影响。结果显示，GVC 前的系数为负值，这说明国有背景的风险投资机构相比于私有背景风险投资机构倾向于更早进入风险企业。

表 7.3　　投资绩效的回归结果

变量名称	（1）	（2）
return	reg	reg_robust
GVC	−0.00677***	−0.00677**
	（0.00218）	（0.00319）
Reputation	0.00699***	0.00699*
	（0.00244）	（0.00370）
Size	3.95e−07**	3.95e−07
	（1.89e−07）	（4.51e−07）
InvNum	−2.14e−05***	−2.14e−05
	（7.72e−06）	（2.13e−05）

续表

变量名称	(1)	(2)
return	reg	reg_robust
Age	2.40e-06***	2.40e-06*
	(4.09e-07)	(1.41e-06)
IPO	0.00961***	0.00961***
	(0.00202)	(0.00140)
VCs	-9.72e-05	-9.72e-05*
	(9.09e-05)	(5.12e-05)
USA	0.0301***	0.0301***
	(0.00367)	(0.00817)
HK	0.0291***	0.0291*
	(0.00507)	(0.0152)
样本量	1790	1790
	0.128	0.128
F 值	29.05	14.79

注：*、**、*** 分别表示在 10%、5% 和 1% 水平下显著，括号内数值表示对应系数的 t 统计量。

表 7.3 模型（1）（2）的结果显示了以风险投资机构标准化后的投资绩效为被解释变量时的回归结果。其中模型（2）相比于模型（1）消除了异方差的影响。

结果显示，GVC 前的系数为负值，这说明国有背景的风险投资机构的投绩效显著低于私有背景的风险投资机构。控制变量方面，声誉的系数为正值，说明风险投资机构声誉与其投资绩效正相关。这与前人的研究结果相一致。风险投资机构成立时间的系数为正值，这说明风险投资机构的投资绩效与成立时间有正性的关系。Hochberg，Ljungqvist& Yang（2010）的研究结果显示，随着成立时间增长，风险投资机构的网络关系会不断进化。而更加稳定和广泛的网络关系有利于风险投资机构找寻更多可靠的合作伙伴，从而选取更优质的项目进行投资，获取更高的投资回报。首次公开发行的退出方式的系数为正值，说明首次公开发行的退出方式能带给风险投资机构最大的投资回报。另外，相比于中国大陆的交易所，在美国和香港交易所实现退出的风险投资机构投资绩效更好，系数都为正值。

总体上，此结果验证了社会价值假说。即国有风险投资机构以解决市场失灵为设立目的，追求经济收益的同时更重视投资所带来的社会效益。国有背景风险投资为了更好地促进创新活动，会更早进入风险企业，在风险企业发展初期给予其资金支持。并且，国有背景风险投资可能会为了配合政府相关产业政策的实施而率先进入私有背景风险投资不愿进入的行业和领域，这可能是造成国有背景风险投资投资绩效相对较差的原因。但同时还可能有其他原因造成了这一现象。比如国有背景风险投资机构对员工的激励机制往往需要遵从国有企业薪酬制度，与市场中其他私有背景风险投资机构相比有较大劣势。国有背景风险投资机构中有经验、有能力的员工可能会因为收入原因加入其他私有背景风险投资机构。这导致国有背景风险投资机构的人员流失相对严重，人才匮乏也是造成其投资绩效相对较差的可能原因。

三、国有背景风险投资市场规模效应实证研究：是否存在对私有风险投资的挤出效应

国有背景风险投资机构的设立目的之一就是带动私有背景资

本进入风险投资领域，以促进整个风险投资行业的发展，但学术界对国有背景风险投资是否真正起到了示范和带动作用却存在争议。

Leleux&Surlemont（2003）研究了1990~1996年间欧洲地区有政府资金支持的风险投资机构，发现国有背景风险投资的进入能带动私有背景风险投资的增加。这说明国有背景的风险投资对私有背景的风险投资起到了鼓励和示范作用。

但也有学者认为，国有背景风险投资由于其背后的政治性会导致其投资行为的扭曲，从而“挤出”私有背景的投资。Cumming &MacIntosh（2006）对加拿大风险投资业税收激励政策（LSVCC）的实施效果进行了研究，结果显示LSVCC带来的资金完全挤出了私有背景的风险投资资本，没有实现政府通过LSVCC带动风险投资领域发展的目的。但Brander，Egan & Hellmann（2010）同样以加拿大的风险投资机构为样本，发现国有背景风险投资资本对私有背景风险投资资本的挤出效应是有限的，同时国有背景风险投资的加入使得整体风险投资行业的规模得到了提升。

国内学者主要从理论层面对该问题进行了探讨和分析。刘志阳、施祖留（2006）分析了政府干预风险投资效率的模型，指出政府直接参与风险投资会带来双重影响。一方面，政府参与风险投资可以通过利益展现机制，放大风险投资的高收益性，从而吸引更多的私有背景资本参与进来，实现示范效应；另一方面，由于资源总量一定，国有背景资本的加入会导致资金、人才等方面竞争加剧，造成私有背景风险投资的减少，即造成挤出效应。而刘亮、刘碧波（2008）认为在风险投资行业发展的不同阶段，政府所应承担的角色不同。在风险投资行业发展的初期，设立国有背景的风险投资机构直接参与市场有其必要性，可以起到对私有资本的示范和引导作用。但是当风险投资市场规模到达一定程度，政府资本无法满足行业进一步扩张所需的资金需求时，政府应更多承担制度供给者的角色，否则会对私有资本造成挤出效应。

总体来看，不同国家和市场，不同的发展阶段，会导致国有背景风险投资的影响不同。目前国内学者对该问题的实证研究还比较有限。我们将利用 2009~2016 年有风险投资机构参与投资并成功退出的风险企业的相关信息，对国内国有背景风险投资对于私有背景风险投资究竟是“示范效应”还是“挤出效应”进行探究。

1. 数据来源

在研究国有背景风险投资对风险投资市场投资规模的影响时，我们选取了在 2006~2016 年间获得首轮风险投资的企业为研究对象，以分别研究企业维度和市场维度下国有背景风险投资对风险投资市场规模的影响。本章中采用的数据来自投中集团 CVsource 数据库和清科集团私募通数据库。

2. 变量设定

（1）被解释变量和解释变量

在企业维度进行研究时，被解释变量为企业获得的风险投资的资金总额和私有背景的风险投资的资金总额。为了排除攀比效应（bandwagon effects）的影响，我们特意选取企业首轮募资时的数据。而解释变量为参与企业投资的风险投资机构的背景性质，共分为三类，一类为纯国有背景（GVC_pure），一类为纯私有背景（PVC_pure），一类为混合背景（GVC_mix）。

在市场维度进行研究时，被解释变量为风险投资市场总的投资额、退出企业的数量以及私有背景风险投资机构总的投资额。而解释变量为国有背景风险投资机构的总的投资额。

（2）控制变量

控制变量为参与风险企业投资的风险投资机构的数量。

表 7.4　　变量定义和描述性统计

变量名	变量含义
GVC_pure	若参与企业投资的所有风险投资机构均为国有背景风险投资机构，此值取 1，否则取 0
PVC_pure	若参与企业投资的所有风险投资机构均为私有背景风险投资机构，此值取 1，否则取 0
GVC_mix	若参与企业投资的所有风险投资机构中既包括国有背景风险投资机构，又包括私有资本风险投资机构，此值取 1，否则取 0
Total First round Inv	企业首轮募资时，获得的所有背景的风险投资机构的风险投资资金额
PVC First round Inv	企业首轮募资时，获得的私有背景的风险投资机构的风险投资资金额
Number of VCs	参与企业投资的风险投资机构的数量
GVC_Inv	国有背景风险投资机构总的投资额
Total	风险投资市场中总的投资额
Num	风险投资市场中总的退出企业数量
avInv	风险投资市场中退出企业获得的总的风险投资额的均值
PVCInv	风险投资市场中私有背景风险投资机构总的投资额

3. 实证结果与分析

本章将从企业和市场两个维度分别探究国有背景风险投资的影响。

（1）企业维度

在企业维度分析国有背景风险投资的影响时，我们重点关注国有背景风险投资机构是否参与对被投资企业总的融资规模以及获得的私有背景的风险投资总量间的关系。

表 7.5　　GVC 对被投企业首轮融资规模的影响

变量名称	Total first round Inv OLS	Total first round Inv OLS	PVC first round Inv OLS	PVC first round Inv OLS
GVC_Mix	9.287***	4.694**	3.930**	0.812
	（-2.02）	（-2.07）	（-1.8）	（-1.87）
GVC_pure	-1.494	-1.53		
	（-1.2）	（-1.17）		
Number of VCs		1.812***		1.233***
		（-0.26）		（-0.24）
Year，industry fixed effects	Yes	Yes	Yes	Yes
样本量	927	927	927	927
	0.10	0.15	0.09	0.11
F 值	2.65	3.97	2.24	2.96

注：*、**、*** 分别表示在 10%、5% 和 1% 水平下显著，括号内数值表示对应系数的 t 统计量。

表 7.5 的模型（1）结果显示，以被投资企业首轮融资总规模为被解释变量，GVC_mix 的系数为正值，说明在被投资企业进行首轮融资时，若同时获得国有背景与私有背景风险投资机构的

青睐和参与，其首轮融资的总规模要大于只有纯私有背景（PVC_pure）风险投资机构参与的情况。当我们把参与首轮融资的风险投资机构数量作为控制变量加入模型中后，结果如模型（2）所示，GVC_mix 的系数依然显著。这说明混合背景的风险投资参与确实会提升被投资企业的融资规模。

在模型（3）中，我们以被投资企业首轮融资过程中私有背景风险机构的投资为被解释变量，得到 GVC_mix 的系数为正值，说明在被投资企业进行首轮融资时，若同时获得国有背景与私有背景风险投资机构的青睐和参与，私有背景风险投资机构的投资额会显著增大。但当我们把参与首轮融资的风险投资机构数量作为控制变量加入模型中后，结果如模型（4）所示，GVC_mix 的系数不再显著。

（2）市场维度

在市场维度下，我们探讨国有背景风险投资对于风险投资市场总规模的影响，内生性问题是不得不考虑的一个因素。因为更好的市场会吸引更多的国有资本和私有资本投资。我们借鉴 Brander 等人（2010）的研究中对市场维度的定义，将行业和年份作为两个控制变量，考察在特定年份的特定行业的风险投资情况，尽可能消除内生性对结果的影响。

表 7.6　　GVC 对风险投资市场总投资额的影响

变量名称	Total FE	Total RE	Total AR1_GLS	Total PSAR1_GLS	Total FE_ROB
GVC_Inv	3.152***	3.152***	2.883***	2.540***	3.152***
	（–0.21）	（–0.21）	（–0.27）	（–0.25）	（–0.11）
Year，industry fixed effects	Yes	Yes	Yes	Yes	Yes

续表

变量名称	Total FE	Total RE	Total AR1_GLS	Total PSAR1_GLS	Total FE_ROB
样本量	73	73	73	73	73
	0.88	–	–	–	0.88

注：*、**、*** 分别表示在 10%、5% 和 1% 水平下显著，括号内数值表示对应系数的 t 统计量。

我们以总的风险投资市场投资额为解释变量，表 7.6 的结果显示，在控制了年份和行业的影响后，在不同的模型中，国有背景风险投资的系数均为正值，且在 1% 的水平下显著，说明国有背景风险投资的进入会使得风险投资总的投资额增多，即有效增大了风险投资行业总规模。

表 7.7　　GVC 对风险投资市场中退出企业数量的影响

变量名称	Num FE	Num RE	Num AR1_GLS	Num PSAR1_GLS	Num FE_ROB
GVC_Inv	0.241***	0.241***	0.190***	0.202***	0.241***
	(–0.0077)	(–0.0077)	(–0.019)	(–0.019)	(–0.0077)
Year，industry fixed effects	Yes	Yes	Yes	Yes	Yes
样本量	220	220	220	220	220
	0.85	–	–	–	0.85

注：*、**、*** 分别表示在 10%、5% 和 1% 水平下显著，括号内数值表示对应系数的 t 统计量。

继而我们考察国有背景风险投资对市场上退出企业数量的影响，表 7.7 的结果显示，在控制了年份和行业的影响后，在不同的模型中，国有背景风险投资的系数均为正值，且在 1% 的水平下显著，说明国有背景风险投资的进入会使得风险投资市场中退出企业的数量增多。

表 7.8　GVC 对风险投资市场 PVC 投资总规模的影响

变量名称	PVCInv FE	PVCInv RE	PVCInv AR1_GLS	PVCInv PSAR1_GLS	PVCInv FE_ROB
GVC_Inv	2.298***	2.298***	1.588***	1.519***	2.298***
	（-0.11）	（-0.11）	（-0.26）	（-0.25）	（-0.086）
Year，industry fixed effects	Yes	Yes	Yes	Yes	Yes
样本量	220	220	220	220	220
	0.74	-	-	-	0.74

注：*、**、*** 分别表示在 10%、5% 和 1% 水平下显著，括号内数值表示对应系数的 t 统计量。

我们关注国有背景风险投资对私有背景风险投资的影响，以验证是否具有示范效应或挤出效应。表 7.8 的结果显示，在控制了年份和行业的影响后，在不同的模型中，国有背景风险投资的系数均为正值，且在 1% 的水平下显著，说明国有背景风险投资的进入会使得风险投资市场中私有背景风险投资的投资额增多，即国有背景风险投资对私有背景风险投资起到了示范和带动作用。

在企业维度上，国有背景风险投资的加入能有效提升风险企业首轮募资所获风险投资的总额，但并不会影响风险企业首轮募资时所获得的私有背景风险投资的总额。这说明企业层面上，国有背景风险投资对私有背景风险投资起到的示范效应不明显。在市场维度上，国有背景风险投资的进入会使得市场中风险投资总投资额增多、退出企业数量增多，有效促进了风险投资行业规模的增大。同时，国有背景风险投资的进入使得市场中私有背景风险投资总额增多，说明国有背景风险投资起到了明显的示范和带动作用。

四、结论和政策建议

1. 主要结论

本章主要研究了国有背景风险投资的投资表现及其对风险投资市场的影响，主要结论如下。

①相比于私有背景风险投资机构，国有背景风险投资机构进入风险企业的时机更早，投资绩效稍逊，从而验证了社会价值假说的预期，即国有风险投资机构以解决市场失灵为设立目的，追求经济收益的同时更重视投资所带来的社会效益。国有背景风险投资更早进入风险企业，并配合政府产业政策的实施而率先进入私有背景风险投资不愿进入的行业和领域，这是其投资绩效稍逊于私有背景风险投资的主要原因，但不排除激励机制层面的因素。

②无论在企业维度还是在市场维度上，国有背景风险投资并没有体现出对私有背景风险投资的挤出效应。

③在企业维度上，国有背景风险投资对私有背景风险投资的示范效应不显著。但在市场维度上，国有背景风险投资对私有背景风险投资起到了显著的示范效应，国有背景风险投资机构的加入有效促进了风险投资行业规模的扩大。

2. 政策建议

（1）继续发挥国有背景风险投资对市场的示范带动作用

从本章结论来看，在我国风险投资发展的现阶段，国有背景风险投资依然起着十分重要的作用。国有背景风险投资能够起到示范与引领作用，有效带动私有背景风险投资的进入，从而增大风险投资行业的规模，引导企业的创新和经济结构的转型。我们应该继续发挥并充分利用国有背景风险投资的示范带动作用，将更多的私有资本引向需要创新发展的西部地区和国家政策重点扶持的高新技术产业。

①改善区域发展不平衡现状。我国风险投资发展存在明显的区域不平衡性，主要集中在北京、上海和广东等地。而对于经济发展相对落后的西部地区，风险投资行业的发展却较为缓慢。风险投资能有效促进科技创新，带动当地的高新技术产业发展。因此政府应重视西部地区风险投资行业的培育和成长。一方面政府可以通过制定相应的鼓励扶持政策吸引更多的风险投资机构进入西部地区，另一方面政府也可以在西部省份组建国有背景的风险投资机构，在行业发展初期起到示范带动作用。

②加强对重点高新技术产业的支持力度。从本章结论可知，国有背景风险投资的示范效应主要体现在行业层面，即吸引私有背景风险投资进入相同行业的不同企业，说明私有背景风险投资比较认可国有背景风险投资对投资行业的选择和判断。这可能是由于国有背景风险投资能够更清晰地掌握国家的政策导向，更准确地判断国家对行业发展的支持力度。从这个角度来看，国有背景风险投资在选择投资行业时，更应发挥好指向标的作用，尽可能将私有资本引向国家政策重点扶持的高新技术产业，以推动这些关键行业和领域的快速发展。

③加强国有背景风险投资的示范带动效果。风险投资行业规

模不断增大，但国有背景风险投资终归有限，因此如何提高国有背景风险投资的示范带动效果，即以更少的国有资本带动更多的私有资本，是摆在政府面前的现实问题。

从国际上来看，政府支持风险投资业发展的模式主要有三种：第一种是政府出资直接投资，以我国为代表；第二种是政府直接引导私有资本参与风险投资，以以色列为代表；第三种是政府通过财政风险杠杆来引导私有资本参与风险投资，以美国为代表。从国有背景风险投资的示范和带动效果来看，第二种和第三种模式明显优于第一种模式。在我国风险投资行业发展的初期，像河北省风险投资公司、成都创新风险投资有限公司等都是以第一种模式来运行的，但现在我国也有许多省市开始尝试第二种模式。如上海创业投资有限公司、深圳市创新投资集团有限公司、江苏省高科技投资集团有限公司等，它们基本实现了使政府财政资金放大 5~10 倍的成效。

我国政府应继续积极探索第二种和第三种模式，加强国有背景风险投资的示范带动效果，适当减少第一种模式。同时在探索过程中，需要政府制定相应的配套政策等，避免模式创新引起行业混乱和无序。

（2）通过法律制度建设和多层次资本市场建设改善风险投资市场环境

我国的风险投资环境随着风险投资行业规模的增大而不断改善和进步。但总体来说，风险投资行业的发展速度要明显快于风险投资环境的改善速度，因此政府应从法律政策环境和资本市场环境两个方面深化改革、深入探索，借助“大众创业、万众创新”

背景下风险投资行业的发展契机，为风险投资行业的健康发展提供必要支持和保障。

①完善相应法律法规，改善法律环境。近年来，我国风险投资行业快速发展，但尚没有一部关于风险投资的基本法律作为保障。2005 年国家发改委等十部委联合出台的《创业投资企业管理暂行办法》仍是我国目前最主要的对风险投资行业进行监督和管理的现行法规。另外，与风险投资有关的还有国务院制定的其他一些部门规章，如《外商投资创业投资企业管理规定》《关于促进创业投资企业发展税收政策的通知》等。但这些部门规章层级较低，与风险投资如今的发展规模不相匹配。而像《公司法》《合伙企业法》《证券法》《税法》等法律中有关风险投资的规定，又缺乏关联性和配合性。因此，尽早制定《风险投资法》是保障风险投资行业健康有序发展的切实需求。

②加快多层次资本市场建设，拓宽退出渠道。多层次的资本市场有利于风险投资机构资金退出，提升其投资效率，有益于整个风险投资行业的发展。现阶段，我国的资本市场体系建设与发达国家相比还有很大差距。一方面，我们应加强对主板市场的监督和管理，不断完善中小企业板市场；另一方面，我们应激发创业板的活力，让更多优秀的具有发展潜力的高科技企业能够借助创业板这个平台实现快速发展；再者，我们应着力加强产权交易市场的发展，提升三板市场的流动性，建设区域性的股权交易中心，为风险投资退出提供更多渠道。

（3）通过体制和机制创新进一步激发国有背景风险投资的活力

在“大众创业、万众创新”的背景下，国有背景风险投资有广阔的发展空间和发展潜力。但现阶段，国有背景风险投资还面临定位不够明晰，激励机制不够完善，专业人才相对匮乏等困境。在今后的发展过程中，应重点从这个三方面着手，进一步激发国有背景风险投资的活力。

①明晰国有背景风险投资定位。现阶段，我国国有资本参与风险投资的方式主要有两种，一是国有资本担任风险投资基金管理人（比如上海创业投资有限公司、江苏高科技投资集团等）；二是国有资本入股风险投资基金，如创业投资引导基金模式。两种模式下的国有背景风险投资各有侧重，定位也有差异。对于国有资本担任基金管理人的国有背景风险投资，应更侧重于其示范效应，将资金主要投向国家重点扶持的高新技术产业，以及需要带动经济发展的西部相对落后地区，以达到与私有背景风险投资互补的作用。对于有国有资本入股的风险投资基金，应更侧重于其资金引导作用，吸引更多私有资本的进入，促进风险投资行业市场规模的扩大，并激发市场活力。

②完善并创新国有背景风险投资的激励和约束机制。在风险投资行业，由于信息不对称，投资者和风险投资机构间存在明显的逆向选择问题和道德风险问题。无论对于国有资本入股还是担任管理人的国有背景风险投资机构，国有资本承担投资人的角色。但在实际操作过程中，国有资本很难有效承担起投资人的责任，这也导致国有背景风险投资可能存在更严重的道德风险问题。因此国有背景风险投资机构需要一套完善的激励和约束机制。一方面，引入绩效收入机制，不断完善考核机制，更合理地考核员工的绩效，并根据绩效给予员工有市场竞争力的薪酬，以达到激励

效果，避免人员的大量流失；另一方面，加强监督，落实项目责任负责机制，明确风险投资机构和管理人的责任，若有渎职或者腐败行为，坚决予以查处。

③加快培养高素质的风险投资人才。对于风险投资行业来说，最核心的资源其实是人。一名优秀的风险投资家既需要市场化的头脑，也需要深刻的行业理解和丰富的企业管理经验。在现阶段，我国风险投资行业面临较大的人才缺口，无法满足风险投资行业快速发展背景下的人才需求。政府应充分重视对于高素质风险投资人才的培养并提供优质的教育资源。一方面，国内的风险投资者应该多接触和学习国外发达国家风险投资机构的经验，取长补短；另一方面，应该立足我国实际情况，找寻最适合我国的风险投资发展路径。

本章参考文献

[1] Romer P M. Endogenous technological change. Journal of Political Economy，98（5）. 2010

[2] Amit R，Brander J，Zott C. Why do venture capital firms exist? theory and canadian evidence. Journal of Business Venturing，1998，13（6）

[3] Lerner J. When bureaucrats meet entrepreneurs：the design of effective `public venture capital’ programmes. The Economic Journal，2002，112（477）

[4] 李爽 . 风险资本是否提升了中国企业的技术创新积极性 ?. 西安交通大学学报（社会科学版），2017（3）

[5] Brander J A，Du Q，Hellmann T. The Effects of Government-Sponsored Venture Capital：International Evidence. Review of Finance，2010

[6] Brander J A，Egan E J，Hellmann T F. Government Sponsored versus Private Venture

Capital: Canadian Evidence. National Bureau of Economic Research, Inc, 2010

[7] 钱苹，张帏 . 我国创业投资的回报率及其影响因素 . 经济研究，2007（5）

[8] 余琰，罗炜，李怡宗等 . 国有风险投资的投资行为和投资成效 . 经济研究，2014（2）

[9] Chemmanur T J, Krishnan K, Nandy D K. How Does Venture Capital Financing Improve Efficiency in Private Firms? A Look Beneath the Surface. Review of Financial Studies, 2008, 24（12）

[10] Gompers P, Kovner A, Lerner J. Specialization and Success: Evidence from Venture Capital. Journal of Economics & Management Strategy, 2009, 18（3）

[11] Hochberg Y V, Ljungqvist A, Yang L U. Networking as a Barrier to Entry and the Competitive Supply of Venture Capital. The Journal of Finance, 2010, 65（3）

[12] Leleux B, Surlemont B. Public versus private venture capital: seeding or crowding out? A pan–European analysis. Journal of Business Venturing, 2003, 18（1）

[13] Cumming D J, Macintosh J G. Crowding out private equity: Canadian evidence ☆ . Social Science Electronic Publishing, 2006, 21（5）

[14] 刘志阳，施祖留 . 政府干预创业投资的经济学分析 . 福建论坛（人文社会科学版），2006（11）

[15] 刘亮，刘碧波 . 政府参与和民间资本进入风险投资行业的关系研究 . 运筹与管理，2008，17（5）

第八章

金融业改革与混合所有制经济构建

本章发表于《农村金融研究》2016年第2期，原题《金融业改革与混合所有制经济：路径与挑战》，作者：王曙光、杨敏。文章获得《农村金融研究》杂志社2016年优秀作品评选一等奖。

通过对金融业混合所有制经济的双重视角考察，本章提出了金融业混合所有制改革的增量模式和存量模式。通过对四类不同层次的混合所有制金融企业及其改革路径选择的分析，本章提出了“分层混改”方案，并对理论界在银行业混改中的认识误区进行了澄清，从公共品和银行特殊战略地位角度强调了银行业混改中简单化和一元主义模式的弊端。本章还对银行业混改中的所有者缺位、公司治理、国有股减持、员工持股、国家控制力等核心挑战及其解决方案进行了探讨，最后提出银行业混改的渐进、自愿和差异化原则。

一、文献综述：金融业改革与混合所有制经济构建的若干争议

当前深化国企改革的重大课题之一是大力发展混合所有制经济。金融业作为国民经济的重要组成部分，更是此轮国企混合所有制改革的重头戏。在金融业尤其是银行业的混合所有制改革的运作模式和机制设计等方面，学术界还存在着巨大的争议。

金融业构建混合所有制经济首先需要明确的问题是发展混合所有制经济的主体和内容。学者们从提升国有银行效率、改善公司治理和增强资本实力角度论证了国有商业银行发展混合所有制经济的必要性。虽然目前国有商业银行已经实现股权多元化，但是仍存在国有股东占比过高等问题，部分学者认为此次改革的核心是通过引入民营资本破除国有股“一股独大”问题。部分学者则认为城市商业银行更具有推进混合所有制经济的基础，因为大中型商业银行降低国有股本在股份结构中的作用可能存在巨大的

金融风险，而城市商业银行则可以通过引进境外战略投资者、引进国内民营资本、上市募集资金等多种手段优化股权结构，发挥混合所有制经济的优越性。

金融业实行混合所有制经济最终的目的是通过体制的改革补齐公司治理短板，部分学者认为要按股权份额给予民资股东相应高管职位，让民营资本获得实质的话语权，而部分学者则认为民营资本一旦进入银行参与经营管理决策，可能会因民营资本的“经济人”属性而影响银行的经营方向，诱发关联贷款和道德风险问题。

十八届三中全会决议中鼓励混合所有制经济实行企业员工持股，形成资本所有者和劳动者利益共同体。赞成员工持股计划的学者认为银行特别是国有银行对员工的股权激励一直以短期激励为主，必须完善中长期激励机制，通过员工持股计划可以提高管理层和员工对银行中长期战略目标的关注。而反对员工持股计划的部分学者则认为员工持股会引发国有资产流失的风险，有学者认为员工持股容易诱导员工的搭便车行为，激励作用有限。

从当前学术界的讨论来看，我们可以看出，尽管在大的改革方向上学者们对金融业混合所有制改革的必要性的看法基本是统一的，但是总体说来，在金融业构建混合所有制经济的诸多关键问题上，尤其是在未来金融业混合所有制改革的模式选择、机制设计和推进方式上，学界并没有达成统一的意见，且没有一以贯之的理论支撑和逻辑建构。

二、从双重视角的混合所有制经济看金融业改革的两种模式

1. 微观视角下的混合所有制经济与金融业的存量改革模式

王曙光、徐余江（2016）提出了双重视角混合所有制经济的观点。所谓双重视角下的混合所有制经济，包括微观和宏观两个方面。微观视角即是从一个企业内部的产权结构出发，其混合所有制经济的构建主要体现为产权主体的多元化，即一个企业内部既有国有经济成分的产权，也有民营经济成分的产权。从微观视角出发，一个金融企业如果包含着不同性质的股份，即是实现了产权的多元化，即可归属于混合所有制金融企业。实际上，我国目前银行业中的很大一部分，已经实现了银行内部产权结构的多元化，国有资本、地方政府资本、私营资本、外国资本等都被引入到银行业中，形成了事实上的混合所有制企业。

由微观视角的混合所有制金融企业出发，所形成的金融业未来改革模式可以称之为“存量改革模式”，即在现有的金融企业中，尤其是在现有的国有产权为主的金融企业中，按照金融企业未来发展的需要，适当地引入非国有资本，尤其是引入带有战略投资者性质的其他非国有资本（包括私营资本和外国资本）。这种存量改革模式的优势在于，它可以用比较低的成本，实现我国金融业的转型与发展，既可以极大地充实金融企业的资本金，增强其市场竞争力，又可以极大地改善其产权结构和法人治理结构。而产权结构和治理结构改善是存量改革模式的最大诉求。

表 8.1　　　　中国银行业的产权结构（%）

	国家股	国有法人股	境外法人股	境内非国有法人股
工商银行	69.60	1.78	24.38	1.35
建设银行	57.31	2.87	37.09	0.76
农业银行	82.64	1.93	9.40	0.37
中国银行	64.63	3.04	28.06	0.40
交通银行	30.95	7.54	38.82	0.95
兴业银行	19.41	9.72	0	13.15
招商银行	0	38.53	18.00	10.72
浦发银行	1.49	41.94	0	18.61
中信银行	0.58	69.64	25.89	0.21
民生银行	0	2.99	18.91	31.31
光大银行	23.31	36.36	14.70	0
平安银行	1.26	4.19	0	61.03
华夏银行	1.30	45.88	19.99	3.44
北京银行	1.73	19.57	13.64	6.11
南京银行	1.29	19.11	18.84	10.90
宁波银行	1.38	20.00	20.00	26.47

数据来源：根据各银行 2015 年第三季度报告中前 10 名普通股股东持股情况整理。

2. 宏观视角下的混合所有制经济与金融业的增量改革模式

宏观视角则是从整个经济体的角度来考察。从整个国民经济来说，假如既存在国有经济性质的企业，又存在非国有企业，则这个经济即可称之为混合所有制经济。从这个角度来说，如果我国既存在国有银行，又存在着诸多非国有银行，则我们就可以说金融业（或狭义上的银行业）已经构建起一种混合所有制经济形态。事实上，在我国的银行谱系中，既有国有性质的银行，又有非国有性质的银行，包括地方政府股份为主的银行、民营股份为主的银行、以及外国银行。这就是典型的混合所有制经济形态。从这个角度来说，我国金融业早就已经建立了真正的混合所有制经济形态。

由宏观视角出发而进行的金融业改革模式可以称之为“增量改革模式”。这种改革模式着重在整个金融业中塑造具有“混合所有制经济性质”的金融企业，就狭义的银行业来说，就是要建立新的非国有性质的银行，也就是是我们今天惯用的“民营银行”。建立新的民营银行在中国经过二十多年的讨论，到现在已经有比较切实的举措，2014 年批准建立的五家民营银行是增量改革初期最重要的成果之一。从成本来说，增量模式要比存量模式高一些，但是对于改善金融业市场竞争结构而言，增量模式的意义更大。大量民营银行的建立，有助于打破国有银行的垄断，改善中国银行业的市场竞争结构，使市场竞争更加充分，从而极大地提高中国银行业运行的效率，提高银行业的质量。可以说，消除金融业垄断、改善市场竞争结构，是增量改革模式的最大诉求。

表 8.2　　中国银行业的市场结构

银行名称	客户存款总额（单位：百万元）	存款市场份额（%）	客户贷款总额（单位：百万元）	贷款市场份额（%）
工商银行	16521828	20.25	11880659	19.87
建设银行	13827713	16.95	10359626	17.32
农业银行	13554404	16.61	8873759	14.84
中国银行	11548697	14.15	9035590	15.11
交通银行	4493337	5.51	3727130	6.23

续表

银行名称	客户存款总额（单位：百万元）	存款市场份额（%）	客户贷款总额（单位：百万元）	贷款市场份额（%）
国有银行	59945979	73.47	43876764	73.37
兴业银行	2431748	2.98	1753850	2.93
招商银行	3467658	4.25	2718502	4.55
浦发银行	3001090	3.68	2187944	3.66
中信银行	3148587	3.86	2377570	3.98
民生银行	2708015	3.32	1978780	3.31
光大银行	1958935	2.40	1468522	2.46
平安银行	1723328	2.11	1209274	2.02
华夏银行	1332133	1.64	1017219	1.70
北京银行	1020520	1.25	755000	1.26
南京银行	490996	0.60	214795	0.36
宁波银行	359306	0.44	241801	0.40
总计	81588295	100.00	59800021	100.00

数据来源：根据各银行2015年第三季度报告数据整理（截至2015年9月30日）。

3. 从历史路径来看我国金融业改革应采取存量为主增量为辅的模式

（1）我国银行业改革的历史阶段及其特征

改革开放以来，我国银行业经历了很多次变革，从世界范围来看，这些变革不仅从深度和广度而言是极为深刻和广泛的，而且从变革实施的速度来说也是极为迅猛的。三十多年以来，我国银行业的市场竞争结构、产权结构和公司治理结构发生了深刻的变化，取得了长足的进步（王曙光，2001）。我国银行业的改革可以分为以下几个阶段。

第一阶段（20世纪80年代初期到90年代初期）：国有专业银行体系构建和中小银行体系（城市信用社和农村信用社）产权明晰化的初级阶段。改革开放初期，我国国有专业银行体系逐步建立，专业银行在体制上带有明显的计划经济色彩，在业务领域上是相互分割的，而其产权结构则呈现出高度的单一性，是纯粹的国有银行。尽管如此，国有专业银行的建立及商业银行与中央银行体制的切割，仍然具有划时代的意义。在这个阶段，代表中小银行的城市信用社和农村信用社则在产权的明晰化方面取得了重要的进展：一些城市信用社在1995年前后改制为城市商业银行和城市合作银行；农村信用社则在1996年实现了与农行的正式脱钩，开始步入独立发展的新阶段，而其产权也进一步得到清晰化，一些农信社开始逐步在资格股之外逐步引入投资股。在这个初级阶段，国有商业银行体系初步构建，而中小银行体系则开始产权改革的尝试与探索。

第二阶段（20世纪90年代中期到21世纪初）：国有专业银行转向国有商业银行转变、股份制商业银行逐步建立以及中小银行体系的产权多元化的推广阶段。在这个阶段，我国国有专业银行开始逐步演变为规范的商业银行体系，其专业隔离逐步被打破，国有商业银行之间的竞争加剧，其计划色彩逐步淡化，商业化色彩逐步明晰，这与我国市场化转型的大环境是相匹配的。以城市信用社和农村信用社为代表的中小银行体系的产权改革力度则更大。一大批城市商业银行开始改制组建，农村信用社也逐步被改制为农村合作银行和农村商业银行，改制的结果是资格股逐步被淡化甚至被取消，而吸引社会投资形成的投资股比重则不断增加，使农信社体系的产权多元化改革逐步走向深入，民间资本进入农村信用社体系导致农信社的资金实力和资产质量都大为提升，扭转了几十年来资产质量低、运营绩效差的局面。在这个阶段，国有银行体系的大规模股份制改造尚未开始，国有银行改革滞后的根源乃在于要为国有企业改制承担巨额的制度变迁成本（王曙光，2010）。而农信社和城市信用社体系的产权改革则明显加快，为我国银行业体系的混合所有制构建提供了经验，这种模式也就是本章所说的存量改革模式。而随着农信社和城市信用社的混合所有制的探索和实践，其经营机制和法人治理结构也逐步改善。在这个时期，我国的股份制商业银行逐步建立，这些股份制银行的产权结构是多元化的，是天然带有混合所有制形式的商业银行，这些股份制银行的建立既在某种程度上打破了国有银行体系的垄断，加剧了市场竞争，改善了市场竞争结构，同时又使得我国银行业的产权结构走出了单一化的局面。

第三阶段（21 世纪初期的 10 年）：国有银行体系的股份制改造与中小银行体系产权改革的深化阶段。在这个阶段，我国国有银行的股份制改造进入了实质推进阶段，2003 年到 2008 年左右，在国家对其不良资产花费巨大成本进行剥离的前提下，我国四家国有商业银行陆续通过股份制改造，成为公众上市公司，其运行机制和内部治理发生了深刻的变化。与此同时，以农信社和城信社为代表的中小银行体系的产权多元化改革亦进入深化阶段，加速引入民间资本，甚至有些引入了战略投资者，部分较好的农村商业银行和城市商业银行甚至上市融资，其股权结构更加多元化。从总体来看，进入 21 世纪，我国银行业的混合所有制特征更为明显，形成国有资本、社会资本、海外资本共同参与的多元化的股权结构。

第四阶段（十八大之后）：近年来，我国银行业的产权改革进一步推进，2013 年十八届三中全会将混合所有制改革列为国资国企改革的重要战略举措，国家将混合所有制改革作为银行业改革的目标模式之一，加大对于民营银行的试点支持力度，2014 年批准设立了五家中小型民营银行。而股份制银行和国有商业银行的混合所有制改革的深化也成为题中应有之义。

（2）我国银行业“增量为辅存量为主”的混合所有制改革模式

从以上四个阶段的历史梳理来看，我国在近 40 年的金融业改革中一直采取增量为辅存量为主的改革模式。与庞大的存量相比，局部的增量的变化实际上是微乎其微的，虽然其意义不容忽视。存量的改造在国有银行、城市信用社和农村信用社中广泛展开，作为一种推进成本较低的改革，存量部分的改造既使传统银行体系的产权结构和治理结构得到明显改善，同时又较好地保持了我国银行体系的稳定性和连续性，这是渐进式的金融改革乃至于经济改革的重要特征之一。对增量部分的谨慎推进，对民营银行的谨慎引入，并不意味着国家不想发展民营银行，而是在策略方面更关注操作上的稳健性和渐进性，更关注系统性风险的控制，更关注增量改革的节奏的把握。银行业这种“增量为辅存量为主”的改革模式，将会在相当长时间内得到持续，这是根据我国国情禀赋的约束而在银行业的“效率和稳健”之间进行权衡中所获得的最优改革模式。

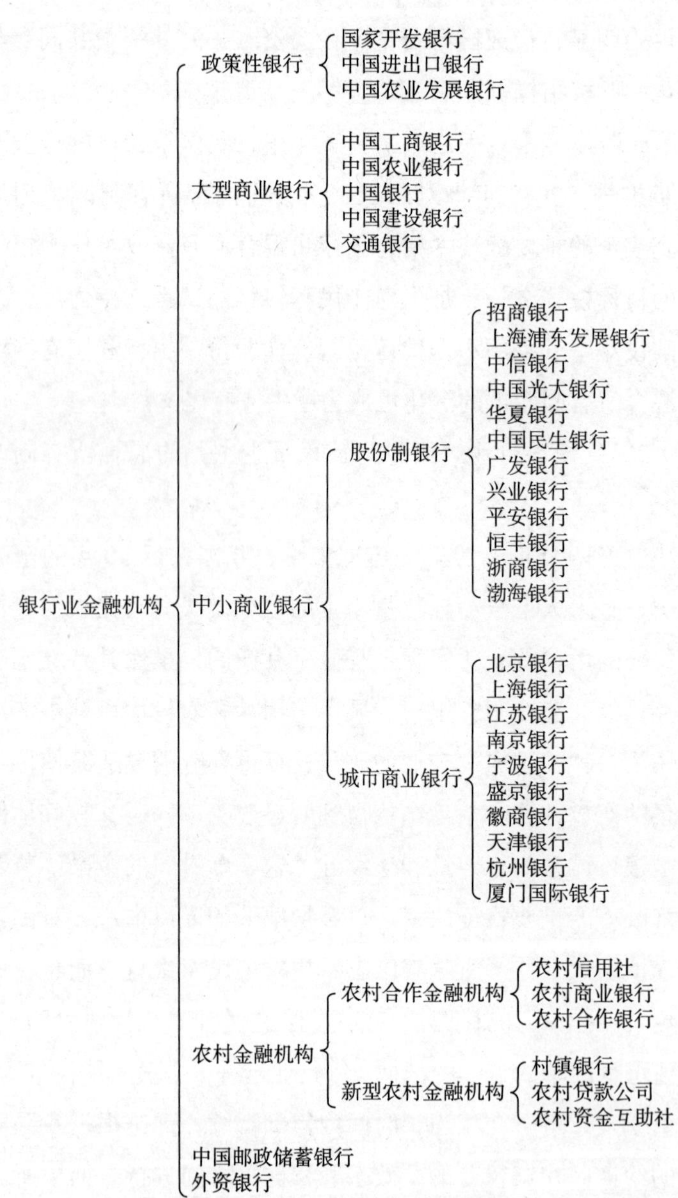

图 8.1　我国目前的银行业谱系

三、分层混改：四类不同层次的混合所有制金融企业及其改革路径选择

1.分层混改的主要思路和路径选择

无论从规模结构还是从产权结构来说，我国银行业的谱系都是极其多元化的。这种多元化的银行业业态也就意味着不同银行的发展战略、运行机制以及在国家经济社会中的地位和功能有很大的差异。由此看来，一刀切的简单化的混合所有制改革模式不能解决我国银行业的问题，因而不是金融业混合所有制改革的目标模式。本章提出“分层混改”的目标模式，即区分不同类型和规模的银行，实行差异化的混合所有制改革策略。本章把中国银行体系分为四类。

第一类金融企业：国有经济成分的独资形式。这类金融企业主要是指在国家经济发展战略和国家金融安全中占据重要地位的银行，这些银行规模大，涉及中国经济社会发展的重大布局和战略利益，因此适宜采取国有独资形式。要吸引不同的国有资本，形成国有的股份制银行，改善其公司治理。在混合所有制的金融业态中，这类金融企业扮演着独特的不可忽视的角色。我国三大政策性银行就基本属于这类金融企业，这类金融企业不适宜引入民间资本和国外资本。

第二类金融企业：国有经济成分的控股形式。这类金融企业在国家战略中拥有重要地位，涉及国家重大战略利益，但同时又

具有一定的市场竞争性质。工农中建交等五大国有商业银行即属于此类。对于此类银行，在进行股份制改造和公开上市之后，可以引入少量战略投资者，以改善其内部治理结构，但是不宜引入普通私营资本和外国资本。

第三类金融企业：国有经济成分的非控股形式。这类金融企业基本上属于竞争性的市场主体，其股份持有者主要是国有企业集团、地方政府以及民营企业。我国大部分的股份制商业银行（如招商、光大、华夏、中信几家由国有企业集团控股，浦发、兴业、北京银行等由地方政府控股）、城市商业银行、农村商业银行（以及农村合作银行）等，均属于这类金融企业。此类银行主要强调竞争性，因此在混合所有制改革中要积极引入社会资本和国外资本，适当实现国有股减持，努力实现股权多元化，要切实改善公司治理。

第四类金融企业：非国有经济成分为主的企业。我国还存在着一些主要由私营资本组建的银行，这些银行中有些属于较大型的银行，但大部分都是中小型银行，在我国基层金融体系中扮演重要地位，对于中小企业融资和农村融资具有重要意义。此类银行因其具有极高的竞争性，因此适宜大力引入多元化的资本，也可以引入国有资本、地方政府资本、外国资本，鼓励其实现股权的充分多元化，构建混合所有制经济形态。

2. 克服一个认识误区，强调一个战略视角

以上我们讨论了四类不同层级的金融企业所应该采取的混合所有制改革模式，也就是分层混改模式。在这个讨论中，我们要

克服一个认识误区。很多人认为，要进行混合所有制改革，就要在所有银行中进行国有股减持，就要在所有银行中引入社会资本和国外资本。这是一种对混合所有制的严重的误解。本章一直强调，在一个混合所有制经济中，应该包含着国有独资企业、国有控股企业、国有非控股企业、私营企业等四类企业，换句话说，包含这四类企业的经济，即可称之为混合所有制经济。有些人基于“混合所有制经济就要求所有的企业必须是国有和私有经济成分混合”的错误观点，主张所有银行都必须实现国有股减持和引入私营资本，这种简单化的一元主义的思维所导致的“一刀切”的做法，在实践中是极为有害的。混合所有制要包含不同性质的企业，每一个企业要根据自身的情况选择较为适宜的产权结构和治理结构，要强调差异化和多元化，而不是简单化和一元化。依据这个逻辑，我们就应认识到，在一个国有银行中吸纳各种不同的国有经济股份，从而组建一个股份制的国有商业银行，这种方式仍然属于混合所有制改革，尽管经过股份制改制后的银行是一个纯粹以国有企业股份构成的银行。

我们还要强调一个战略视角，即从公共品的战略视角来看待金融业尤其是银行业的混合所有制改革。金融产业尤其是银行产业，与国防产业和教育产业一样，既具有一定的公共品特征，又具有一定的非公共品的市场竞争特征（Stiglitz，1993）。从公共品的角度来看，金融产业不仅是一个竞争性的产业，它还关系到一国的金融安全和国家社会稳定，因此各国对于金融体系的管制比一般竞争性领域的管制都要严格，其市场化程度要受到一定的限制。金融安全和国家社会稳定是一种公共品，因此完全依赖竞争性的市场供给是不可能完全有效的。从公共品的战略视角出发，我们在银行业的混合所有制改革的路径选择和战略选择过程中，就要考虑到部分银行所承担的公共品供给的使命，从而在混合所有制的战略目标选择和路径选择方面采取差异化的策略。我国政策性银行和国有商业银行在国家金融安全和国家经济社会发展战略中扮演了一定的公共品供给者的角色，因此其混合所有制改革就要极其谨慎，不宜引入普通的民营资本和外国资本，这在国际上也是通行的惯例。如果我们不能够深刻地认识这一点，我国的银行业改革就容易采取简单化的做法，甚至采取一元化的准私有化模式，这对于我国银行体系的安全和我国金融安全是极其有害的。

四、金融业混合所有制改革中的核心挑战及其解决设想

我国金融业尤其是银行业混合所有制改革的最终目的，是在银行业中构建适应国际竞争环境和国内竞争环境的一整套运行机制和激励约束机制，彻底改革传统金融体系中运行效率低下、内部治理结构不完善的问题，使我国金融体系进一步提升市场竞争能力，实现可持续发展。

金融业的混合所有制改革所遇到的核心挑战主要是以下五个问题。

1. 如何解决所有者缺位，实现国有股东人格化？

在国有经济成分控股或独资的银行中，如何体现国家作为国有资产的真正所有者行使相应所有者权利，是一个极端复杂和棘手的挑战。而所有者缺位问题不解决，银行在混合所有制改革过程中很有可能出现国有资产流失和内部治理失效的问题，可以说所有者缺位是国有银行混合所有制改革中的最核心挑战。塑造人格化的国有资产运营主体，对银行中的国有资本的增值保值进行监督管理，是一个比较理想化的模式。通过建立国有资本运营公司和国有资本投资公司来实现国有股东的人格化，这两类公司所为国有资本的运作平台，与出资者形成“委托—代理”关系，而与控股或参股的企业则形成股东和被投资企业的关系。平台型国有资本运营或投资公司扮演着中间层的角色，一方面解决了所有者缺位和所有者人格化的问题，另一方面也可以实现比较规范的法人治理，不对所投资的企业进行不适当的行政干预，实现了政府的职能转型。

2. 如何改善公司法人治理并建立中国特色的治理结构？

构建混合所有制经济的核心目标之一即是建立完善的公司治理结构，建立有效的激励、约束和制衡机制。有些银行在引入社会资本实现产权多元化之后，其内部治理结构发生了很大的变化，银行董事会中出现了私营企业的代表，但是传统银行的决策体制并没有变化，银行的重大决策和人事变动仍旧脱离董事会而由内部人决定，政府对人事安排实施强大的介入。这种现象有违混合所有制改革的目标，也难以建立真正的公司法人治理。在国有控股或国有独资的企业中，要进一步明确党委、董事会、监事会、经营层、股东代表大会之间的权责关系，党委负责人进入董事会，按照公司法要求对企业进行规范的决策和治理，各主体之间形成真正互相约束互相制衡的关系。

3. 如何在国有股减持过程中避免国有资产流失？

事实上，构建混合所有制经济最有可能出现的大问题，还是国有资产流失，就是相关方面趁改革之机把国有资产变成谋取暴利的机会。因此在国有股减持过程中要做好顶层设计，避免国有资产流失。一是建立一套科学合理、公开透明的国有资产评估体系，打造公开透明的国有资产转让平台。二是严格执行操作流程，保证各个环节合法透明、公平公正。三是重塑国资监管机构职能，国资监管机构将以“管资本为主”，建立监管的权力清单和相关的责任追究制度。四是完善企业内部监督机制，强化董事会规范运作和对经理层的监督，加强企业内设监事会建设，重视企业职工民主监督。发展混合所有制经济，本意是增强国有资本放大功能，有利于国有资本保值增值、提高竞争力，绝不是让大家都来分割蛋糕。构建混合所有制经济，一定不能偏离这个轨道。

4. 如何推进员工持股计划以实现有效的激励和约束？

通过员工持股计划，可以提高管理层和员工对银行中长期战略目标的关注。但同时由于兼有股东和雇员双重身份，也将导致持股员工因为缺乏必要的监督而产生道德风险。因此要采取必要的措施，真正实现员工、管理层和股东成为“风险共担，利润共享”的利益共同体。第一，完善员工持股计划的法律法规建设。完善的法律制度是员工持股制度发展的基本保证，通过立法规范员工持股适用范围、股票来源、资金来源、入股价格、员工持股比例安排、退出机制等一系列制度安排。第二，坚持员工持股与员工参与相结合。员工持股制度不仅要让员工分享企业发展成果，而且要让员工转换身份，真正参与公司治理，实现持股员工将个人利益与银行中长期利益有机统一起来。第三，加强外部监管和完善内部控制制度。国资委和工会组织应落实监管部门承担外部监管职责，同时实施员工持股的企业应建立内部监督机构，维护持股员工的合法权益。

5. 如何在金融业混合所有制改革中保持国家对金融业的控制力？

基于金融业尤其是银行业对于国家金融安全和国家经济社会发展的战略性意义，在金融业尤其是银行业混合所有制改革过程中必须保持国家对金融业的控制力。但是如何体现国家控制力，则需要针对不同性质的银行进行具体化的机制设计。对于国有独资和国有控股的国有银行而言，这种体现比较容易通过内部治理结构来表达，但是对于国有非控股或者其他混合所有制银行，则要保证国家在银行决策中有一定的发言权，同时又不能干预银行的日常运营。在这个方面，我们可以借鉴发达国家中“金股”制度，即国家持有一种对特定事务具有表决权甚至否决权的“金股”（但没有收益权），这样既可以在董事会中使国家的特殊战略性利益关切得到很好的表达，又不干预企业的日常运营。

五、结论：金融业混合所有制改革要遵循渐进、自愿与差异化原则

通过对金融业混合所有制经济的双重视角考察，本章对金融业混合所有制改革的增量模式和存量模式进行了深入解析，并通过对我国金融业改革的历史逻辑梳理，总结了金融业“增量为辅存量为主”的改革模式。本章通过对四类不同层次的混合所有制金融企业及其改革路径选择的分析，提出了“分层混改”方案，并对理论界在金融业混改中的认识误区进行了澄清，从公共品和银行特殊战略地位角度强调了银行混合所有制改革中简单化和一元主义模式的危害，从而为确立金融业混合所有制改革的基本原则奠定了理论基础。我国银行业的混合所有制改革，必须遵循渐进、自愿和差异化的原则，针对不同类型的银行制定不同的混合所有制改革方案，不可采取运动式的急躁冒进的方式，不可采取一刀切式的一元主义策略，而要尊重差异、因地制宜、因“企”制宜。在推动银行混合所有制改革的过程中，要采取有效的机制设计妥善解决所有者缺位、公司治理、国有股减持和国有资产保值增值、员工持股、国家控制力等核心问题，使银行业的混合所有制改革平稳顺利推进。

本章参考文献

[1] 年志远，王相东 . 国有商业银行发展混合所有制经济研究 . 理论探讨，2014（2）

[2] 安世友 . 推进国有银行混合所有制改革 . 中国金融，2014（23）

[3] 陆岷峰 . 中国城市商业银行推行混合所有制研究 . 河北科技大学学报（社会科学版），2014（9）

[4] 王欣 . 利率市场化背景下深化城市商业银行混合所有制改革问题研究 . 经济体制改革，2014（5）

[5] 莫开伟 . 民资进入银行怎么被煮成了“夹生饭”. 上海证券报，2015-05-20

[6] 张衔，胡茂 . 我国企业员工持股的发展困境与现实选择—员工持股的再思考 . 社会科学研究，2015（1）

[7] 王曙光，徐余江 . 混合所有制经济与国有企业改革 . 新视野，2016（1）

[8] 王曙光 . 金融发展理论 . 北京：中国发展出版社，2010

[9] J.E. Stiglitz. “The role of the state in financial markets”，World Bank Economic Review，1993，7（1）

[10] 高岩，张秀生 . 国有资产流失的表现形式及对策 . 企业管理，2015（4）

[11] 谢昱航 . 防止国资流失仍是“混改”重大问题 . 领导之友，2015（6）

[12] 刘军胜 . 混合所有制企业员工持股制度探讨 . 企业管理，2015（3）

第九章

金融业混合所有制经济构建与战略投资者引入

本章发表于《社会科学战线》2017年第1期，原题《金融业混合所有制经济构建与战略投资者引入：制度势能的实现机制及其绩效》，作者：王曙光、杨敏、徐余江。

战略投资者引入对金融业混合所有制构建有重要意义。本章创新性地提出了战略投资者引入的“制度势能理论”，详细阐述了按“梯度差序格局”进行战略投资者引入以及引入过程中的制度不兼容引发的排异反应问题，并在学术界首次对制度势能的三大效应、八个核心机制进行了深入系统的探讨。基于国内11家商业银行非平衡面板数据，本章构建实证模型，结果显示战略投资者持股比例与不良贷款率、资产负债率、净资产收益率存在正U型关系，与资本充足率、中间业务收入呈现倒U型关系，与存贷比关系不显著。最后本章根据制度势能理论与实证分析结果给出了相应政策建议。

一、文献综述：战略投资者引入与银行业绩效改善的若干争议

随着国内金融业改革不断深化，混合所有制经济构建与战略投资者引入相关研究成为近期理论界和学术界关注的热点问题之一。国内专家学者从战略投资者引入应遵循的理论依据、战略投资者引入涵盖的模式、策略及产生的效应、战略投资者引入对银行业绩效的改善等等方面开展了广泛、系统的讨论研究，取得了较多具有重要价值的学术成果，但也存在诸多争议。

部分学者研究认为境外战略投资者引入一定程度上优化国内商业银行的股权结构，改善了银行的成本效率，增加了净利润，提高了经营效率。也有学者持不同观点，认为战略投资者引入对我国银行业治理结构的改善、声誉的建立、盈利水平的提高并不是在注资后就立刻见效，存在滞后效应，短期内对银行盈利能力和资本充足率的影响并不明显。

部分学者研究认为战略投资者引入对绩效的改善并非是线性相关，呈现U型特征。有学者基于我国14家上市银行1992年至2007年的面板数据，实证研究境外战略投资者对国内银行业的影响，认为境外战略投资者引入对我国银行业的盈利影响呈现先下降后上升的U型特征，即对资产收益率和股权收益率呈现二次型特征。也有学者选取我国28家银行1995年至2008年的面板数据，研究了境外战略投资者持股比例对我国银行盈利能力、资产质量、公司治理等方面的影响，研究结果却相反，认为战略投资者持股比例对盈利能力指标不存在显著影响。

近年来，关于城市商业银行战略投资者引入与绩效改善研究逐渐增多，有学者基于55家城市商业银行实证研究认为，战略投资者引入在一定程度上对城市商业银行的经营绩效产生较为显著的影响。也有学者基于国内12家城市商业银行的成本效率进行实证研究，认为引入外资银行作为城市商业银行的战略投资者并不能改善其成本效率。

综上，因不同学者采用的数据样本、覆盖时间区间不同，以及选取指标各异，最终的结论呈现较大差别。另一方面，以往的研究多注重实证，理论构建相对缺乏，需要进一步加强，以服务于现阶段银行业战略投资者引入的实践。

二、战略投资者引入与制度势能理论构建

银行战略投资者引入的动因是什么？银行战略投资者引入应

遵循什么样的顺序？银行战略投资者引入的前提条件是什么？本章创新性地构建制度势能理论，提出战略投资者引入应遵循梯度差序格局的顺序，尤其要以制度兼容为前提条件。

1. 制度势能、梯度差序格局与制度兼容

制度势能是战略投资者引入的动因，即拥有制度优势（或强势）的行为主体通过某种制度安排将其制度优势渗透和移植到具有制度劣势（或弱势）的行为主体，使具有制度劣势（或弱势）的一方通过学习效应、治理结构改善或溢出效应而达到其原有制度结构的转型与升级。制度势能的存在使得不同制度绩效的行为主体之间实现渐进。大到国家的梯级开放战略，小到不同企业之间的参股与制度渐进，都是制度势能在起作用。

梯度差序格局是战略投资者引入应遵循的顺序。因发展阶段、股权结构、规模体量、治理水平等差异，战略投资者可分为境外战略投资者、国有大型商业银行、股份制商业银行、城市商业银行、农村商业银行等五个大类。基于上述分类形成了不同主体之间的由高到低、由优势到劣势的梯度式战略投资顺序，即战略投资的梯度差序格局。战略投资者引入应遵循梯度差序格局的顺序，按照梯度顺序有序地、渐进地进行选择与匹配。如战略投资者引入逾越了梯度差序格局顺序，则无法达到预期目标，相反会起到副作用，削弱企业发展。例如农村商业银行引入国有大型商业银行、股份制商业银行作为战略投资者则符合梯度差序格局的顺序；如引入更大体量、与自身发展阶段不匹配的境外战略投资者，则极有可能适得其反。

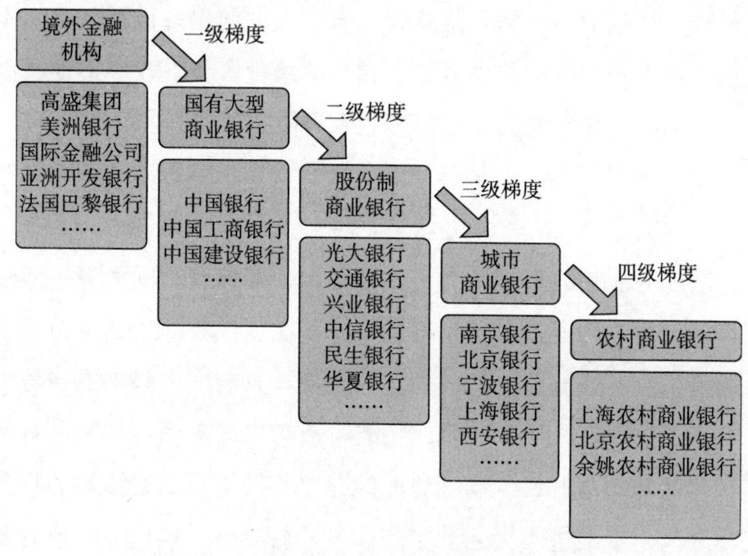

图 9.1　战略投资引入的梯度差序格局顺序

制度兼容是战略投资者引入的条件。制度兼容是指制度之间互补性，而非替代性，即一种制度的使用和运作会导致另一种制度更有效率。制度不兼容是指引资方与战略投资方在经营理论、决策机制等方面存在差异和摩擦，以及引资方在仿效战略投资方时可能导致制度排异反应。因战略投资者引入不当导致制度不兼容，一方面，对企业现有制度会造成大规模的冲击与损害，错失战略投资者引入的最佳时间窗口。战略投资者引入本应起到制度融合与互补作用，并非大规模的冲击与破坏。另一方面影响公司治理，销蚀市场优势、产品口碑、人才优势等。制度不兼容是一把双刃剑，既损害引资方利益，也损害战略投资方利益。双方应建立战略投资制度兼容性评估机制，达成共识，做好相关风险防控措施。

2. 三大效应

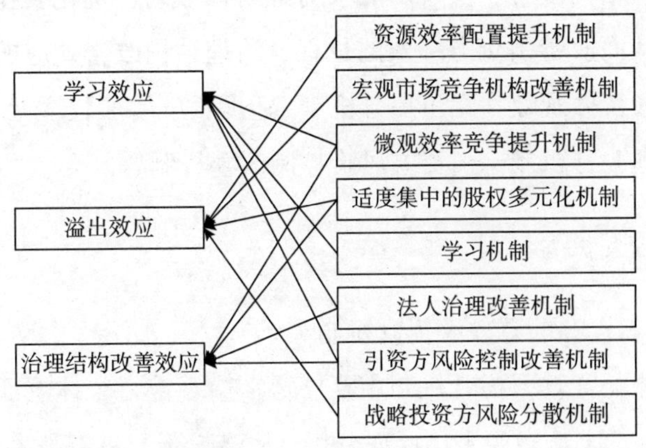

图 9.2　制度势能的三大效应与八大核心机制对照体系

制度势能涵盖三大效应，即学习效应、溢出效应、治理结构改善效应。

学习效应是相对于引资方而言，指通过学习或模仿战略投资方在公司治理、经营模式、盈利模式、风险管理等优势，从而改善引资方公司治理水平、创新能力及企业绩效。学习效应的影响机制主要涉及微观效率竞争提升机制、学习机制、法人治理改善机制、引资方风险控制机制。

溢出效应指战略投资方通过信息共享、人才流动、业务创新等方式为引资方输送优质资源，从而改善引资方绩效的过程。溢出效应的影响机制主要涉及资源配置效率提升机制、宏观市场竞争结构改善机制、适度集中的股权多元化机制、战略投资方风险分散机制等。

治理结构改善效应指通过股东大会、董事会、监事会、经理层等治理结构改善，实现所有权与经营权分离，优化委托—代理关系，从而改善引资方绩效的过程。治理结构改善效应的作用机制主要涉及微观效率竞争提升机制、适度集中的股权多元化机制、法人治理改善机制、引资方风险控制改善机制等。

3. 八大核心机制

（1）资源配置效率提升机制

资源配置效率提升机制主要体现在微观银行个体层面及宏观银行业层面。从微观个体层面分析，战略投资方具有技术、制度、资本等资源优势；引资方处于扩张发展阶段，需通过引入战略资源，以提升管理水平、业务能力、盈利能力、风险防控能力等。战略投资者引入促成了战略投资方与引资方的资源供需匹配，实现资源高效配置。另一方面，战略投资者引入有助于改善银行个体决策机制不透明、公司治理不规范等问题。通过战略投资者引入，健全现代企业制度，建立银行内部各业务条线、各分行支行分配资源的标准，优化银行的决策机制及资源配置机制，提升资源配置效率。从宏观银行业层面分析，战略投资者更加青睐原有基础较好、稳定性较强、具发展潜力的银行，辅助以技术、制度、资本等优质资源的支持，引资方必然为战略投资资源进行争夺，有助于加速银行业竞争，实现资源配置市场化，从而提高资源配置效率。

（2）宏观市场竞争结构改善机制

宏观市场竞争结构改善机制指银行业宏观层面的竞争多元、

行业垄断破除、市场结构清晰所带来的提升，与微观效率竞争提升机制互相促进。“结构—行为—绩效”理论详细阐述了宏观市场与企业绩效之间的作用机制，即市场结构决定企业行为，企业行为又反作用于企业绩效。金融业混合所有制经济构建及战略投资者引入，有助于改善银行业的市场竞争结构，激活银行业市场竞争环境，形成多层次、多样化的银行业生态。可以说，消除金融业垄断、改善市场竞争结构，是我国金融业改革的最大诉求。

目前，我国银行业引入的战略投资者以银行、保险等金融机构为主，辅以大型互联网金融公司等，战略投资者主体更加多元，呈现跨界交叉特征。互联网金融公司作为战略投资者有助于提升传统银行业的技术水平与产品创新能力，打破了传统银行业的垄断，倒逼银行业变革，发挥了宏观市场竞争结构改善作用。

（3）微观效率竞争提升机制

微观效率竞争提升机制指战略投资者引入促进国内职业经理人市场的建立与完善、薪酬体系的创新与评估，实现要素市场化竞争流动。

银行业战略投资者引入，加速了现代企业制度建立进程，完善了职业经理人市场与制度。经理人市场与制度（市场竞争与经理人信誉）是公司治理的主要方式。引资方可借鉴境外战略投资者通过市场化选聘企业经理人的相关制度。例如引资方高管层会有副行长等职位提供给战略投资方，以发挥其在公司治理与资源整合方面作用。企业所有者将经营权委托给市场化选聘的职业经理人，有利于实现专业化、国际化经营管理，通过契约清晰界定双方权利、义务和责任，实现责权利高度统一、有效解决企业中常见的委托—代理问题。目前，国内交通银行在混合所有制改革与战略投资者引入中开展职业经理人制度试点，值得业界关注。

国内银行业薪酬体系较为单一、缺乏激励，相比较于国外灵活的、具有激励作用的薪酬体系有待改善。例如美国银行业薪酬体系拥有股票、股票期权、延期支付奖金等多种方式。灵活的、具有激励作用的薪酬体系相比较于传统的年薪加奖金的薪酬制度具有优势与吸引力，有助于经营者与所有者形成利益共同体，降低委托—代理成本。

因国内银行业特殊性，职业经理人制度与薪酬体系成型受多种因素影响，战略投资者引入有助于打破僵局，通过人才流动与信息共享实现微观效率竞争提升与改善。

（4）适度集中的股权多元化机制

适度集中的股权多元化机制指通过战略投资者引入，促使不同所有制性质资本在企业内部的混合，实现银行股权结构多元化。适度集中的股权多元化在企业内部体现的是所有制形式与组织形式，即不同所有制的资本在一个企业内部的混合，共同构成一个企业的产权结构，也就是企业内部的产权结构多元化。

适度集中反映了股权比重及构成在公司治理、业务发展、战略决策等方面的影响力与话语权。有研究认为过度分散的股权多元化将不利于公司绩效的提升，战略投资者在引资银行中的持股最低比例，我国法律亦有明确规定。

目前，战略投资者引入中的股权适度集中多元化体现的是国有资本与民营资本之间的适度集中与产权多元。例如中国邮政储蓄银行引入蚂蚁金服与腾讯两家民营企业作为战略投资者，实现国有资本与民营资本在企业内部的混合与集中，体现了混合所有制经济构建过程中的战略投资者引入模式创新，即以国有大型商业银行、民营企业为主导，以境外投资机构为辅助的模式，该模式反映了银行业在不同发展阶段对于战略投资者引入的诉求差异。

（5）学习机制

学习机制指以战略投资者为学习、模仿对象，增强银行战略性资源可获得性，填补管理与运营等经验知识，提升银行开发新业务的创新能力，实现从学习模仿到引领行业发展的转变。

学习机制实现途径主要体现在三个方面。首先是战略投资者引入协议中相关条款的规定，通过直接规范化的经验与制度移植，实现引资方公司治理、产品业务、风险控制等变革；其次，引资方通过日常工作、组织学习、个人培训等方式获得战略投资者的优质资源。第三，引资方模仿战略投资者的组织行为、战略行为，采用跟随策略，以实现自我变革与发展。

银行业发展处于持续变革过程中，面临服务于实体经济、同业竞争加剧、互联网金融新起等多方面的挑战与机遇，战略投资者引入是企业学习机制的主要动因与渠道，通过学习与模仿提升银行管理经验、开发新业务的创新能力，最终实现从学习模仿到引领行业发展的转变。

（6）法人治理改善机制

法人治理改善机制指公司权利的配置与制衡关系的改善，以及不同权利主体行使权利的制度安排及其相互间的制衡关系的改善。公司治理是限制针对事后产生的准租金分配的种种约束方式的总和，所有权配置、企业资本结构、激励与约束、董事会制度、机构投资等都对治理结构产生影响。

战略投资者引入有利于健全现代企业制度，完善公司法人治理机制。法人治理改善机制以控制权与经营权分离为目标，优化委托—代理关系，协调股东大会、董事会、监事会、高管层面、利益相关方等主体功能正常运转，形成较好的激励与约束机制，为银行发展提供制度保障。法人治理结构改善机制主要解决公司治理中制衡、激励、约束三个层次的问题。例如战略投资者的监事代表在监事会中发挥的制衡作用，监事会既可以监督经理人，又可以监督董事会。

（7）引资方风险控制改善机制

风险控制改善机制指引资方借助战略投资方稳定、高效、审慎的风险控制管理体系与信息技术研发能力，提升自身风险控制能力的过程。在金融全球化与自由化的大背景下，风险控制是银行发展的前提。战略投资者引入有助于改善银行风险控制制度，提高稳定性及抗风险能力。风险控制改善机制作用于风险管理的识别、衡量、削减、监控与报告等流程，包含业务风险改善、控制风险改善等内容。

战略投资者往往具有稳定、高效、审慎的风险控制管理体系与信息技术支持能力。例如境外战略投资者一般采用国际通用的风险评估方法（ARROW），借助持续监测工具与个别风险特殊工具进行风险确诊、监督、预防与改正等；如通过信息化技术跟踪每一笔交易动态，发现有异常即可以及时进行定位与关注，由此增强风险管理能力与风险预警能力。

当前，国内大型商业银行和互联网金融公司在风险控制具有比较优势，如果作为战略投资者引入会极大地改善风险控制能力。例如国内城市商业银行引入国有大型商业银行或国内知名互联网金融公司作为战略投资者，可移植成熟稳定的风险管理制度及设施，有效削减风险控制成本，完善银行的审慎性风险的压力测试能力，带动银行风险管理水平的阶跃式发展。

（8）战略投资方风险分散机制

战略投资方风险分散机制是指战略投资方通过不同区域、不同行业资本配置，降低投资组合的相关性，实现投资风险分散。风险分散是战略投资方风险控制最基本、最常用的方法。例如境外战略投资者与中资银行开展战略合作，提前布局全球新兴市场，借以降低投资风险。另一方面，境外战略投资者在我国境内也经营自身业务，通过与中资银行的战略合作，借助信息优势与区位优势获取充分信息，更加精准地把握市场状况。

国内战略投资者通过跨区域、跨产业的投资分散市场风险与战略风险。例如国有大型商业银行、大型互联网金融公司战略投资城市商业银行，或股份制商业银行战略投资农村商业银行等等，实现跨区域与跨产业资本配置，降低了投资风险。

综上，本章对战略投资者引入的制度势能理论、战略投资者引入应遵循的梯度差序格局顺序、战略投资者引入的制度兼容性问题，以及制度势能涵盖的三大效应与八个核心机制进行了详细阐述与分析。为了实证分析制度势能所引发的银行业绩效改善机制，本章选取 11 家商业银行引入战略投资者前后三年的绩效数据，以资本充足性、资产质量、管理水平、盈利状况、流动性、创新能力等六项指标进行检验分析。

三、战略投资者引入与我国银行业绩效改善实证模型设计

1. 变量选取

（1）被解释变量

骆驼评价体系（CAMEL）作为美国金融管理当局对商业银行及其他金融机构的业务经营、信用状况等进行等级评定的一套规范化制度，是衡量商业银行绩效的重要方法。其五项考核指标为资本充足性（Capital Adequacy）、资产质量（Asset Quality）、管理水平（Management）、盈利状况（Earnings）和流动性（Liquidity）。本章实证研究的目的是考察战略投资者引入对银行绩效的影响，则被解释变量应为能够代表银行绩效的指标。结合骆驼评级体系，本章分别选取资本充足率（car）、不良贷款率（npl）、资产负债率（dar）、净资产收益率（roe）、存贷比（ldr）作为衡量上述五项指标的变量，另外，我们选取中间业务收入占比（nfc）作为衡量银行创新能力的变量，体现战略投资者引入对银行业务转型的影响。衡量银行绩效的变量及定义如表 9.1 所示。

表 9.1　　　　综合评估银行绩效的变量及定义

序号	绩效指标	衡量变量	符号	变量定义
1	资本充足性	资本充足率	CAR	资本净额 / 加权风险资产总额
2	资产质量	不良贷款率	NPL	不良贷款 / 贷款总额
3	管理水平	资产负债率	DAR	负债总额 / 资产总额
4	盈利状况	净资产收益率	ROE	税后利润 / 所有者权益
5	流动性	存贷比	LR	贷款总额 / 存款总额
6	创新能力	中间业务收入占比	NFC	手续费和佣金净收入 / 营业收入

（2）解释变量

境外战略投资者作为外部股东，进入中国银行业带来的首先是股权结构变化，进而对公司治理以及绩效产生影响。从股权结构与公司绩效关系的现有研究成果来看，其关系是不确定的，并不能用简单的线性关系来描述，例如 Morck、Shleifer&Vishmy（1988）以托宾 Q 为绩效度量标准，发现外部股东的持股比例与托宾 Q 更多时候表现出“倒 U 型”。因此本章除了选取境外战略投资者的持股比例（share）作为解释变量，还引入境外战略投资者持股比例的二次项（$share^2$）来探讨股权结构与银行绩效的关系。

（3）控制变量

为了控制其他可能影响银行绩效的因素，本章借鉴 Bonin（2005 年）、Claessens（2001 年）等研究银行绩效的变量选择方法，选取了两类控制变量：一是宏观经济层面的控制变量，包括人均 GDP 增长率（RGDP）和通货膨胀率（CPI），前者用来刻画总体经济表现的影响，后者用来刻画通货膨胀和中央银行货币政策的影响。二是银行层面的控制变量，选取总资产的对数（LTA）来刻画银行规模。

2. 样本描述与数据来源

本章选取的样本银行为11家上市银行，包括中国工商银行、中国建设银行、中国银行、交通银行、上海浦东发展银行、兴业银行、中国民生银行、华夏银行、中信银行、北京银行和宁波银行。选取上市银行作为样本的原因是，相对于非上市银行而言，上市银行的数据可获得性较高且财务披露审计标准更为严格；上述11家银行涵盖了国内银行业早期引入战略投资者的银行谱系，数据区间具有对比性。另外，本章未包括尚未引入战略投资者的中国农业银行和招商银行，2012年合并深圳发展银行成立的平安银行以及数据获得性较差的中国光大银行和南京银行等5家上市银行。

综合国外学者 D'souza&Megginson（1999年）及国内学者吴玉立（2008年）对企业私有化、战略投资者引入对绩效影响的实证模型研究，结合制度势能理论实现机制与绩效相关性的实证需要，着重选取了样本银行引入战略投资者前后各三年的数据开展实证分析，一并剔除当年的数据以减小股权交易带来的噪声。如某上市银行多次引进战略投资者，则选取首次引入时前后三年的数据。样本整体时间跨度为1999年至2010年，其中上海浦东发展银行数据跨度为1999年至2005年，中信银行数据跨度为2004年至2010年，详见表9.2。

表 9.2　　样本银行数据一览表

序号	银行名称	首次引入战略投资者（年）	数据跨度（年）
1	中国工商银行	2006	2003 至 2009
2	中国建设银行	2005	2002 至 2008
3	中国银行	2005	2002 至 2008

续表

序号	银行名称	首次引入战略投资者（年）	数据跨度（年）
4	交通银行	2004	2001 至 2007
5	上海浦东发展银行	2002	1999 至 2005
6	兴业银行	2004	2001 至 2007
7	中国民生银行	2003	2000 至 2006
8	华夏银行	2005	2002 至 2008
9	中信银行	2007	2004 至 2010
10	北京银行	2005	2002 至 2008
11	宁波银行	2006	2003 至 2009

本章银行层面的数据主要来源于 CSMAR 数据库和各大银行年报，宏观层面的数据来源于万德数据库（Wind），同时以《中国金融年鉴》和《中国统计年鉴》作为补充数据来源。各变量的描述性统计如表 9.3 所示。

表 9.3　　　　各变量描述性统计

序号	变量名	变量含义	均值	标准差	最小值	最大值
1	car	资本充足率	10.6885	3.5276	5.27	21.45
2	npl	不良贷款率	5.0035	5.7921	0.36	23.58
3	dar	资产负债率	0.9567	0.0365	0.89	1.12
4	roe	净资产收益率	16.2058	5.6961	4.65	40
5	ldr	存贷比	63.7208	6.6674	46.72	79.62
6	nfc	中间业务收入占比	6.3183	4.5878	1.28	17.82
7	share	境外战略投资者的持股比例	0.0694	0.0837	0	0.25
8	$share^2$	境外战略投资者持股比例的二次项	0.0114	0.0180	0	0.062
9	rgdp	人均 GDP 增长率	9.6764	1.8603	7.52	13.60
10	infl	通货膨胀率	1.9973	2.1869	−0.75	5.86
11	lnasst	银行总资产的对数	13.6062	1.5522	10.44	16.28

3. 模型设定

本章选取 11 家上市样本银行的面板数据，样本时间跨度为 1999 年至 2010 年，由于部分银行的截面数据缺失，因此所得数据是非平衡面板数据。具体的模型设定如下：

$$Y_{it} = \alpha_i + \beta_1 Share_{it} + \beta_2 Share_{it}^2 + \mathbf{X}_{it}'\gamma + \sum_{i=1}^{11}\theta_i bank_i + \mu_i + \nu_t + \varepsilon_{it}$$

其中，被解释变量 Y_{it} 是第 i 个银行第 t 期的相关绩效变量，包括：资本充足率、不良贷款率、资产负债率、净资产收益率、人民币存贷款比例、中间业务收入。解释变量 Share_{it} 和 Share_{it}^2 表示境外战略投资者第 t 期在第 i 个银行的持股比例和持股比例平方，Y_{it} 表示前文所述的各控制变量。α_i 为常数项，μ_i 表示不随时间变化的个体特定效应，ν_t 表示仅随时间变化的时间效应，ε_{it} 表示与解释变量无关的随机扰动项。此外，在稳健性分析中本章将引入银行个体虚拟变量 $bank_i$（i=1，2…11）。

4. 实证结果与分析

本章采用面板数据回归方法进行实证分析。由于本章所使用的面板数据可能存在的自相关问题和异方差性等问题，因此我们将考虑通过稳健性检验来对回归结果进行修正。具体的实证模型包括以下两种：①固定效应模型（FE）和随机效应模型（RE），利用 Hausman 检验来判断 FE 还是 RE 哪个模型更为适用；②解决组间异方差、组间同期相关或组内自相关的 FGLS 模型（XTGLS），其中根据误差项一阶自回归系数是否相同区分为两种情况：一是系数均相同（ρ_i=ρ）；二是系数各不相同（$\rho_i \neq \rho_j$）。本章根据文献的普遍做法，以 FE 模型和 RE 模型为主，同时参考其他模型来进行辅助回归。各被解释变量与境外战略投资者持股比例的散点图矩阵如图 9.3 所示，主要的回归结果如表 9.4 至表 9.6 所示。

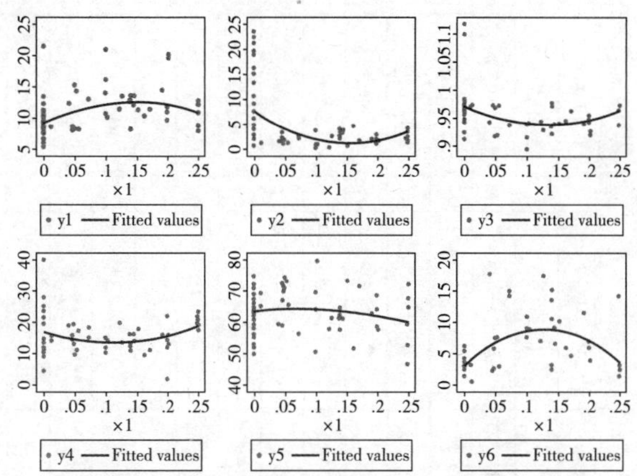

图 9.3　各被解释变量与境外战略投资者持股比例的散点图矩阵

注：其中 y1 代表资本充足率，y2 代表不良贷款率，y3 代表资产负债率，y4 代表净资产收益率，y5 代表存贷比，y6 代表中间业务收入占比，x1 代表境外战略投资者的持股比例。

由表 9.4 至表 9.6 的回归结果可以看到，与作为基准模型的固定效应模型（FE）或随机效应模型（RE）相比，采用 XTGLS1 模型和 XTGLS2 模型后的结果与基准模型基本一致，且显著程度提高。从 XTGLS2 模型的回归结果看，在控制了宏观经济和银行特征的影响之后，境外战略投资者的入股行为提高了样本银行的资本充足率和中间业务收入占比，降低了不良贷款率、资产负债率和净资产收益率。其中，资本充足率、不良贷款率、资产负债率和净资产收益率在 1% 的显著性水平下显著，中间业务收入占比在 5% 的显著性水平下显著。但是境外战略投资者的入股行为对样本银行的存贷比影响并不显著。

表 9.4　境外战略投资者引入对银行绩效的影响分析（car、npl）

参数	car			npl		
	RE	XTGLS1	XTGLS2	FE	XTGLS1	XTGLS2
	模型 1	模型 2	模型 3	模型 1	模型 2	模型 3
share	76.6543***	56.3209***	63.3980***	-37.5957*	-21.9797**	-25.8030***
	（22.5596）	（14.5120）	（12.1917）	（19.6506）	（8.8032）	（8.0081）
$share^2$	-251.2925**	-184.6563***	-212.3721***	123.8105	73.2584**	85.2402**
	（102.8566）	（65.3392）	（56.0507）	（89.5937）	（36.0510）	（33.3542）
rgdp	3.8516	9.2164	9.5225	-8.6634	1.1521	1.0328
	（25.8013）	（19.7464）	（18.3380）	（22.4744）	（7.1831）	（8.3442）
infl	48.8952**	51.3101***	51.2127***	-8.4903	-6.5596	-10.3520
	（21.0614）	（15.4948）	（13.2495）	（18.3456）	（7.3104）	（7.5661）
lnasst	-3.6918***	-2.8436***	-2.9715***	-1.5562	-1.6698***	-2.0132***
	（1.1611）	（0.9450）	（0.8870）	（1.0113）	（0.4610）	（0.5065）
银行虚拟变量	√	√	√	√	√	√
Constant	54.4403***	44.0196***	45.1196***	27.1443**	25.3002***	29.9774***
	（14.3185）	（11.5937）	（11.1135）	（13.3706）	（5.4347）	（5.8917）
obs	64	64	64	64	64	64
R-squared				0.3734		
Nos of bank	11	11	11	11	11	11

注：括号内为标准差，其中 *** $p<0.01$，** $p<0.05$，* $p<0.1$。XTGLS1 和 XTGLS2 分别表示一阶自相关系数相同和不同的情况。

表 9.5　境外战略投资者引入对银行绩效的影响分析（dar、roe）

参数	dar			roe		
	RE	XTGLS1	XTGLS2	FE	XTGLS1	XTGLS2
	模型 1	模型 2	模型 3	模型 1	模型 2	模型 3
share	−0.5520***	−0.2707***	−0.3359***	−78.7020**	−77.0595***	−74.9632***
	（0.1913）	（0.0913）	（0.0880）	（36.1075）	（20.6919）	（20.2445）
$share^2$	2.0709**	1.0580***	1.2591***	171.7632	208.9481**	190.6497**
	（0.8710）	（0.3905）	（0.3649）	（164.2980）	（91.2271）	（91.0008）
rgdp	0.0678	−0.0904	−0.0636	4.1000	−10.0835	−6.6786
	（0.2182）	（0.1218）	（0.1110）	（40.8975）	（29.5746）	（28.0188）
infl	−0.1069	−0.2080**	−0.2330***	−8.3439	−18.1737	−16.6431
	（0.1796）	（0.0916）	（0.0860）	（33.9158）	（19.0258）	（18.3280）
lnasst	0.0169*	0.0101*	0.0088*	4.2856**	5.3762***	5.1913***
	（0.0096）	（0.0054）	（0.0051）	（1.8055）	（0.9572）	（0.9389）
银行虚拟变量	√	√	√	√	√	√
Constant	0.7505***	0.8471***	0.8652***	−37.9563	−37.8237***	−35.3831***
	（0.1180）	（0.0631）	（0.0611）	（23.5738）	（11.1603）	（11.0966）
obs	64	64	64	63	63	63
R−squared				0.2180		
Nos of bank	11	11	11	11	11	11

注：括号内为标准差，其中 *** p<0.01，** p<0.05，* p<0.1。XTGLS1 和 XTGLS2 分别表示一阶自相关系数相同和不同的情况。

表 9.6　境外战略投资者引入对银行绩效的影响分析（ldr、nfc）

参数	ldr			nfc		
	RE	XTGLS1	XTGLS2	FE	XTGLS1	XTGLS2
	模型 1	模型 2	模型 3	模型 1	模型 2	模型 3
share	34.3064	33.9222*	22.4703	7.5867	20.9954*	21.5064**
	（34.9678）	（19.9247）	（14.3125）	（19.5618）	（10.7253）	（9.4194）
share²	−188.3297	−214.0752**	−170.8342***	−47.5207	−105.3101**	−101.2926**
	（157.5257）	（85.9690）	（58.7054）	（86.2339）	（50.5002）	（47.0219）
rgdp	−47.5472	−57.5384**	−39.6188**	−31.9490	−25.5177**	−30.4181***
	（39.1089）	（23.5458）	（16.7393）	（20.6821）	（10.5036）	（9.3363）
infl	56.6814*	50.0658**	50.3721***	27.5620	10.8730	15.9083**
	（32.2272）	（21.0990）	（16.3191）	（17.1989）	（8.1680）	（6.8436）
lnasst	2.7745	4.9543***	5.6903***	2.6030***	2.3336***	2.6793***
	（1.7815）	（1.3897）	（1.1025）	（0.9577）	（0.5415）	（0.4984）
银行虚拟变量	√	√	√	√	√	√
Constant	23.3339	−1.4467	−12.2106	−26.1032**	−23.3801***	−27.4824***
	（21.8962）	（16.7226）	（12.9063）	（12.3054）	（6.9327）	（6.6099）
obs	63	63	63	57	57	57
R−squared				0.3590		
Nos of bank	11	11	11	11	11	11

注：括号内为标准差，其中 *** p<0.01，** p<0.05，* p<0.1。XTGLS1 和 XTGLS2 分别表示一阶自相关系数相同和不同的情况。

从各被解释变量与境外战略投资者持股比例的散点图矩阵看，样本银行的不良贷款率、资产负债率和净资产收益率与境外战略投资者的持股比例呈现“U型”关系，样本银行的资本充足率和中间业务收入占比与境外战略投资者的持股比例呈现倒“U型”关系，而样本银行的存贷比与境外战略投资者的持股比例则不存在明显的二次型关系。即随着境外投资者持股比例的上升，样本银行的不良贷款率、资产负债率和净资产收益率呈现先下降后上升的趋势，而资本充足率和中间业务收入占比呈现先上升后下降的趋势。

从资本充足率、不良贷款率两个指标分析，境外战略投资者引入是充实我国银行资本金的有效途径，吸收境外战略投资者入股会显著提高我国银行的资本充足率。境外战略投资者引入后，较于提高短期利润率，更加注重风险管理，以期改善资产质量，获得长期稳定的利润，由此不良贷款率得以显著下降。上述两项指标表明法人治理改善效应在战略投资者引入后发挥着显著作用。

境外战略投资者入股后，派出具有丰富从业经验的高层人员担任引资银行的董事、副行长、高级顾问等，为引资银行提供学习先进公司治理理念和经验机会，对引资银行法人治理机制改善、健全现代企业制度具有实质性帮助，从指标上表现为引资银行资产负债率的下降。

从资产收益率指标来看，银行的盈利能力在引资后并未得到有效的提升反而下降，可能的原因是战略投资者进入后首先注重提高资产质量，为获得长期利润打下基础，因此会相应提高损失准备，做好风险控制管理。另外，境外战略投资者进入中国银行业后，通过优化股权结构和法人治理机制改善而提高盈利能力的效果可能存在 “滞后效应” 。

存贷比是用来衡量银行流动性风险的重要指标之一，由于我国在 2015 年才取消存贷比红线，之前商业银行一直面临贷款余额与存款余额比例不得超过 75% 的考核标准。因此，在本章的样本期间（1999 年至 2010 年），境外战略投资者进入后虽然有提高国内银行的资产配置能力的作用，但是对存贷比的变化影响较为有限。

当境外战略投资者持股比例到达拐点后，资本充足率、不良贷款率、资产负债率、净资产收益率、中间业务收入等指标均出现了二次型的趋势变化，主要解释是战略投资者拥有了一定的股权比例和话语权，投资管理积极性有了较大提高，在完善资产质量的同时也更加注重银行利润的提高。从指标上显示，净资产收益率随着持股比例的上升而增加，而资本充足率却下降、不良贷款率与资产负债率均上升。

境外战略投资者在开展中间业务方面具有比较优势，在境外战略投资者的帮助下，引资银行通过学习效应改善业务创新能力，提升中间业务经营管理水平，从指标上表现为中间业务收入占比显著提高。而随着境外战略投资者持股比例升高，中间业务收入占比出现拐点呈现下降趋势。可能的解释是拐点变化反映了国内贷款等业务收入是国内银行利润的主要来源，境外战略投资者进入也无法回避追逐利润的本性，而利润的提升通过贷款等业务收入更加直接与有效，因此中间业务收入的比重反而因持股比例的升高呈现下降趋势。

从控制变量的回归结果看，宏观经济层面的人均GDP增长率和通货膨胀率对银行绩效的影响效果基本不显著，这可能是由于我国银行业存在的行政干预导致宏观经济形势变化对银行绩效的影响有限。银行层面的资产规模与资本充足率和不良贷款率呈显著负相关，与资产负债率、净资产收益率、存贷比、中间业务收入呈显著正相关，说明我国银行业规模对其绩效有显著影响。

四、政策建议

1. 遵循制度势能理论的战略投资者引入策略

战略投资者引入应遵循制度势能理论，按照梯度差序格局的顺序进行选择与匹配，考虑战略投资者制度与自身制度的兼容性，避免因不兼容产生排异反应。目前，银行战略投资者引入多以股份制商业银行（交通银行与邮政储蓄银行）、城市商业银行、农村商业银行为主。由此，应注重以引入国内战略投资者为主、境外战略投资者为辅。

国有大型商业银行、股份制商业银行在引入境外战略投资者过程完成了公司治理、业务创新、风险管理等多方面的提升，可以作为国内城市商业银行、农村商业银行的战略投资者，具有战略投资者必备的基本能力、资金实力、业务渠道、战略资源等。目前混合所有制经济构建中应充分考虑上述商业银行在战略投资者引入中的重要作用与战略地位。随着互联网技术与金融业的深度融合，应考虑国内大型互联网金融公司作为战略投资者引入的可能。互联网金融公司具有丰富而系统的金融信息化实践，有助于变革公司业务流程，以及采用信息化手段加强风险防控。同时也应注重区域性之间的银行业协同发展，制度势能同样存在于不同的区域之间，例如发达区域的城市商业银行可以作为战略投资者入股欠发达地区的城市商业银行。

2. 以股权互换、交叉持股等灵活方式创新战略投资合作

战略投资者引入过程中应充分考虑以股权互换、交叉持股等灵活方式增强战略合作的稳定性与持续性。战略投资者引入时，应注重战略投资者的持股锁定期，以激发战略投资者在改善公司管理经营上的积极性，避免战略投资者选择“搭便车”的管理策略，或演变为投机者短期的套利行为。应发挥战略投资者的溢出效应，充分学习与运用战略投资者领先的技术优势、制度优势、资本优势等。

3. 大力拓展中间业务创新

积极推进银行业务创新，大力拓展中间业务，改变以利差为主的盈利模式。尽管中间业务研发需要一定周期，但是中间业务具有风险小、成本低、利润高等优势，各国银行都非常重视。通过实证分析显示，我国中间业务业务量小、中间业务收入占银行收入的比重较低，仍然存在较大的提升空间。

本章参考文献

[1] 何姣，傅强，潘璐 . 引入外资战略投资者对我国商业银行效率的影响 . 中国管理科学，2010（5）

[2] 杨有振，赵瑞 . 国内商业银行引进境外战略投资者的效应：实证分析 . 财贸经济，2008（10）

[3] 朱盈盈 . 引资、引智与引制：中资银行引进境外战略投资者的实证研究 . 管理世界，2008（1）

[4] 吴玉立 . 境外投资者对中国银行业影响的实证分析 . 经济评论，2009（1）

[5] 陈玉罡 . 境外战略投资者对商业银行效率与治理影响的实证研究 . 南方金融，2010（10）

[6] 陈一洪，刘惠川 . 资本扩张与提升城市商业银行经营绩效关系研究——来自 55 家城市商业银行面板数据的证据 . 西部金融，2013（2）

[7] 张兵，王东，刘晓玲 . 持股比例、境外战略投资者与城市商业银行效率研究——基于 12 家城市商业银行随机前沿分析 . 金融理论与实践，2014（10）

[8] 刘汉民 . 企业理论、公司治理与制度分析 . 上海：上海人民出版社，2007

[9] 乔治·J. 施蒂格勒 . 产业组织 . 上海：上海人民出版社，2006

[10] 张维迎 . 理解公司 . 上海：上海人民出版社，2014

[11] 王曙光，高连水 . 农行之道 . 北京：中国发展出版社，2014

[12] Morck R，Shleifer A，Vishny R W. Management ownership and market valuation：An empirical analysis[J]. Journal of Financial Economics，1988，20（88）

[13] Bonin J P，Hasan I，Wachtel P. Privatization Matters：Bank Efficiency in Transition Countries[J]. Ssrn Electronic Journal，2005，29（8-9）

[14] Claessens S，Demirgüç-Kunt A，Huizinga H. How Does Foreign Bank Entry Affect Domestic Banking Markets[J]. Journal of Banking & Finance，2001，25（5）

[15] D'Souza J，Megginson W L. The Financial and Operating Performance of Privatized Firms during the 1990s[J]. Journal of Finance，1999，54（4）

第十章

混合所有制改革中商业银行股权结构与绩效

本章发表于《金融与经济》2017年第4期，原题《混合所有制改革中商业银行股权结构与绩效：基于上市银行的实证研究》，作者：王曙光、王琼慧。

我国商业银行混合所有制改革的路径选择一直是学术界争议的焦点问题。本章在系统梳理两种改革路径的逻辑及其理论支持的基础上，创新性地按照国有大型银行、股份制银行和地方性银行三种类型进行结构性实证研究，基于24家上市银行的财务数据，对银行股权结构与绩效的关系进行了计量分析，证明银行股权结构与绩效并不存在明显的线性关系，且股权结构影响绩效的微观机制在不同类型银行中存在较大差异。本章结论认为，在银行未来的混合所有制改革中，应当谨慎推进微观意义上的存量改革，而要着重推进宏观意义上的增量改革，并切实改善银行法人治理结构。

银行业改革是国企混合所有制改革的关键领域，也是争议最大领域之一。2002 年全国金融会议首次提出银行混合所有制改革理念，提出了“把银行办成现代金融企业，推进国有独资商业银行的综合改革是整个金融改革的重点”“具备条件的国有独资商业银行可改组为国家控股的股份制商业银行，条件成熟的可以上市”等改革战略。2002 年改革的主要成果除了国有银行股份制改革及部分银行完成上市外，还在国有银行内部引入了包括外国资本在内的战略投资者。这一阶段的混合所有制改革虽然实现了银行股权结构的多元化，但是国有股一股独大和银行内部治理行政化色彩明显等问题仍未能得到有效解决。2013 年十八届三中全会上提出新一轮银行业混合所有制改革，提出“要积极发展混合所有制经济”“混合所有制是我国基本经济制度的重要实现形式”。相较于前次改革，本轮改革的工作重点在于引入民资，包括在宏观层面上引入民营资本（如民营银行的设立）和微观层面上引入民营资本（如国有商业银行吸收民营资本入股）。除了股权结构改革，此次改革的重要目标是在治理机制上真正实现混合所有制经营的要求，完善薪酬激励制度、探索高层和员工持股计划和授权经营制度。

银行混合所有制改革中，国有资本、民营资本和外国资本等多元资本应当在怎样的层面上以何种方式混合，才能最大限度提升银行业的绩效，是学术界争议很大的问题，也是实践层面困惑的焦点。先前，改革的力量主要集中在存量改革，即改变银行内部的股权比例，试图通过在微观意义上混合几类产权来改善银行绩效。这种在银行内部混合多元股权的变革究竟有多大成效，应通过其对经营绩效的影响程度来反映。本章尝试通过不同种类银行股权结构和绩效之间关系的结构性分析，探讨不同银行混合所有制改革的差异性形式。

一、文献综述：银行股权结构和绩效之间关系的不确定性

自 2003 年银行股改开始以来，国内学者进行了大量的实证研究来分析股权性质对银行绩效的影响。因其在数据的时间跨度和变量的相应指标选取上有所差别，回归的结果也有较大的差异。从现有的文献来看，股权性质与银行经营绩效的关系可以从整体上划分为无关论和有关论两大类，其中有关论又可以分为正相关、负相关和 U 型相关三大类。

郎咸平（2004）通过搜集国内外上市银行的数据研究发现，国有股、外资股的持股比例与银行股本回报率的变动无关，较早地提出了银行改革无关产权。杨德勇（2007）的实证分析结果也表明，国家的持股比例与银行绩效没有显著的线性关系，为郎咸

平的“产权无关论”提供了进一步的支持。

陈奉先等人（2006）认为国有产权比例位于U型曲线右侧从而对银行业总体和国有大型银行的绩效有显著的正向影响，但对股份制银行绩效的影响不显著。高正平等人（2010）的回归结果表明，国家资本在总体上对银行绩效的影响是正的，同时国家资本与银行绩效呈现出左低右高的非对称U型曲线。谭兴民（2010）认为境外战略投资者的引入对银行绩效有一定的促进作用。除此之外，也有部分的研究表明银行股权中的国资和外资对银行绩效产生了不利影响。周小全（2003）研究发现国有产权比重较大使得银行业利润偏低，应该促进国有银行的股权多元化和社会化，同时提出了银行绩效受到产权结构和市场结构的共同影响。刘海云等人（2005）通过实证分析的方法得出结论，认为银行国有股比例对银行业资产收益率的负面影响显著。严太华等人（2011）研究表明，尽管股改后国有大型银行的绩效好于股改前，但国有持股比例过高会对银行绩效产生负效应。刘艳妮（2011）分析认为，国有股与银行综合绩效负相关，但外资持股比例与综合绩效正相关。

从以上文献的梳理可以发现，学者们对于各类股权比例与银行绩效之间的关系研究结果存在较大差异，目前尚无公认的结论。研究往往是从银行业整体或仅仅选取某一类银行，如股份制银行来分析，结果难免出现偏差；另外，以往的文献多注重数据的处理，对股权结构影响银行绩效的机制和理论分析薄弱。本章创新之处在于，提出了股权结构影响银行绩效的理论基础，并按照国有大型银行、股份制银行和地方银行分组构建模型进行结构性的回归分析，以获得具有差异化的结论。

二、银行混合所有制的存量模式和增量模式：两种路径及其理论支持

从银行业混合所有制改革的路径来看，可以划分为存量改革和增量改革两类。

1. 存量改革：微观视角的混合所有制改革模式

存量改革是微观视角下的混合所有制改革，其核心是改变银行作为微观个体的股权结构，即在某个银行中引入不同所有制资本来实现混合所有制。存量改革的理论支持在于，一般认为股权的多元化可以改善银行的治理机制，从而提高其经营绩效。存量改革也就是微观视角的混合所有制改革模式。产权理论认为，产权的清晰界定和分配能够提高企业的效率。民营企业和大部分外资企业可以追溯到人格化的股东，企业的所有者享有剩余收益，也承担最终风险，因而会更加积极地提高企业的绩效，同时也有较强的风险规避意识。相较于民营和外资产权，国有产权对应的权利主体相对模糊，国有资本在实际行使其权利时，缺乏一贯的利益诉求，往往兼具经济、社会和政治功能。

2003 年股改后以汇金公司、财政部持股的方式明确了利益主体的形式，但国有大型银行在实际运行时仍然行政色彩明显，很难将其视为一个完全独立运营的现代企业主体。国有大型银行内部运营时，权利和责任的归属不明确，利益分配过程不明晰，因而国有大型银行股份制改革和多元资本的引入目的就在于借鉴其

他非国有资本管理和运营的经验，内在统一各方的责、权、利。另外，国有大型银行的管理者通过行政手段任命，从而有可能导致企业内部资源配置的低效率，而民营资本和外国资本的进入有利于促进国有企业市场化选择管理人员。另外，相比于一般的股份制企业，国有企业的委托—代理问题更加严重，所有者缺位、权力寻租和腐败问题比较严重，微观层面上的股权多元化可以在一定程度上缓解国有企业内部突出的委托—代理问题。

存量改革的逻辑下，产权制度是影响银行效率的主要原因。为了提高银行的经营绩效，降低资产负债率和不良贷款率等，微观意义上的混合所有制改革试图通过在国有大型银行内部引入界定更加清晰的私人和外资产权，以调动各方的积极性，改善公司法人治理结构，减少银行在运营时面临的不确定性，使得银行更加积极地提高其绩效。

2. 增量改革：宏观视角的混合所有制改革

所谓增量改革模式，是指在现有的银行业市场中引入新的竞争主体，开放市场准入，改善整个银行业市场的竞争结构与产权结构，从而提升银行业的绩效。增量改革模式也就是宏观视角的混合所有制改革。增量改革的核心思想是，企业内部的股权多元化产权不能完全保证银行绩效的提高，只有完善银行业的市场结构，使得银行业的竞争更加充分，才能促使银行业改善经营管理并提高经营绩效。

这一思想的核心在于，市场的有效性和充分竞争比单个银行的产权变革更加重要，产权的清晰界定仅仅是改善治理机制的前提，真正提高企业绩效的方式是增强行业的竞争。民营银行设立、行业竞争性提高可以在如下几个方面产生有利影响。首先，银行业的充分竞争可以对现存的国有大型银行产生由外向内的激励作用。在以浙江网商银行、前海微众银行为代表的民营银行设立之前，中国的银行业以国有资本为主，大型国有银行由汇金公司和财政部绝对控股，股份制银行多由国有企业相对控股，而地方性银行大多由地方财政和地方性国有企业参股并控制。银行牌照有限，再加上国家对银行的担保性出资，管理者缺乏提高银行绩效的动力，大大影响了银行的经营管理的绩效。另外，银行业的充分竞争可以提升银行业整体的资源配置效率。行业的充分竞争自然会创造优胜劣汰的淘汰机制，一方面，外部竞争会对银行的经营者产生压力，如放贷时会更加审慎地选择，降低不良贷款率，以避免银行破产倒闭的风险。另一方面，可以及时淘汰行业中经营效率相对差的银行，效率更高的银行得以进入并获得相关的行业资源。外在竞争环境的变化会作用于微观层面上的单个银行，促使其改善治理机制，进而提高银行绩效。

增量改革的逻辑下，加大市场竞争和消除银行业垄断才是影响银行效率的主要原因。为了提高行业内银行业的整体经营绩效，应当引入新的竞争主体，开放银行业市场。通过外在竞争环境的改善，促使银行进行内部产权、治理机制、分配机制的变革，通过以宏观带动微观的方式，提高银行业的绩效。

目前中国银行业的混合所有制改革既有存量模式，也有增量模式，内部股权的多元化与市场竞争结构的多元化对中国银行业发展转型均起到一定的促进作用，但是对于不同种类的商业银行，这两种改革模式的效果是存在明显差异的。

三、混合所有制视角下中国银行业的市场竞争结构和所有制结构

1. 中国银行业的市场竞争结构

目前中国的商业银行结构可以分为国有商业银行、股份制商业银行、地方商业银行（城商行和农商行）三大类，如图 10.1 所示。

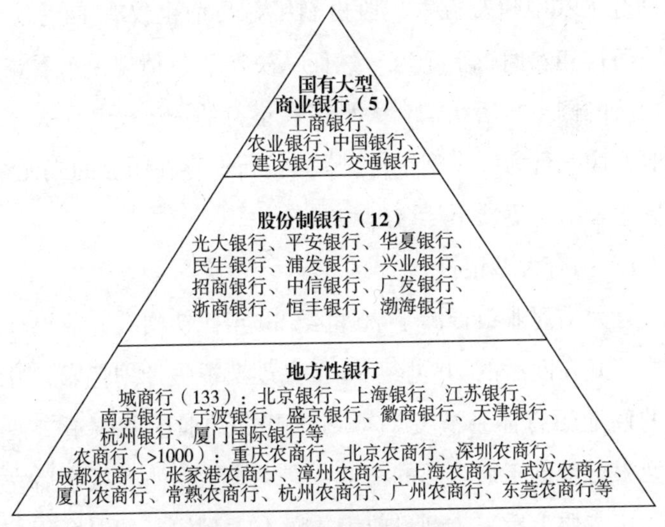

图 10.1　中国商业银行的谱系

注：括号中的数字表示截止到 2016 年第二季度末各类银行的机构数量，鉴于城商行和农商行数量众多，故仅列出其代表性银行。

表 10.1　　中国商业银行市场结构分布（%）

	总资产（亿元）	总负债（亿元）	不良贷款率	资产利润率	拨备覆盖率	资本充足率
国有大型银行	865982	799259	1.68	1.07	162.61	14.23
股份制银行	434732	407970	1.74	0.88	170.40	11.62
城市商业银行	282378	264040	1.48	0.88	219.89	12.42
农村商业银行	233792	214653	2.49	1.01	199.10	13.48

资料来源：银监会统计信息，数据统计截止到 2016 年第四季度。

从银行数量来看，地方性银行无疑有绝对的优势，大型国有银行只有工农中建交五家，股份制银行目前也仅有 12 家，而现存的城商行和农商行上千家。然而从资产、负债规模来看，则是呈现相反的倒金字塔结构，大型国有银行的资产极其庞大，而大多数地方性银行为中小型银行，中国银行业存在明显的二元结构，其市场竞争结构仍然不尽合理和完善。

（1）国有大型银行

国有大型商业银行源于 20 世纪 80 年代初国有专业银行体系的构建，并在随后的 20 世纪 90 年代逐渐褪去计划色彩，开始向规范的商业银行体系演变。2003 年开始的股份制改造，使得国有大型银行借助于财政部的注资，在剥离大量不良资产后完成了上市。从本质上看来，到目前为止国有大型银行的混合所有制改革主要集中于企业产权的改革。尽管国有大型银行的运营仍然存在明显的行政化色彩，但已经在形式上脱离了对行政的依附，成为独立运营的企业主体。另外，为响应混合所有制改革的要求，国有商业银行引入了部分国内外战略投资者，股权结构实现了多元化。目前国有银行股权结构集中和治理结构不完善的问题仍然在一定程度上存在。但另一方面，国有大型商业银行资产规模巨大，涉及国家金融风险控制和金融安全问题，亦不应当放弃国家在国有大型银行中的控股地位。

五大行中的交通银行作为 20 世纪 80 年代末成立的公有制为主的全国性股份制商业银行，为随后成立的众多股份制商业银行起到了很好的带头作用。相比于工农中建，交通银行的股权结构比较分散，并且在其发展早期就引入了外资，因而在银行体系内进行的混合所有制改革中，多次成为试点行。交通银行所有制类型上位于工农中建和招商、中信为代表的全国性股份制商业银行的过渡地带。2003 年股改时由汇丰银行和社保基金率先入股，中央汇金再进行增持。相比于四大行，交通银行的所有制结构中几种类型的所有权混合得更加均衡，作为混合所有制改革的试点行已开始推行员工持股计划和薪酬制度改革。

（2）股份制商业银行

股份制商业银行在 20 世纪 90 年代逐步建立，并在其建立之初就具有了混合所有制的特征。股份制银行的股权分散程度介于国有五大行和地方银行之间，但股东比国有大型银行和地方银行都更加多元，且部分股份制银行已经实现了民营资本的控股。目前来看，股份制银行的经营行为更加接近市场化，发展战略选择也相对灵活。

（3）地方性商业银行

地方银行主要包括城商行和农商行两大类，城商行的前身是

80年代中期由地方财政、企事业单位和自然人出资成立的城市信用社，而农商行源于农村信用合作体系的商业化过程。两者的主要差别在于功能定位和业务范围，农商行的地域性特征最为明显，服务于三农和小微企业，多在大型银行网点较少的乡村地区设立分支机构；城商行也有区域性的定位，但若干城商行已经开始在全国范围内发展。两者在混合所有制改革中面临的情形基本类似，股权结构分散，股东性质以民营资本和国有资本为主，外资参与程度较低。

2. 中国银行业的股权结构

（1）三类产权性质分析

表 10.2　　中国银行业产权结构（%）

	国有资本	民营资本	外国资本	前十大股东持股比例总和
工商银行	71.22	1.34	24.31	96.87
建设银行	60.18	1.30	36.50	97.98
农业银行	84.22	0.94	9.40	94.56
中国银行	67.58	0.52	27.97	96.07
交通银行	37.67	0.95	38.82	77.44
光大银行	62.82	1.62	6.82	71.26
华夏银行	47.15	4.14	19.29	70.58
民生银行	2.66	31.66	18.91	53.23
平安银行	0	66.05	0	66.05
浦发银行	42.72	27.98	0	70.70
兴业银行	43.02	1.71	0	44.73

续表

	国有资本	民营资本	外国资本	前十大股东持股比例总和
招商银行	36.21	13.09	18.00	67.30
中信银行	68.47	0.1	25.89	94.46
北京银行	18.48	8.55	13.64	40.67
上海银行	36.75	5.73	10.20	52.68
江苏银行	28.98	5.76	0	34.74
南京银行	18.25	11.91	18.84	49.00
宁波银行	21.38	26.58	20.00	67.96
杭州银行	23.58	29.10	20.00	72.68
贵阳银行	44.14	24.44	0	68.58
无锡银行	15.00	25.25	0	40.25
江阴银行	0	41.90	0	41.90
吴江银行	0	33.49	3.04	36.53

注：截止到 2015 年末，24 家上市银行中前十大股东中三类资本的绝对持股比例。

①国有产权。商业银行中的国有产权是国家作为出资人在银行股权结构中占有一定比例，并在经营管理中行使相应的话语权和决策权。国有股权在我国的商业银行体系中扮演了重要角色，国有资本在国有四大行绝对控股，在交通银行和绝大多数股份制银行相对控股，而城商行和农商行的控股权也牢牢掌握在地方政府手中。目前，国有股权在中国银行业中的比重较高，其引发的非市场选择管理人员、所有制缺位、治理机制低效、委托代理问题、寻租、目标矛盾等问题受到学术界和决策者高度关注。但国家在银行体系的控股地位可以在特殊时期引导储蓄流向具有政策导向的产业，商业银行特别是国有大型银行在我国宏观经济中承

担着经济调控和传导货币政策的职能，国家控股有利于防范金融风险和维护金融主权。从这个角度来看，国有股权应在银行混改的过程中兼顾银行效率和金融稳定，在国有大型银行与股份制银行中保持相对较高的控股地位，而在中小银行、地方银行中保持相对较低的控股地位，实现差别化的控股策略。

②民营产权。民营产权是指民营资本参股商业银行形成的私有产权，鼓动民营资本进入银行业是本轮改革的重要战略方向之一。民营资本的进入可以进一步促进股权分散，加强银行业的市场竞争，完善公司治理结构并提高银行业的经营效率。民营资本的进入路径包括宏观上的增量改革和微观上的存量改革，存量改革可以在单个银行内部使股权结构更加多元化，而增量改革则有利于形成更充分的市场竞争。

③外资产权。我国银行业中的外资产权主要是指境外战略投资者参股形成的外国资本产权。2015 年第二号银监会令对外资持股比例做出了规定，要求战略投资者持股比例原则上不低于 5%，单个境外金融机构及被其控制或共同控制的关联方作为发起人或战略投资者向单个中资商业银行投资入股比例不得超过 20%，多个境外金融机构及被其控制或共同控制的关联方作为发起人或战略投资者投资入股比例合计不得超过 25%。另外，股权持有期应在三年以上，原则上派出董事、高管帮助中资银行改善公司治理。引入外资是实现投资主体多元化的重要环节，但不难看出，银行业引入外资重在“引制”而非“引资”。2003 年开始的引进外资效果并不理想，尤其是在金融危机后外国资本纷纷从中国银行业撤出，未来的改革中应当着重思考如何真正地引入外资，提升中国银行业的发展活力。

四、中国银行业股权结构选择与绩效关系的实证研究

尽管本轮银行业混改的方向和目标已经明确，但学界对于增量改革、存量改革两种路径的选择仍有争议，其根源在于对银行股权结构和绩效之间的关系并没有共识，因而对不同种类银行的差异性改革路径的认识并不一致。本部分试图通过实证研究的方法分析国有大型银行、股份制银行、地方性银行三类银行的股权结构与经营绩效的关系，从而针对银行业混合所有制的改革提出相关建议。

1. 数据选择

本章从 Wind 数据库当中选取了 24 家上市银行的财务数据，分为三种类型：国有大型银行（工商银行、建设银行、农业银行、中国银行、交通银行），股份制银行（招商银行、浦发银行、兴业银行、民生银行、中信银行、平安银行、光大银行、华夏银行），城商行和农商行（北京银行、上海银行、江苏银行、南京银行、宁波银行、杭州银行、贵阳银行、常熟银行、无锡银行、江阴银行、吴江银行）。每个银行包含了其从上市以来至 2015 年公开的年度财务数据，如工商银行于 2006 年上市，则选择其 2006~2015 年的相关财务数据。最终得到国有大型商业银行 44 个，股份制银行 89 个，城商行和农商行 69 个，共 202 个面板数据。

2. 变量定义

a. 因变量：本章研究股权结构对银行的绩效表现的影响，因

变量选取银行经营绩效的相关指标。评价经营绩效应同时考察经营收益和经营风险两方面，其中，经营收益使用银行净资产收益率（ROA）反映，而经营风险则用当年的不良贷款率（NPL）表示，不良贷款率越高，银行当年面临的风险越大。

b. 控制变量：本章主要关注银行股权结构的作用，因而其他影响银行当年绩效表现的变量均作为控制变量置于模型当中。首先，经济周期会显著影响银行业的整体表现，GDP 同比增长率与银行的绩效表现应当存在显著的正相关关系。其次，银行资产规模也会影响银行的经营结果，学界对银行业的规模经济也持不同的看法：部分学者所持观点为银行经营绩效与其规模呈现正相关关系，而大部分学者认为银行的规模经济存在适当的规模区域，银行的绩效与资产规模呈现 U 型的相关。另外，国有资本对银行的控制可能会显著地影响银行的经营状况，模型中加入第一大股东的性质作为第三个控制变量，记为 control，国有控股为 1，而非国有控股为 0。因此，模型中包含了银行总资产（TotalAsset）、当年 GDP 同比增长率（GDPGrowth）和第一大股东的性质（control）作为控制变量。

c. 自变量：自变量选择表示国有资本、民营资本和外国资本三类产权结构的指标。三种产权对银行经营绩效的影响主要通过其在银行经营中的话语权体现，本章选择了前十大股东中三类股东的比例作为表示股权结构的自变量，分别为 country，foreign 和 private。另外，为了区分银行的三种类型，使用两个虚拟变量 dummy1 和 dummy2，dummy1 为 1 表示国有大型银行，dummy2 为 1 表示为股份制银行，若 dummy1 和 dummy2 均为 0，则表示地方性银行。

3. 模型设定

$$roa=\alpha_0+\alpha_1 totalasset+\alpha_2 gdpgrowth+\alpha_3 diver\_big10+\alpha_4 control+\alpha_4 country+\alpha_5 country*dummy1+\alpha_6 country*dummy2+\alpha_7 foreign+\alpha_8 foreign*dummy1+\alpha_9 foreign*dummy2$$

$$npl=\beta_0+\beta_1 totalasset+\beta_2 gdpgrowth+\beta_3 diver\_big10+\beta_4 control+\beta_4 country+\beta_5 country*dummy1+\beta_6 country*dummy2+\beta_7 foreign+\beta_8 foreign*dummy1+\beta_9 foreign*dummy2$$

除了包含自变量和控制变量外，考虑到三类银行可能出现的不同的股权结构影响机制，引入虚拟变量及包含两个虚拟变量的交叉项进行回归。

4. 实证结果及分析

$$roa=\alpha_0+\alpha_1 totalasset+\alpha_2 gdpgrowth+\alpha_3 diver\_big10+\alpha_4 control+\alpha_4 country+\alpha_5 country*dummy1+\alpha_6 country*dummy2+\alpha_7 foreign+\alpha_8 foreign*dummy1+\alpha_9 foreign*dummy2$$

Variable	Coefficient	Std. Error	t-Statistic	Prob.
C	0.952715	0.091517	10.41026	0.0000
TOTALASSET	4.80E-06	7.49E-07	6.410715	0.0000
GDPGROWTH	0.097711	0.010561	9.251875	0.0000
DIVER_BIG10	-0.040393	0.010882	-3.712019	0.0003
CONTROL	-0.120404	0.056372	-2.135899	0.0340
COUNTRY	-0.381331	0.126520	-3.013999	0.0029
COUNTRY*DUMMY1	-0.048303	0.189227	-0.255266	0.7988
COUNTRY*DUMMY2	0.565674	0.125056	4.523361	0.0000
FOREIGN	-0.728923	0.205299	-3.550541	0.0005
FOREIGN*DUMMY1	1.416605	0.285732	4.957814	0.0000
FOREIGN*DUMMY2	0.877919	0.237495	3.696583	0.0003

R-squared	0.457935	Mean dependent var	1.065149
Adjusted R-squared	0.429554	S.D. dependent var	0.306690
S.E. of regression	0.231637	Akaike info criterion	-0.034377
Sum squared resid	10.24820	Schwarz criterion	0.145776
Log likelihood	14.47212	Hannan-Quinn criter.	0.038513
F-statistic	16.13561	Durbin-Watson stat	1.042548
Prob(F-statistic)	0.000000		

$$npl=\beta_0+\beta_1 totalasset+\beta_2 gdpgrowth+\beta_3 diver\_big10+\beta_4 control+\beta_4 country+\beta_5 country*dummy1+\beta_6 country*dummy2+\beta_7 foreign+\beta_8 foreign*dummy1+\beta_9 foreign*dummy2$$

Variable	Coefficient	Std. Error	t-Statistic	Prob.
C	0.016960	0.004965	3.416069	0.0008
TOTALASSET	-1.83E-07	4.07E-08	-4.510478	0.0000
GDPGROWTH	-0.001005	0.000573	-1.753477	0.0811
DIVER_BIG10	0.000239	0.000590	0.404864	0.6860
CONTROL	0.002030	0.003058	0.663741	0.5077
COUNTRY	0.001365	0.006864	0.198885	0.8426
COUNTRY*DUMMY1	0.032965	0.010266	3.211193	0.0016
COUNTRY*DUMMY2	-0.009551	0.006784	-1.407878	0.1608
FOREIGN	0.002745	0.011137	0.246430	0.8056
FOREIGN*DUMMY1	-0.021859	0.015501	-1.410160	0.1601
FOREIGN*DUMMY2	0.020903	0.012884	1.622402	0.1064
R-squared	0.196160	Mean dependent var		0.014819
Adjusted R-squared	0.154074	S.D. dependent var		0.013663
S.E. of regression	0.012566	Akaike info criterion		-5.862684
Sum squared resid	0.030161	Schwarz criterion		-5.682531
Log likelihood	603.1311	Hannan-Quinn criter.		-5.789794
F-statistic	4.660934	Durbin-Watson stat		0.429339
Prob(F-statistic)	0.000006			

从回归结果[①]来看，在ROA作为因变量的回归方程中，country*dummy1变量对应的系数显著性较差，不能拒绝该系数为0的假设。而在NPL作为因变量的回归方程中，仅有总资产、GDP增长率和country*dummy1对应的系数通过了10%的检验标准。

（1）国有大型商业银行

$$roa=0.9527+4.8\times 10^{-6}totalasset+0.0977gdpgrowth-0.0404diver\_big10-0.1204control-0.3813country+0.6877foreign$$

$$npl=0.0170-1.83\times 10^{-7}totalasset-0.0010gdpgrowth+0.0330country$$

对国有大型银行而言，国家控制的股份会在盈利能力和风险两方面对银行的绩效产生不利影响。相反，外资的引入可以提升国有大型银行银行的盈利能力。另外，除了降低国有股权的比例

① 鉴于样本量较小，选择10%的显著性水平作为判别标准。

以引入外国资本外，适当引入民营资本也不失为一种提高银行业绩的好方法。

（2）股份制银行

$$roa=0.9527+4.8\times10^{-6}totalasset+0.0977gdpgrowth-0.0404diver\_big10-0.1204control+0.1843country+0.1490foreign$$

$$npl=0.0170-1.83\times10^{-7}totalasset-0.0010gdpgrowth$$

股份制银行中的国有资本和外国资本的比例增加，都会对其盈利性产生积极作用。进而推断，在股份制银行内引入民营资本会削弱其盈利能力，而非起到促进作用。另外，从回归结果来看，股份制银行股权结构与其面临的风险并无显著关联。

（3）地方性银行

$$roa=0.9527+4.8\times10^{-6}totalasset+0.0977gdpgrowth-0.0404diver\_big10-0.1204control-0.3813country-0.7289foreign$$

$$npl=0.0170-1.83\times10^{-7}totalasset-0.0010gdpgrowth$$

地方性银行中，国有资本和外国资本均会对其盈利性产生不利影响，而风险与股权结构之间没有明确的相关。因而，地方性银行内引入民营资本甚至实现民营资本的控股将有非常积极的意义。

5. 分析解释

从以上回归结果来看，国有、外资、民营三种产权对银行绩效没有稳定和一致的影响机制。整体而言，股权结构与经营风险之间没有明确的关系，银行面临的经营风险主要与其资产规模及当前所处的经济周期相关，具体来讲，银行总资产规模越大，经济景气程度越好，银行的不良贷款率越低。

国有大型银行中的国有股权对银行经营在收益和风险两方面产生了不利影响，外资的引入可以提高其经营收益。国有资本在除了交通银行外的国有大型银行内均绝对控股，在农业银行内的控股比例甚至高于80%。当前，国有大型银行内国有资本仍占据一股独大的地位，股权的多元化未真正实现应有之成效，非市场选择管理人员、所有制缺位、治理机制低效、委托代理问题、寻租、目标矛盾等经营弊端仍然存在。且国有大型银行往往负责实现其他国有企业融资平台的职能，发放贷款前的审慎选择力度不够，在国有企业效率低下时，国有大型银行也面临着不良贷款率攀升的风险。因此，通过国有资本的持股比例适当降低，适度引入民营和外国资本，在保持国有资本控股和国家金融安全的前提下可以为国有企业注入新的发展活力，并完善其法人治理结构。

结果显示，股份制银行的国有资本和外国资本的持股比例都与其盈利性正相关，而民资的进入会对其盈利能力产生不利影响。股份制银行股权结构已相对合理，除光大银行和中信银行外，国有资本仅仅相对控股，因而不同类别的产权之间制衡作用得以更好地发挥。而相比于国有、外国资本，民营资本在股份制银行中力量薄弱，其原因在于，股份制银行在全国范围内经营，民营资本当前的实力及其经营经验和资源往往很难满足全国性股份制商业银行的经营需求和竞争要求。

实证结果显示，地方性银行中，国家资本和外国资本在银行的经营收益上产生了不利影响。地方性银行中的国有资本主要来源于地方国资委或地方政府的财政出资，且经营模式中区域性特点更明显。在错综复杂的利益关系下，地方性银行经营的行政色彩浓厚，很难完全建立现代企业经营的法人治理结构，因而有必要在地方性银行内降低国有出资比例从而减少政府的不当干预。另一方面，外国资本对地方性银行的入资更多地倾向于财务性的投资，在改善地方性银行治理机制方面影响有限。目前银监会对于外资入股中资银行仍有诸多限制，外国资本更多地以获得溢价退出为目的，因此地方性银行在引进外资时亦应采取格外谨慎的态度。

对于不同种类的商业银行的股权结构与绩效之间的相关关系的实证研究证明，在单一银行内引入不同所有制股权的效果并不一致和稳定。存量改革即在微观层面上适度引入民资对国有银行和地方性银行的意义更大，而在全国性的大型的股份制银行内更大规模地引入民资可能会产生适得其反的效果。然而我们必须认识到，对三类银行而言，微观层面产权改革只是其绩效提升的前提，且每种银行因其功能定位、服务范围及当前的股权结构差异，产权改革的方向也应有所不同。在实现产权改革这一前提后，治理机制改善和经营效率的真正提高才是更加关键的问题。

五、政策建议：实施差异化混改策略与完善市场竞争结构

1. 谨慎推进存量改革，实施差异化控股策略

从上一部分的回归结果中可以看出，尽管目前股份制银行的

股权结构已经相对合理，国有大型银行和地方性银行中的国有股权仍有降低的空间。其中，国有大型银行中国有股权比例过高，达到了绝对控股的地位，外国资本的引入有利于改善其经营成果。国有资本在保证控股的前提下，应适当减低大型国有商行中的一部分股权，引入民营资本或外国资本，并给予相应的话语权，使其参与到银行日常的经营和管理当中。而对地方性银行而言，在国有资本控股比例本来就不高的情况下，依然对银行的经营产生了负面影响。地方政府在地方性银行运营中的介入干扰了银行作为独立企业主体的决策。和国家控股一样，地方政府的控股难以避免银行在经济目标和社会建设目标两方面产生冲突。另外，地方金融秩序更加混乱，利益体系也错综复杂，地方财政的控股很难说在经营和治理上为地方性银行提供了充分的资源和经营，而更多地是希望在地方银行的利润中分一杯羹且利用其政治地位干扰银行的有序经营，应当酌情考虑在地方性银行中实现民营资本的控股，通过私有化的运营提高城商行和农商行的绩效。

2. 着重推进增量改革，改善行业竞争环境

单个银行的股权结构逐渐趋于合理时，外部竞争环境的完善就变得十分必要。从现状来看，银行业仍存在一定程度的垄断，国家资本的比例过高。存量改革下，在现存的银行引入的多元资本很难在短期内获得对于银行经营和决策的话语权，因而难以实现民营、外资产权在现代化法人治理中的优势。并且从实证分析的结果来看，不同类型银行的最优股权结构比例存在差异，且单个银行也可能因其独特的经营条件在股权结构选择上存在微小差

异。从政策制定的角度来看，为整个银行业或者某类银行确定引入民资、引入外资的比例是困难的，并且带有一定的武断性。而从增量改革的角度切入，进一步降低银行业的市场准入门槛，以更大的力度在银行业内引进私营资本，鼓动民营银行的发展壮大，尤其是鼓励中小银行与微型银行的发展在实际改革中具有更高的可行性。通过引入新的银行主体来创造竞争更加充分、发展更加灵活和自由的市场环境，可以由外向内地倒逼现存地银行尝试积极有益的变革，主动调整其股权比例至合理状态。因而，在未来银行业的变革中，应当着重推进增量改革，通过市场结构的完善来推动单个银行的变革

3. 调整经营组织结构，完善法人治理机制

相比于上一轮的混合所有制改革，本轮改革更加注重治理机制的完善。首先，应当明确银行内部责、权、利的归属，比如设置独立的风控部门负责风险管理和监督，健全问责机制。其次，实行用人和薪酬制度的改革，特别是高层管理者的任命和薪酬决定，应当更多通过市场化的方式招聘职业经理人，并根据市场供求关系决定其薪酬，减少行政化的任命，从而改善银行的经营成果。另外，可以通过员工持股计划等股权激励措施，提升员工对于企业的责任感，来提高银行的发展活力。目前来看，国有大型银行及股份制银行已经在试点推进治理机制的完善。而地方性银行面临的治理乱象更加严重，城商行和农商行往往涉及复杂的地方利益，未来应完善法人治理结构，防止内部人控制与政府不当干预。

4. 明确行业发展定位，更多扶持中小商业银行和微型金融机构

国有银行、股份制银行和地方性银行在银行体系中应当有各自的定位，进而决定各自的服务内容和客户范围。从银行数量上来看，国有大型、股份制和地方性银行呈现金字塔的结构，而在总资产上则呈现相反的倒三角结构。国有银行对于银行体系乃至整个金融体系都有举足轻重的作用，网点覆盖全国，但偏远地区的分支机构较少。股份制银行和部分城商行如北京银行和南京银行等服务区域也遍布全国，但网点覆盖密度显著小于国有银行，总资产规模也远小于大型商业银行。大部分城商行和所有农商行的服务范围是区域性的，仅仅在局部区域开展业务，但在以上两类银行覆盖不足的偏远乡村开设了较多的分支机构，为农村提供小微的金融服务。因而，在以上几种银行的发展方向和政策支持方面不能采取一刀切的方式，而应该根据各自在整个银行体系中的功能和定位来制定差异化的发展战略和政策引导。未来应该从构建普惠金融的高度出发，更多支持农村和偏远地区的中小银行尤其是微型金融机构的发展，提升农村和贫困人群的信贷可及性。

本章参考文献

[1] 陈晓卫 . 中国商业银行效率评价及影响因素研究 . 成都：西南交通大学出版社，2011

[2] 杜莉，张鑫 . 国有商业银行产权制度改革效应评析 . 北京：经济科学出版社，2013

[3] 凌婕 . 商业银行产权改革的框架和路径 . 上海：上海三联书店，2008

[4] 虞群娥．商业银行国有股权研究．北京：商务印书馆，2012

[5] 朱亚兵．产权竞争与国企改制．上海：上海财经大学出版社，2009

[6] 陈奉先，涂万春，茆旭川．产权、市场结构与中国银行业绩效．西安财经学院学报，2006，19（3）

[7] 高正平，李仪简．我国商业银行股权结构对银行绩效影响的实证分析．中央财经大学学报，2010（4）

[8] 刘燕妮，张航，邝凯．商业银行股权结构与经营绩效的关系．金融论坛，2011（7）

[9] 刘海云，魏文军，欧阳建新．基于市场、股权和资本的中国银行业绩效研究．国际金融研究，2005（5）

[10] 谭兴民，宋增基，杨天赋．中国上市银行股权结构与经营绩效的实证分析．金融研究，2010（11）

[11] 吴发灿，路华．产权、超产权理论与国有企业产权改革．上海国资，2004（5）

[12] 王曙光，杨敏．金融业改革与混合所有制经济：路径与挑战．中共中央党校学报，2016（6）

[13] 杨德勇，曹永霞．中国上市银行股权结构和绩效的实证研究．金融研究，2007（5）

[14] 严太华，刘翠．产权结构与国有商业银行绩效的关系研究．现代管理科学，2011（3）

第十一章

银行业外资引入与国家金融安全：微观个体稳定性分析

本章发表于《金融与经济》2016年第10期，原题《银行业外资引入与国家金融安全：基于微观个体稳定性的实证分析》，作者：王曙光、张逸昕。

本章从微观个体稳定性出发，就银行业外资引入与国家金融安全的关系进行了理论梳理和实证分析。本章创新性地系统提出了外资引入影响银行业微观个体稳定性的六大效应，其中积极效应包括金融创新效应、信用体系与治理结构优化效应、溢出效应，消极效应包括投资减持效应、制度不兼容效应、特许权价值降低效应。基于国内 112 家银行机构的面板数据，本章构建实证回归模型，结果发现，外资持股比例增加能够提高引资行资本充足率、资产质量和流动性，但同时也将增加运营成本、降低净资产收益率；外资银行占行业总资产比例提高对国内银行的资本充足率、资产质量、成本管控和盈利水平均有正面影响，但将降低非利息收入占比、限制金融创新。本章最后提出发挥境外投资者战略性作用，适度提高行业外资占比、审慎放宽经营范围，对内开放与对外开放相结合三大政策建议。

金融安全是指在金融全球化条件下，一国在其金融发展过程中具备抵御国内外各种威胁、侵袭的能力，从而确保金融体系、金融主权不受侵害、使金融体系保持正常运行与发展的一种态势（王元龙，2004）。就表现特征而言，金融安全包括了金融机构经营的稳健性、金融运行的有序性、有效性和可持续性四个方面（李盾，2003）；就具体衡量测度而言，往往涉及到个体机构、金融体系或金融市场、宏观经济等多个维度指标的综合考量（何建雄，2001；张安军，2014）。综上可以看到，金融安全涵盖了微观、中观、宏观稳定性多个层次，其中，微观个体即各金融机构的稳定性，既作为金融安全的关键组成部分，同样也是构成中观行业或市场稳定性，进而影响宏观经济稳定性的重要基础。

我国金融体系以银行业为基础和支柱。2015 年，社会融资总量中新增人民币贷款占比达到了 73.1%，而企业债券融资和非金融企业境内股票融资分别仅占 19.1%、4.9%[①]，且我国债券发行

① 数据来源：万得数据库。

和流通是以银行间市场为主。因此，银行业的安全稳定在很大程度上决定我国整体金融安全。而具体到银行业，金融安全包括了单个银行的抗风险能力、整个银行体系和金融市场的稳定性、以及国家对银行业运作发展的控制权。本章将着重于从银行业微观个体稳定性出发，通过实证研究，分析探讨外资引入对国家金融安全的影响及其途径和机制。

一、文献综述：银行业外资引入与国家金融安全的若干争议

我国在入世承诺书中约定，将在入市后 5 年内逐步实现金融行业全面开放；2005 年前后，为改善国有商业银行盈利和创新能力差、资本充足率低、不良贷款率居高不下的境况，推动公开上市，我国银行业又开始了以引入境外战略投资者为主要抓手的大规模股份制改革。由此，外资引入对东道国金融安全的影响成为学术界争论热点。

关于外资引入影响金融安全的研究中，实证分析占据了绝大部分，其中因不同学者所采用的样本、覆盖的时间区间、以及指标选取各异，其结论也有较大差别。在微观个体稳定性方面，郭妍等（2005）通过比较引资前后东道国银行的经营情况发现，国内银行的呆账准备率即风险防御水平得到了提升，但这一影响并非能够即时显现，而是具有一定的时间滞后性。就外资入股银行而言，贾玉革等（2007）的研究结果表明，不同外资持股比例银

行的安全性指标均有优化，且风险管理水平随持股比例的提升而加强，外资绝对控股银行的稳定性最强；但 Choi 等（2005）通过实证研究则发现，仅仅引入外资并不会对银行稳定性产生显著影响，当外资持股达到一定比例后引资的积极效应才会逐步显现。

也有学者认为，外资引入并不能带来银行绩效和安全性的提升，反而将扩大东道国商业银行风险。如 Unite 等（2003）区分外资直接进入即设立分支机构及参股国内银行，研究了两种外资进入方式对于菲律宾银行的影响，发现前者在提高了银行效率和盈利水平的同时增加了贷款损失减值计提，即扩大了银行经营风险；而后者对于银行稳定性并未产生显著影响。何维达等（2011）构建 Z 指数以衡量商业银行风险，并通过实证研究发现，外资持股比例与中国商业银行 Z 指数之间存在显著的负相关关系，外资入股扩大了中国银行风险，且外资持股比例越大银行风险越大。

梳理相关文献研究可以看到，尽管加大金融业对外开放程度、加快国际化进程是大势所趋，但学术界对其金融安全影响评价不一，基于不同国家或地区样本以及时间区间选取所得到的实证结论各异，且在银行业外资引入影响国家金融安全以及微观个体稳定性的途径和机制方面缺乏相应的理论整合与提炼。本章创新性地提出了外资引入影响银行业微观个体稳定性的六大效应，包括三大积极效应和三大消极效应，并构建实证回归模型加以验证。

二、外资引入影响银行业微观个体稳定性的途径和机制

已有理论和实证研究中对外资引入和银行业微观个体稳定性的关系存在截然不同的观点和结论。一种观点认为外资引入能够显著提高银行稳定性，主要的支持理由包括：①外资引入有利于东道国金融产品创新，提高金融服务的数量、质量，促进金融基础设施的建设（Levine，1996）；②我国银行产权结构单一、特别是国有持股占据绝对控制地位对银行效率产生了显著的负面影响（刘伟等，2002；吴栋等，2007），外资引入则提高了引资行的股权多元化程度，通过优化股权结构提高了其经营绩效和稳定性；③外资引入有利于引资行提高公司治理和风险管理能力，如成本控制、关联贷款发放行为抑制等（何蛟等，2010；张敏等，2014）；④包括技术、经营理念、创新业务等诸多方面的溢出效应（spill-over effects）是一个开放的银行体系所能获得的最大收益（Claessens 等，1998），而外资银行对当地人才的招募培养则是实现溢出效应的重要途径（郭妍等，2005；谭鹏万，2007）。

另一种观点则认为外资引入将对银行稳定性产生负面影响，主要的支持理由包括：①引入外资若减持股份甚至撤资易引起金融不稳定，对引资行的公司治理结构、经营业绩、后续改革都会产生负面影响，加大再吸引战略投资者的难度（Goldberg，2004；项卫星等，2010）；②外资引入会带来转换成本（adjustment cost），即其将对当地银行、金融监管机构的行为选择甚至整个金融体系的运作模式造成冲击，在双方磨合过程中必定会产生转换成本（Claessens 等，1998）；③东道国银行特许权价值因外资引入加大了市场竞争而下降，银行的风险偏好改变、更有激励参与高风险业务，从而降低了个体稳定性（Hellmann，2000；Salas 等，2003）。

通过梳理上述观点并进行总结归纳和补充完善，本章创新性地系统提出了外资引入影响银行业微观个体稳定性的六大效应，其中积极效应包括金融创新效应、信用体系与治理结构优化效应、溢出效应，消极效应包括投资减持效应、制度不兼容效应、特许权价值降低效应。下文即就六大效应进行详细阐述。

1. 外资引入加强银行业微观个体稳定性的三大效应

（1）金融创新效应

金融创新效应指外资入股国内银行能够丰富引资行的产品和业务类型，使其盈利模式、经营模式更加多元化。金融创新，首先是在银行传统业务方面的创新，具体体现在相关金融产品种类的丰富，以及业务开展程序的精细化、标准化。其次是中间业务以及跨界经营、混业经营的开展，以拓展更多的收入来源，形成多元化的利润结构，减少对于存贷利差单一业务收入的依赖性。这一点，在当前我国不断提高金融业市场化程度、逐步放开利率管制、允许存贷利率在更大范围内浮动的背景下，尤其具有重要性。金融业市场化程度的不断提高，势必会压缩银行的存贷利差空间，同时加大这一部分盈利的不稳定性，强化银行寻找其他收入来源的迫切性。另外，混业经营作为世界金融发展的趋势导向，使得经营主体能够为企业或个人提供全方位的金融服务，一方面在此过程中可以形成协同效应，提高效率，另一方面则有助于减少金融服务供需双方之间的信息不对称，有利于风险的系统监督和防范。因此，通过外资引入，加强在金融产品、服务、业务等方面的创新，使盈利模式多元化、经营模式多元化，能够有效分散银行风险，提升稳定性。

（2）信用体系与治理结构优化效应

信用体系与治理结构优化效应指外资引入给引资行带来的技术层面、制度层面和结构层面的优化提升，以及进一步对引资行整体信用体系和组织架构的巩固。这一效应更多体现在外资以战略投资者身份入股国内银行，并在管理决策岗位上发挥实际作用的情况。其具体实现主要体现在三个层面：第一个层面是技术层面，即外资引入能够带来先进技术特别是现代风控技术，如信用评级系统、风险识别和预警系统的搭建，进一步还将有助于实现精准的产品定价和资本配置；第二个层面是制度层面，包括新型信用文化的管理机制和业务流程设计，如对不同业务条线的梳理，以及同一条线各个环节的设置和所涉及各层级的职责分工、权力责任的明确，有助于银行整体构架的条理化、清晰化、透明化，方便事前督导、事中管理和事后总结；第三个层面是结构层面，指外资引入对引资行在法人治理结构方面的优化作用，包括搭建整体的现代企业组织架构，并从股东会、董事会、监事会到风险管理委员会等委员会、高级管理层等各个层次逐层实现专业人员配备和组成结构完备化，进而提高银行决策的科学性。通过在技术层面、制度层面和结构层面对银行信用体系与治理结构的更新优化，增强内部稳定性。

（3）溢出效应

溢出效应指其他国内银行可以根据自身情况因地制宜学习、效仿外资银行或外资投资者的一些创新做法，如产品设计、经营模式、内部组织架构设置等。溢出效应的具体实现可以是通过竞争机制、信息共享和人才流动等渠道。竞争机制指的是，引进外资的银行在市场中所推出的好的产品和服务，以及新开拓的业务类型，一定会吸引新的竞争者加入，通过复制、或在原有基础上进行再加工的形式扩大市场供给，争夺市场份额。对于各个银行而言，在这一过程中丰富了自己的业务构成、提升了自我创新能力，有助于稳定性的增强。信息共享，即信息在不同银行之间的交流和共用。外资银行和中资银行在信息来源、信息覆盖内容、信息及时性等方面均存在差异，信息在两者之间的传导，有助于双方都能够及时获得更加完整、准确的市场信息，并据此在经营策略、风险管控等方面做出调整。人才流动，即人才在不同银行之间进行工作单位和岗位的变动。一方面，人才流动本是信息共享的方式之一，特别是能够带动一些优秀的经营理念、经验和方法的普遍吸收运用；另一方面，人才流动有助于加强银行间的联系、促进合作。最后值得一提的是，溢出效应相较其他效应的特别之处在于，它能够惠及更多的银行个体，对金融创新效应和信用体系与治理结构优化效应可起到增强、扩散的效果。

2. 外资引入削弱银行业微观个体稳定性的三大效应

（1）投资减持效应

投资减持效应指境外战略投资者减持入股银行股份引起银行内部结构变化以及向外传递出负面信号，所带来的对于银行经营的不利影响。外资减持的原因可能是股份限售期结束后基于全部或部分获利了结的希望、或基于调整全球风险资产配置的考虑、或因自身或外部环境因素对流动性的需求增加等。一方面，减持将改变银行的股权结构甚至管理层结构，对内部治理调整是一次挑战；另一方面，外资减持还将对外传递出非积极导向的信号，可能造成“该银行经营管理不善”或“外资投资者不看好银行未来发展”等市场质疑，即使减持背后另有原因，但这一举动本身极有可能影响银行客户、投资者的信心，从而不利于银行稳定性。特别是对于原外资持股占比较高的银行而言，减持举动可能导致股东位序排列的较大变化，产生更大的负面效应。

（2）制度不兼容效应

制度不兼容效应指引资行与境外战略投资者在经营理念、决策机制等方面存在差异和摩擦，以及部分国内银行在仿效外资银行时所可能导致的制度排异反应。制度不兼容效应将通过直接或间接的作用渠道，削弱银行业微观个体稳定性。直接渠道指的是，外资机构身为战略投资者，将使用自己在入股银行的话语权，改变管理层构成、业务操作规范甚至银行整体的组织架构。由于地域文化不同和历史原因，中外银行在决策机制、资源分配机制等诸多方面均存在差异，而在互相学习磨合的过渡期间，必然会产生一些不适应、不习惯、不兼容的现象，增加操作风险和经营成本，进而影响银行个体稳定性。间接渠道指的是，进入中国市场的外资银行，在经营模式、业务构成、产品推广等方面都为国内银行提供了新的模板和范例，将引发部分银行的模仿。但传统经营理念改变、信用文化建立都需要长期建设，对外资模式的直接搬用很可能仅限于形式，"形"、"神"不符易导致"消化不良"和制度不兼容，反而不利于银行的个体稳定性。

（3）特许权价值降低效应

特许权价值降低效应指外资引入加大了东道国金融市场竞争、降低了银行特许权价值，使得银行更有激励参与高风险业务，从而不利于维护个体稳定性。从事银行业务前需获得政府颁发行业经营许可证的要求提高了银行业进入门槛，也使得银行业成为不完全竞争市场，银行凭借特许经营权在这个不完全竞争市场获得的经济租金即称为特许权价值，其本质上等于银行在未来持续从事业务可以获得的超额收益的现值（马晓军等，2007）。特许权价值主要源自两方面：来自政府的显性或隐性担保，以及行业垄断地位所赋予的市场势力（Allen 等，1996）。外资引入增加了市场竞争，降低了国内银行的市场势力和由此带来的特许权价值，故银行有激励从其他方面寻求提高利润以弥补特许权价值的损失。体现在具体行为上，主要包括加大杠杆使用，以及采取更加激进的信贷政策（Demsetz 等，1996；Salas 等，2003）。同时，来自中央或地方政府的隐性信用担保也增加了银行发生道德风险的可能性，即银行将视政府担保和补贴为一种资本补充和最后的损失承担保证，于是进一步减少资本金准备、提高资产组合的风险系数（Allen 等，1996；Hellmann 等，2000），而上述行为都将损害银行个体稳定性。

三、外资引入影响银行业微观个体稳定性的实证分析

1. 变量选取

（1）被解释变量

骆驼评价体系（CAMEL）是用于对商业银行及其他金融机构进行综合等级评定和稳定性考察的一套全面规范的指标化体系，由美国金融管理当局提出后，目前已在世界各国得到了广泛使用。CAMEL 将影响微观个体稳定性的因素分解为五个方面：资本充足率（Capital Adequacy）、资产质量（Asset Quality）、管理的稳健性（Management）、收益状况（Earnings）和流动性情况（Liquidity）。分别对应以上五个方面，本章选取了资本充足率（CAR）、不良贷款率（NPLR）、成本收入比（CIR）、净资产收益率（ROE）和流动比率（CR）作为被解释变量，从风险承受能力、经营状况等多维度考察银行个体稳定性。最后，加入非利息收入占比（NIIR）作为被解释变量以衡量银行金融创新能力。

（2）解释变量

即外资对于中国银行业的进入程度度量。分为外资银行设立分支机构和外资入股国内商业银行两种方式。对于新设进入方式，采用外资控股银行占国内银行业金融机构总资产比例（ForAsst）

作为度量指标；对于入股进入方式，采用各银行外资持股比例（ForHo）作为度量指标。其中，外资控股银行指外资持股比例占 50% 以上的银行。

（3）控制变量

即外资引入相关变量之外还将影响微观银行个体稳定性的因素。本章参考何维达等（2011）的研究，从银行、银行业和宏观经济三个层面选取控制变量。银行层面包括银行总资产规模变量（LNAsst），国家控股虚拟变量（GovHo）即根据各银行的控股股东或实际控制人是否为国有、国资背景如国家或省级地方财政部、国资委、国有独资或控股企业如中央汇金等分别取值 1、0，资产结构变量（LTA）即资产负债率；行业层面包括金融业 GDP 增速变量（GDPF）和市场集中度变量（CR4）即工农中建四大银行存款总额占所有银行业金融机构存款之比；宏观经济层面包括 GDP 增速变量（GDP）和通货膨胀变量（Infl）。最后，通过引入时间趋势项（Time）来控制时间变化的影响。此外，考虑到样本银行之间具有较大的个体差异，为提高分析结果的稳健性，本章考虑先后引入银行个体虚拟变量来控制个体差异。

2. 样本描述和数据来源

本章采用面板数据，时间区间覆盖 2005~2015 年，数据频率为年度，样本银行包括了所有的国有商业银行（5 家）和股份制银行（12 家），68 家城市商业银行、26 家农村商业银行和农村合作银行，以及邮政储蓄银行，共计 112 家银行机构。从资产规模方面看，截至 2014 年底，样本银行总资产占银行业金融机构总资产的比例为77.31%，净资产占比为71.20%；从盈利情况来看，2014 年样本银行净利润占行业总净利润的 76.03%。故本章所选样本对国内银行业机构的覆盖度较高，具有较好的代表性。数据主要搜集自 Bankscope 及万得数据库，同时查阅样本银行的年报做补充、修正。各变量的描述性统计如表 11.1 所示。

表 11.1　　　　各变量描述性统计

变量	变量含义	观察值数	均值	标准差	最小值	最大值
CAR	资本充足率	742	12.7334	3.2513	2.7800	52.1500
NPLR	不良贷款率	697	1.8554	2.6818	0.0040	38.2180
CIR	成本收入比	824	34.3426	9.4158	12.1190	169.8650
ROE	净资产收益率	696	17.1385	7.3180	–27.9240	46.6070
CR	流动比率	692	25.2424	11.2578	2.4540	66.2330
NIIR	非利息收入占比	881	16.3957	13.4641	–5.3440	84.2485
ForHo	外资控股银行占国内银行业金融机构总资产比例	1199	3.3931	7.0827	0	25.1200
ForAsst	银行外资持股比例	11	1.8881	0.2525	1.4257	2.3557
GovHo	国家控股虚拟变量	112	0.1080	0.3104	0	1
LNAsst	银行总资产规模变量	692	18.9300	1.8297	15.0990	23.8238
LTA	资产负债率	693	6.7643	2.4115	–13.7140	31.3450
GDPF	金融业 GDP 增速变量	11	14.0455	5.7352	7.7000	25.8000
CR4	市场集中度变量	11	51.7145	5.8456	40.6906	60.8823
GDP	GDP 增速变量	11	9.7000	2.2272	6.9000	14.2000
Infl	通货膨胀变量	11	2.7867	1.8627	–0.7000	5.9000

3. 模型设定

本章借鉴 Haas 等（2006）、郭妍等（2005）的研究方法来设定实证模型，选取外资控股银行占国内银行业金融机构总资产比例（ForAsst）和银行外资持股比例（ForHo）作为主要解释变量，采用资本充足率、不良贷款率和拨备覆盖率作为主要被解释变量。基本的模型设定如下：

$$D_{it}=\alpha_i+\beta_1 ForHo_{it}+\beta_2 ForAsst_t+X'_{it}\gamma+\sum_{i=1}^{112}\theta_i bank_i+\mu_i+v_t+\varepsilon_{it}$$

其中，下标 i=1，2⋯112，代表 112 家样本银行；t=1，2⋯11，代表 1 个以年度计的时间段。D_{it} 表示 t 时期 i 银行对应的各个被解释变量，即资本充足率（CAR）、不良贷款率（NPLR）、成本收入比（CIR）、净资产收益率（ROE）、流动比率（CR）和非利息收入占比（NIIR）；除了 *ForHo* 和 *ForAsst* 之外，α 表示常数项，X 表示前文所述的各控制变量；μ_i 表示不随时间变化的个体特定效应，v_t 表示仅随时间变化的时间效应，ε_{it} 表示与解释变量无关的随机扰动项。此外，在稳健性分析中本章将引入银行个体虚拟变量 $bank_i$（i=1，2⋯112）。

本章采用面板数据回归方法进行实证分析。由于使用的面板数据可能存在的自相关、异方差性和内生性等问题，我们将考虑通过稳健性检验来对回归结果进行修正。具体的实证模型包括以下两种：①固定效应模型（FE）和随机效应模型（RE），利用 Hausman 检验判断两者中哪一个更为适用；②使用稳健标准误的固定效应模型（FE_ROB）以解决异方差问题，FGLS 模型（XTGLS）以解决组间同期相关或组内自相关问题。最后，采用固定效应二阶段最小二乘法（FE2SLS）来检验模型是否存在内生性问题。本章将根据文献的普遍做法，以 FE 模型和 RE 模型为主，同时参考其他模型来进行辅助回归。

4. 实证结果及分析

在不包含虚拟变量的情况下，通过 Hausman 检验发现固定效应模型更加适用；在包含银行个体虚拟变量的情况下，无法进行 Hausman 检验，因此难以判断哪个模型更加适用。为解决数据内生性问题，将 *ForHo* 和 *ForAsst* 的一阶滞后项分别作为两变量的工具变量、采用 FE2SLS 法进行检验。国内外涉及外资份额内生性的文献也多采用了滞后阶的外资份额作为工具变量，如 Alfaro 等（2002）、杨振等（2013）。*ForHo* 和 *ForAsst* 均通过了内生性检验，表明两变量均为外生变量。相关检验反映出模型存在组间异方差问题，而由于数据部分缺失导致无法检验模型的自相关性。为解决异方差问题和潜在的自相关性问题，采用稳健标准误的固定效应模型和 XTGLS 法对基本回归结果进行修正；主要的回归结果如表 11.2~11.7 所示。

表 11.2　外资引入对微观银行个体稳定性的影响分析（CAR）

CAR	FE	RE	XTGLS	FE_ROB
	模型 1	模型 2	模型 3	模型 4
ForHo	0.0907***	0.0907***	0.0871***	0.0907**
	（0.0270）	（0.0270）	（0.0177）	（0.0382）
ForAsst	4.730***	4.730***	5.035***	4.730***
	（0.945）	（0.945）	（0.485）	（1.373）
GovHo		−2.920	−1.998	
		（2.547）	（1.433）	
LNAsst	0.909**	0.909**	0.705***	0.909
	（0.455）	（0.455）	（0.247）	（0.769）
LTA	1.150***	1.150***	1.022***	1.150***
	（0.0639）	（0.0639）	（0.0352）	（0.168）

续表

CAR	FE	RE	XTGLS	FE_ROB
	模型 1	模型 2	模型 3	模型 4
GDPF	–0.0604**	–0.0604**	–0.0239	–0.0604*
	(0.0274)	(0.0274)	(0.0157)	(0.0332)
CR4	–0.434***	–0.434***	–0.370***	–0.434***
	(0.0995)	(0.0995)	(0.0389)	(0.116)
GDP	–0.229*	–0.229*	–0.409***	–0.229
	(0.131)	(0.131)	(0.0669)	(0.185)
Infl	–0.239***	–0.239***	–0.242***	–0.239**
	(0.0843)	(0.0843)	(0.0496)	(0.120)
Time	–0.906***	–0.906***	–0.775***	–0.906**
	(0.224)	(0.224)	(0.0937)	(0.358)
银行虚拟变量	√	√	√	√
Constant	1826***	1826***	1565***	1826**
	(451.9)	(452.0)	(187.3)	(714.0)
obs	551	551	545	551
R–squared	0.563			0.563
Nos of bank	110	110	104	110

注：括号内为标准差，其中 *** p<0.01，** p<0.05，* p<0.1。其中 GovHo 为不随时间变化的虚拟变量，故在 FE 和 FE_ROB 模型中因多重共线性被删除，其影响可以通过 RE 及 XTGLS 模型观察。

表 11.3　外资引入对微观银行个体稳定性的影响分析（NPLR）

NPLR	FE	RE	XTGLS	FE_ROB
	模型 1	模型 2	模型 3	模型 4
ForHo	–0.0283	–0.0283	–0.0114*	–0.0283**
	(0.0247)	(0.0247)	(0.00586)	(0.0127)
ForAsst	–4.291***	–4.291***	–4.331***	–4.291***
	(0.898)	(0.898)	(0.308)	(0.680)
GovHo		–3.477	–1.093*	
		(2.337)	(0.576)	

续表

NPLR	FE	RE	XTGLS	FE_ROB
	模型 1	模型 2	模型 3	模型 4
LNAsst	0.732*	0.732*	0.271***	0.732
	（0.406）	（0.406）	（0.104）	（0.987）
LTA	−0.0798	−0.0798	−0.0907***	−0.0798
	（0.0590）	（0.0590）	（0.0114）	（0.0810）
GDPF	0.144***	0.144***	0.108***	0.144***
	（0.0258）	（0.0258）	（0.00721）	（0.0507）
CR4	0.286***	0.286***	0.232***	0.286***
	（0.0936）	（0.0936）	（0.0179）	（0.0746）
GDP	0.0538	0.0538	0.0695**	0.0538
	（0.121）	（0.121）	（0.0288）	（0.101）
Infl	0.371***	0.371***	0.347***	0.371***
	（0.0780）	（0.0780）	（0.0220）	（0.0514）
Time	0.0815	0.0815	0.115***	0.0815
	（0.209）	（0.209）	（0.0390）	（0.265）
银行虚拟变量	√	√	√	√
Constant	−185.0	−185.1	−240.8***	−185.0
	（421.0）	（421.1）	（78.03）	（517.4）
obs	518	518	515	518
R−squared	0.258			0.258
Nos of bank	103	103	100	103

注：括号内为标准差，其中 *** p<0.01，** p<0.05，* p<0.1。其中 GovHo 为不随时间变化的虚拟变量，故在 FE 和 FE_ROB 模型中因多重共线性被删除，其影响可以通过 RE 及 XTGLS 模型观察。

表 11.4　外资引入对微观银行个体稳定性的影响分析（CIR）

CIR	FE	RE	XTGLS	FE_ROB
	模型 1	模型 2	模型 3	模型 4
ForHo	0.307***	0.307***	0.247***	0.307***
	（0.0843）	（0.0843）	（0.0464）	（0.0693）

续表

CIR	FE 模型 1	RE 模型 2	XTGLS 模型 3	FE_ROB 模型 4
ForAsst	−10.50***	−10.50***	−12.09***	−10.50**
	(2.870)	(2.870)	(1.089)	(5.031)
GovHo		31.68***	27.65***	
		(7.131)	(4.505)	
LNAsst	−6.211***	−6.211***	−5.465***	−6.211**
	(1.269)	(1.269)	(0.639)	(2.690)
LTA	−0.586***	−0.586***	−0.601***	−0.586**
	(0.191)	(0.191)	(0.0795)	(0.257)
GDPF	−0.0809	−0.0809	−0.132***	−0.0809
	(0.0828)	(0.0828)	(0.0440)	(0.0840)
CR4	0.348	0.348	0.316***	0.348
	(0.304)	(0.304)	(0.115)	(0.383)
GDP	0.419	0.419	0.775***	0.419
	(0.398)	(0.398)	(0.164)	(0.562)
Infl	−0.0201	−0.0201	0.0866	−0.0201
	(0.253)	(0.253)	(0.119)	(0.364)
Time	0.707	0.707	0.598**	0.707
	(0.693)	(0.693)	(0.244)	(0.802)
银行虚拟变量	√	√	√	√
Constant	−1268	−1274	−1066**	−1268
	(1397)	(1397)	(491.6)	(1604)
obs	629	629	626	629
R−squared	0.231			0.231
Nos of bank	112	112	109	112

注：括号内为标准差，其中 *** p<0.01，** p<0.05，* p<0.1。其中 GovHo 为不随时间变化的虚拟变量，故在 FE 和 FE_ROB 模型中因多重共线性被删除，其影响可以通过 RE 及 XTGLS 模型观察。

表 11.5　外资引入对微观银行个体稳定性的影响分析（ROE）

ROE	FE	RE	XTGLS	FE_ROB
	模型 1	模型 2	模型 3	模型 4
ForHo	−0.319***	−0.319***	−0.244***	−0.319***
	（0.0727）	（0.0727）	（0.0444）	（0.0709）
ForAsst	20.79***	20.79***	18.27***	20.79***
	（2.332）	（2.332）	（1.245）	（2.864）
GovHo		−7.072	−16.55***	
		（6.104）	（3.447）	
LNAsst	1.662	1.662	3.486***	1.662
	（1.084）	（1.084）	（0.627）	（1.808）
LTA	−0.982***	−0.982***	−0.699***	−0.982***
	（0.164）	（0.164）	（0.0881）	（0.239）
GDPF	−0.105	−0.105	−0.0674**	−0.105
	（0.0707）	（0.0707）	（0.0341）	（0.104）
CR4	−0.581**	−0.581**	−0.430***	−0.581**
	（0.260）	（0.260）	（0.0900）	（0.277）
GDP	−1.152***	−1.152***	−1.069***	−1.152***
	（0.341）	（0.341）	（0.152）	（0.370）
Infl	−0.677***	−0.677***	−0.527***	−0.677**
	（0.215）	（0.215）	（0.106）	（0.267）
Time	−1.022*	−1.022*	−1.135***	−1.022
	（0.594）	（0.594）	（0.212）	（0.714）
银行虚拟变量	√	√	√	√
Constant	2053*	2053*	2243***	2053
	（1198）	（1198）	（424.4）	（1429）
obs	635	635	633	635
R-squared	0.315			0.315
Nos of bank	112	112	110	112

注：括号内为标准差，其中 *** p<0.01，** p<0.05，* p<0.1。其中 GovHo 为不随时间变化的虚拟变量，故在 FE 和 FE_ROB 模型中因多重共线性被删除，其影响可以通过 RE 及 XTGLS 模型观察。

表 11.6　　外资引入对微观银行个体稳定性的影响分析（CR）

CR	FE	RE	XTGLS	FE_ROB
	模型 1	模型 2	模型 3	模型 4
ForHo	0.351***	0.351***	0.305***	0.351**
	（0.110）	（0.110）	（0.100）	（0.159）
ForAsst	20.15***	20.15***	21.63***	20.15***
	（3.514）	（3.514）	（1.813）	（3.694）
GovHo		–75.76***	–68.61***	
		（9.305）	（5.985）	
LNAsst	10.76***	10.76***	9.427***	10.76***
	（1.652）	（1.652）	（0.922）	（2.549）
LTA	–0.379	–0.379	–0.432***	–0.379
	（0.249）	（0.249）	（0.129）	（0.358）
GDPF	–0.443***	–0.443***	–0.363***	–0.443***
	（0.108）	（0.108）	（0.0727）	（0.135）
CR4	–1.438***	–1.438***	–1.510***	–1.438***
	（0.399）	（0.399）	（0.181）	（0.352）
GDP	–0.799	–0.799	–1.101***	–0.799*
	（0.524）	（0.524）	（0.324）	（0.476）
Infl	–1.119***	–1.119***	–1.121***	–1.119***
	（0.329）	（0.329）	（0.210）	（0.307）
Time	–5.213***	–5.213***	–5.096***	–5.213***
	（0.910）	（0.910）	（0.347）	（0.931）
银行虚拟变量	√	√	√	√
Constant	10360***	10373***	10164***	10360***
	（1836）	（1837）	（705.3）	（1854）
obs	637	637	635	637
R–squared	0.307			0.307
Nos of bank	112	112	110	112

注：括号内为标准差，其中 *** p<0.01，** p<0.05，* p<0.1。其中 GovHo 为不随时间变化的虚拟变量，故在 FE 和 FE_ROB 模型中因多重共线性被删除，其影响可以通过 RE 及 XTGLS 模型观察。

表 11.7　外资引入对微观银行个体稳定性的影响分析（NIIR）

NIIR	FE	RE	XTGLS	FE_ROB
	模型 1	模型 2	模型 3	模型 4
ForHo	−0.127	−0.127	−0.191***	−0.127
	（0.185）	（0.185）	（0.0569）	（0.131）
ForAsst	−15.97*	−15.97*	−8.894**	−15.97
	（9.002）	（9.002）	（4.073）	（11.75）
GovHo		26.44	−703.9	
		（19.84）	（562.6）	
LNAsst	−3.156	−3.156	−0.910	−3.156
	（2.460）	（2.460）	（0.764）	（4.963）
LTA	−0.609	−0.609	−0.287**	−0.609
	（0.410）	（0.410）	（0.122）	（0.578）
GDPF	0.112	0.112	0.101*	0.112
	（0.166）	（0.166）	（0.0526）	（0.195）
CR4	−0.0733	−0.0733	−0.204	−0.0733
	（0.625）	（0.625）	（0.211）	（0.680）
GDP	−0.218	−0.218	−0.225	−0.218
	（0.791）	（0.791）	（0.253）	（0.684）
Infl	0.976*	0.976*	0.434*	0.976
	（0.571）	（0.571）	（0.224）	（0.677）
Time	0.541	0.541	0.385	0.541
	（1.284）	（1.284）	（0.279）	（1.176）
银行虚拟变量	√	√	√	√
Constant	−976.3	−984.5	0	−976.3
	（2589）	（2592）	（0）	（2332）
obs	494	494	491	494
R-squared	0.133			0.133
Nos of bank	97	97	94	97

实证结果显示，在外资持股比例对银行个体稳定性的影响方面，从资本充足率、不良贷款率和流动比率三个指标看，外资持股比例增加对提高资本充足率和资产流动性、降低不良资产率均有促进作用[①]，这也是我国在21世纪初大力鼓励银行业引入外资的初衷：补充资本金、提高资产质量。而其背后主要体现的是信用体系与治理结构优化效应。通过建立统筹全银行的数据处理和风险控制系统，以及体系化的决策授权和责任追究制度，提高了银行的风险识别和计量能力，以及在内部调配资金资源的效率和合理性。但就成本收入比和净资产收益率两项指标来看，外资持股比例提高将增加银行成本、降低资本收益水平，二者之间相互验证，反映出外资股东引入不利于银行的盈利能力和成本管控。这一结果背后体现的是制度不兼容效应和投资减持效应。前者指的是，国内银行与境外投资者在磨合过程中所产生的边际收益不足以弥补双方付出的边际成本，反而将削弱银行稳定性。同时我国对于外资持股国内银行设置了20%的单个境外机构持股比例上限以及25%的境外机构合计持股比例上限，此两项持股份额限制要求也一直延续至今。在此规定下，境外机构几乎不可能成为境内银行的控股股东或实际控制人，目前在各上市银行中外资持股比例最高的宁波银行，其股份占比也未超出20%（见表11.8）。缺乏控制权使得境外战略投资者在银行管理、治理方面缺少话语权，在一定程度上也必然会削弱外资股东为引资行引入

① 其中，以不良贷款率为被解释变量的FE模型中，外资持股变量并不显著；但在修正了自相关和异方差问题的XTGLS和FE_ROB模型中外资持股变量均呈显著。故本章认为，外资持股比例增加的确对降低不良贷款率有显著促进作用。

金融创新产品和现代管理模式、以及优化信用体系的动力。后者指的是，外资减持将对入股银行产生负面影响，则这种影响会随着原外资股东持股比例的增大而放大，特别是样本选取时间区间包括了 2008 年金融危机发生阶段，美国银行、苏格兰皇家银行、瑞士银行等一批境外战略投资者或因客观上补充流动性的需求，或因主观上在股份锁定期已满后基于获利套现的希望，纷纷减持入股银行股份，不仅改变了银行的股权结构和治理结构，也打击了整个金融市场的信心，不利于银行稳定性。

表 11.8　截至 2015 年 12 月部分样本银行的外资持股比例统计

上市银行	外资持股比例（%）	上市银行	外资持股比例（%）
宁波银行	20	农业银行	0.37
华夏银行	19.99	中国银行	0.18
交通银行	18.7	工商银行	0.07
南京银行	18.84	浦发银行	0
北京银行	13.64	平安银行	0
建设银行	6.11	招商银行	0
光大银行	3.45	民生银行	0
兴业银行	1.52	中信银行	0

注：表中数据统计未考虑 A 股、H 股两地上市银行，境外投资者通过香港中央结算（代理人）有限公司持有的股份。

数据来源：根据表内银行 2015 年年报整理。

最后，模型结果还发现外资引入并不会显著影响引资行的非利息收入占比，即金融创新效应不显著。对此可能存在两种解释：①金融创新效应绝对不显著，即外资入股未能帮助引资行拓展业务类型、丰富收入来源，提升金融创新能力；②金融创新效应相对不显著，即外资股东的确促进了引资行创新业务的开拓，但其贡献还在于对引资行传统信贷业务的改进和规范，使得银行的利息收入和非利息收入共同增长，由此导致非利息收入占比上升并不突出。实证得到“外资持股比例提高有助于降低不良贷款率”的结果在一定程度上也能够支持后一种解释。同时从实际情况看，外资引入确实对引资行在传统经营之外开拓新的业务领域起到了促进作用，如宁波银行于 2006 年引进了新加坡华侨银行作为战略投资者，在此后的十年中非利息收入部分快速增长，2006~2015 年的复合年均增长率达到 48%；同期绍兴银行非利息收入年均增速为 33%，浙商银行为 34%[①]，而后两家银行均未引入外资股东。综上，实证模型最终得到的“外资持股比例提高对银行金融创新未产生显著影响”结果所反映的应该是金融创新效应相对于外资对传统业务的升级改进作用并不突出，而后者，则包含在信用体系与治理结构优化效应之中。

在外资银行占银行业总资产比例对银行个体稳定性的影响方面，综合 CAMEL 的五项构成指标资本充足率、不良贷款率、成本收入比、资产流动比率和净资产收益率来看，外资控股银行占银行业总资产比例的提高对于银行稳定性有显著且全面的促进作用，表明外资进入产生了较强的溢出效应，且并未显著影响银行的特许权价值；同时可以看到，在国内银行业引入外资控股银行较国内银行引入外资投资者能够对银行个体稳定性的巩固产生更积极的影响。这一方面体现在外资行业占比增加能够显著提升资本充足率、资产流动比率和净资产收益率并降低不良贷款率和成

---

① 数据来源：万得数据库，经笔者计算得到。

本收入比，而外资持股比例提升将增加银行成本、降低净资产收益率；另一方面则体现在对于资本充足率、资产流动比率和净资产收益率，外资控股银行资产占比变量的回归系数明显大于外资持股变量，对于不良贷款率和成本收入比，则明显小于外资持股变量，表明在其他变量不变的情况下，外资控股银行资产占比增加一个百分点，较外资持股比例增加一个百分点更有助于提高银行的资本充足率、资产质量和流动性以及盈利水平，从而提高微观个体稳定性。

出现这一结果的原因主要在于我国银行业开放程度非常有限，外资控股银行的资产总额和资产占比长期保持低位（见表11.9）、近5年来还呈现出逐渐下降的趋势，在目前所处的对外开放“初级阶段”，银行业外资引入能够带来的边际改善效应将更加显著，总体增加的行业竞争程度和对银行特许权价值的影响也有限。同时这也说明了因地制宜的选择性吸取以及自我消化改造过程在国内银行学习借鉴国外经验中的必要性和重要性。不同于引入境外战略投资者将对引资行产生直接影响，溢出效应的效果体现还需经过国内银行自主选择、自我探索的过程，而这一过程对于提升银行经营效率、提高个体稳定性具有重要意义，也避免了可能发生的制度不兼容效应。

表 11.9　2003 ~ 2015 年国内外资银行资产规模及行业占比

年份	外资银行资产总额（亿元）	对全行业资产占比（%）
2003	3331	1.2
2004	5160	1.63
2005	6353	1.7

续表

年份	外资银行资产总额（亿元）	对全行业资产占比（%）
2006	8194	1.86
2007	12391	2.36
2008	13739	2.2
2009	14351	1.82
2010	19016	2.02
2011	23384	2.1
2012	24582	1.87
2013	25805	1.74
2014	28143	1.67
2015	27684	1.43

数据来源：万得数据库，经笔者计算得到。

但是，就非利息收入占比来看，外资控股银行占行业总资产比例增加将显著降低非利息收入占比，即对国内银行金融创新产生了负面影响。其原因在于就特定细分领域而言外资银行引入形成的竞争威胁强于其溢出效应，前者属于直接影响，后者的体现则存在时滞。在新型金融业务领域，国内银行的基础较为薄弱，人员、技术、制度等层面都不尽完善，外资银行凭借其丰富经验和成熟运作体系拥有绝对竞争优势，从而对国内银行开拓新型金融服务市场形成较大竞争威胁，结合溢出效应的时滞性，故整体上来看，至少就短期而言外资银行引入将限制国内银行创新性业务的发展；但在信贷等传统业务领域，国内银行已积累了较好的市场基础，外资银行引入造成的竞争压力较弱，同时具备有一定的运营经验也使得国内银行能够更快的学习吸收外资之长，溢出效应的传导渠道更加顺畅，故对于传统业务占比大、以利息收入为主要收入来源的国内银行而言，外资银行引入整体上仍将有利于提高盈利能力。

四、结论及政策建议

1. 主要结论

本章针对银行业外资引入对国家金融安全的影响，从微观个体稳定性的角度出发，进行了理论梳理和实证研究，总结归纳出了外资引入加强微观个体稳定性的三大效应，即金融创新效应、信用体系与治理结构优化效应和溢出效应，以及外资引入削弱微观个体稳定性的三大效应，即投资减持效应、制度不兼容效应和特许权价值降低效应。基于实证研究，发现外资持股比例增加能够显著提高银行的资本充足率、资产质量和流动性，但将不利于成本管控和盈利水平。前者体现的是信用体系与治理结构优化效应，而后者则是制度不兼容效应和投资减持效应的反映。同时，引入外资股东并不能够显著提升银行非利息收入占比，但这并不是说金融创新效应绝对不显著，而是金融创新效应相对于外资对传统业务的升级改进作用并不突出，即金融创新效应相对不显著。就外资银行引入对银行个体稳定性的影响，实证发现外资控股银行占行业总资产比例增加对提高资本充足率、资产质量及流动性、净资产收益率和加强成本管控均有显著的促进作用，但同时将显著降低银行非利息收入占比。

前者体现的是溢出效应，目前我国银行业对外开放程度非常有限的现实也使得外资引入能够产生更大的边际影响；后者是因国内银行在新型金融业务领域基础较为薄弱，外资银行引入将形成较大竞争威胁，同时溢出效应存在时滞性，故整体上在短期内外资银行引入将限制国内银行创新性业务的发展。但在信贷等国内银行已积累了较好市场基础的传统业务领域，外资银行引入造成的竞争压力较弱，同时溢出效应的传导渠道更加顺畅，故对于以利息收入为主要收入来源的国内银行而言，外资银行引入整体上仍将有利于提高盈利能力。

2. 政策建议

（1）发挥境外投资者的战略性作用

我国在推动银行业改制改革过程中，特别强调引入境外战略投资者，以期达到“引资引智”的效果。就实证结果来看，外资引入的“引资”效果明显，补充了国内银行的资本金、提高了资产质量和流动性；但“引智”效果相对不显著，且外资引入会增加银行的运营成本，对盈利能力造成影响。对此，本章认为首先是需着力减弱、消除过程中存在的制度不兼容效应，一方面，要减少政府干预、做实董事会，将经营方面的自主决策权交还银行本身；另一方面，是要完善市场机制、加强与国际接轨，更多的参考、借鉴行业方面已有的国际准则和惯例，逐步实现国际化运作。如此，也能够打消境外投资者的一些顾虑、增强信心，使其能够真正发挥引入创新金融产品、优化信用体系和治理结构等方面的战略性作用。

（2）适度提高行业外资占比，审慎放宽经营范围

根据实证结果，外资银行引入显著提高了国内银行的资本充足率、资产质量和盈利水平，且因目前我国银行业对外开放程度非常有限、外资资产占比不足1.5%，适度降低银行业外资准入门槛、增加外资行业占有份额在边际上较国内银行引入外资股东能够带来更大的积极影响。但应该注意的是，外资银行引入在资产管理等新型业务领域将造成较大竞争冲击，从而不利于国内银行在传统经营之外开拓创新，因此对于外资银行，在适度降低国内市场准入门槛的同时，要审慎放宽其经营范围限制，为国内银行的转型发展保留充足的时间和空间。积极稳妥地推进银行行业层面的对外开放进程，将在促进个体稳定性方面起到显著的正面效应。

（3）对内开放与对外开放相结合

银行业引入外界投资者并非一定要局限于外资，国内民间资本同样具有引入价值。首先，对外开放、引入外资能够带来的积极效应同样也适用于对内开放、引入民资：经过数十年的高速增长，我国民营经济得到了长足发展，在各行各业如互联网行业、电子通讯行业涌现出了一批具有业内甚至国际竞争力的优秀企业，他们拥有充足的资本、持续研发能力，能够在技术层面为我国银行实现传统业务升级、创新业务发展提供支持，在经营理念、公司治理模式等方面也能够形成一定借鉴意义。再者，对内开放能够避免对外开放可能产生的消极效应：国内民间资本引入带来的减持风险较小且减持风险可控，引资方和投资方在文化上的相承契合也降低了出现制度不兼容效应的可能性。银行业的开放应包括对内开放和对外开放两个方面，在20世纪末、21世纪初我

国整体实力较弱、民营经济尚不发达的情况下，以外资引入作为“开放”的主要抓手是基于有效性的选择也是因为客观限制；但目前我国民间资本已经经过了一定积累，民营经济的活力也得到了较快释放，在这一基础上，国内民营主体不失为我国银行业引入外来股东的另一价值选择。对内开放应与对外开放相结合，共同成为我国银行业新一轮改革的重要途径。

本章参考文献

[1] Alfaro L，Chanda A，Kalemli–Ozcan S，et al. FDI and economic growth：the role of local financial markets. Ssrn Electronic Journal，2002，64（1）

[2] Allen L，Rai A. Bank Charter Values and Capital Levels：An International Comparison. Journal of Economics & Business，1996，48（3）

[3] Choi S，Hasan I. Ownership，governance，and bank performance：Korean experience. Financial Markets，Institutions and Instruments，2005，14（4）

[4] Clarke G，Cull R，Peria M S M，et al. Foreign bank entry – experience，implications for developing countries，and agenda for further research. World Bank Research Observer，2003，18（1）

[5] Claessens S，Glaessner T. The Internationalization of Financial Services in Asia. Social Science Electronic Publishing，1998，25（8）

[6] Demsetz R S，Saidenberg M R，Strahan P E. Banks with Something to Lose：The Disciplinary Role of Franchise Value. Social Science Electronic Publishing，1996，2（October）

[7] Goldberg L S. Financial–Sector FDI and Host Countries：New and Old Lessons. Social Science Electronic Publishing，2004，13（Mar）

[8] Hellmann T F，Stiglitz J E. Liberalization，Moral Hazard in Banking and Prudential Regulation: Are Capital Requirements Enough?. Ssrn Electronic Journal，2000，90（1）

[9] Levine R. Foreign Banks, Financial Development, and Economic Growth. Journal of Economic Literature, 1996, 35

[10] Unite AA, Sullivan M J. The effect of foreign entry and ownership structure on the Philippine domestic banking market. Journal of Banking & Finance, 2003, 27（12）

[11] 王元龙．关于金融安全的若干理论问题．国际金融研究，2004（5）

[12] 李盾．金融开放对我金融安全的影响及对策建议．对外经济贸易大学，2003

[13] 何建雄．建立金融安全预警系统：指标框架与运作机制．金融研究，2001（01）

[14] 张安军．国家金融安全动态监测分析（1992–2012 年）．国际金融研究，2014（09）

[15] 贾玉革，兰向明．中东欧转轨国家外资持股比例与银行竞争力、金融安全关系的实证考察．中央财经大学学报，2007（12）

[16] 邱兆祥，刘远亮．我国银行业引进境外战略投资者效应的实证研究．金融理论与实践，2009（12）

[17] 郭妍，张立光．外资银行进入对我国银行业影响效应的实证研究．经济科学，2005（2）

[18] 何维达，于一．外资进入与中国商业银行的风险承担．金融论坛，2011（1）

[19] 刘伟，黄桂田．中国银行业改革的侧重点：产权结构还是市场结构．经济研究，2002（08）

[20] 吴栋，周建平．基于 SFA 的中国商业银行股权结构选择的实证研究．金融研究，2007（07）

[21] 何蛟，傅强，潘璐．引入外资战略投资者对我国商业银行效率的影响．中国管理科学，2010，18（05）

[22] 张敏，张雯，马黎珺．金融生态环境、外资持股与商业银行的关联贷款．金融研究，2014（12）

[23] 谭鹏万．外资银行进入对中东欧国家内资银行绩效的短期影响研究——基于 10 国 105 家银行的面板数据检验．国际金融研究，2007（03）

[24] 项卫星，李珺．境外战略投资者减持中国国有控股商业银行股权的原因、影响与

对策 . 经济评论，2010（1）

[25] 马晓军，欧阳姝 . 中美两国商业银行特许权价值及影响因素的比较研究 . 金融研究，2007（04）

[26] 庄起善，窦菲菲 . 从 CAMEL 指标看中东欧五国银行体系的稳定性 . 贵州财经大学学报，2005（2）

[27] 杨振，李陈华 . 外资来源、内生组织形式与生产率溢出——来自中国制造业的经验证据（1998 ~ 2007）. 经济管理，2013（03）

[28] 史建平 . 国有商业银行改革应慎重引进外国战略投资者 . 财经科学，2006（1）

[29] 余云辉，骆德明 . 谁将掌控中国的金融 . 银行家，2005（6）

[30] 赵征，黄宪 . 跨国银行在新兴市场风险环境中的行为选择与综合影响 . 世界经济研究，2009（5）

[31] 李石凯 . 境外战略投资者对中东欧 8 国银行产业转型与发展的影响 . 国际金融研究，2006（9）

[32] 王元龙，曹雪峰 . 中国银行业改革开放与金融安全 . 河南金融管理干部学院学报，2006，24（3）

第十二章

银行业外资引入与国家金融安全：宏观市场稳定性分析

本章发表于《金融与经济》2018年第1期，原题《银行业外资引入与国家金融安全：基于宏观市场稳定性的实证分析》，作者：王曙光、张逸昕。

本章对外资引入影响银行业宏观市场稳定性的途径和机制进行了系统性归纳，提炼出了市场竞争效应、金融文化重构效应和金融监管倒逼完善效应三大积极效应，及资本外撤效应、外资母国风险传导效应和金融监管规避效应三大消极效应。采用61个国家2000~2014年的面板数据，本章进行实证研究后发现，外资引入与一国银行业宏观市场稳定性之间存在倒U型的非线性关系，曲线极值点对应了消极效应不断放大并超出积极效应的临界点。倒U型曲线代表了不同的发展阶段且随一国发展发生动态变化，不同国家因制度文化等差异其倒U型曲线也各自不同。最后，本章基于该关系曲线，提出了适度提高银行业外资占比、健全完善金融监管体系制度和内外并举、双向开放三大政策建议。

金融安全的内涵可以从“安全”本身，及其反义词“金融不安全”两个角度、正反两面进行阐释。若以直接定义，金融安全指的是货币资金融通的安全，是对“核心金融价值”的维护，其中包括了金融本身的稳定和金融发展的安全、金融因素对于国家经济政治和军事等领域的影响和维护，以及金融主权即保持对国内金融运行和金融发展的控制三个层面（梁勇，1999）。而基于其反义词“金融不安全”的视角，金融安全指的是发生大规模、系统性金融风险甚至金融危机的可能性被控制在一定水平线下，且整个金融系统具备有效应对、抵御金融风险与危机的能力。根据上述定义可以看到，金融安全主要涉及到微观与宏观金融稳定性以及金融主权三方面。微观个体稳定性是构成金融安全的单元要素，而宏观金融市场稳定性，则将在更大层面上影响国家经济与其他各个领域的运行，对于系统性金融风险和金融危机的测度、预警、防范尤其具有重要意义。

着眼于实际国情，目前我国的金融体系是以银行业为主导，社会融资渠道也是以间接融资为主。2014 年我国银行业金融机构的总资产规模为 172 万亿元，是非银行金融机构的 34 倍；2015 年社会融资规模中新增人民币贷款占比达 73.1%，非金融企业境内股票融资仅占 4.9%[①]。因此，可以说银行业的安全稳定是保障我国整体金融安全的基础。本章将从行业层面出发，基于银行业宏观市场稳定性的实证分析和理论梳理，探究外资引入对国家金融安全的影响及其途径和机制。

一、文献综述：银行业外资引入与国家金融安全的讨论和争议

学术界对于外资引入与国家金融安全的大范围讨论源自 2005 年前后我国为解决国有银行集体陷入“技术性破产”困境的状况、推动整体上市所实行的以引入境外战略投资者为主要抓手的银行业股份制改革。国有四大银行以及部分股份制商业银行、城市商业银行纷纷寻找境外战略投资者入股以谋求上市和资金、技术等方面的支持，同时也引发了各界对于金融安全的关注和担忧。

实证分析占据了外资引入影响金融安全研究的绝大部分，但不同学者最终得到结论的一致性程度不高，这也和选用样本国家范围、截取的时间区间、衡量指标构建以及计量方法等方面的差异有关。在宏观市场稳定性方面，部分研究结果表明，外资引入有助于加强东道国的金融稳定性，或者至少不会对金融平稳运行产生显著负面影响，也并未表现出对金融不稳定具有放大作用。

① 数据来源：万得数据库。

Akbar等（2004）区分战略目标将引入外资分为“资源索求型”（resource seeking）和“市场服务型”（market serving）两类，认为外资进入一国银行业多以“市场服务”导向为主，通过丰富金融产品和金融服务，加强了东道国的金融稳定性。Eller（2006）等学者的研究同样表明外资引入对东道国的宏观经济金融将产生显著的正面影响。Clarke 等（2003）则通过梳理历次金融危机后发现，发生金融危机的国家（除了 1995 年的阿根廷）其国内信贷和外资占比在危机后均有所下降，而在大多数国家前者的下降幅度较后者更大，证明外资引入并不会增加东道国金融体系的不稳定性。

同时也有学者认为，外资引入将不利于东道国的宏观金融安全。白钦先等（2006）将不利影响归纳为：外资引入会冲击中国金融业监管、弱化金融宏观调控，特别是其短期逐利行为将威胁中国金融安全。戴志敏等（2008）也提出了对于外资股东成为名义上的战略投资者、实质上的财务投资者的担忧，资本有其趋利性，难以保证外资股东在股份解禁后不会立刻转让，而频繁的股权变动将给银行经营带来不确定性，加大金融风险。

综合已有文献研究可以看到，尽管加强国际资本、贸易合作交流是得到一致认可的未来趋势，引入外资、对外开放也已成为众多发展中国家进行金融业、银行业改革的普遍方式，但学术界对其将带来的金融安全影响尚未有定论，无论是基于实证研究还是理论分析得到的结论均存在较大差异，在银行业外资引入影响金融安全和宏观市场稳定性的传导机制和途径方面也未形成统一意见，有必要就影响方向、影响程度以及影响机制三方面再进行系统梳理和研究。

二、外资引入影响银行业宏观市场稳定性的途径和机制

已有文献中，基于实证得到的外资引入对东道国银行业宏观市场稳定性的影响方向和程度并无统一结论；从理论出发，不同学者也形成了两种截然不同的观点。一种观点认为，外资引入能够显著促进行业稳定性，主要的支持论点如下：①外资引入增加了行业竞争度，促使国内银行通过加大成本管控力度、拓宽收入渠道、提供更优质服务等方式不断提升自我竞争力，进而巩固了整体的市场稳定性；②一国往往会在其具有系统重要性的银行陷入困境、可能引发金融危机时大力引资、放宽外资准入和经营限制，在国内银行原有基础有所松动、政策环境宽松的情况下外资得以再塑造东道国的信用文化（credit culture）环境，包括引入新的操作系统和制度、降低银行对于关联交易（relationship-based banking practices）的依赖度等；③外资进入后会引入母国成熟的管理实践和监督规则，同时加大东道国政府强化金融活动相关法律和监管体系的压力，从而有助于加强银行体系稳定性。

另一种观点则认为外资引入将不利于银行业宏观市场稳定性，主要的支持论点如下：①外资对东道国宏观经济的反应更具顺周期性，因其具有更多替代性国际投资机会，若国外分支业绩未达到预期水平，则它们通过其国际网络更易撤资逃离；②外资在东道国开设的分支机构并非“自治”组织，而是其总行的一部分，故其经营会受到总行整体运营稳健性的影响，还会受到母国经济增长波动的影响，进而将这些风险传导入东道国；③外资相

对有更多规避监管的动机和方式，易造成监管盲区，如部分创新金融产品即被用于规避监管并会加大风险承担，特别是在金融体系脆弱、监管准备不充分的国家，更易加剧市场不稳定性。

通过梳理上述观点并进行系统性归纳和补充完善，本章提炼出了外资引入影响银行业宏观市场稳定性的六大效应，其中积极效应包括市场竞争效应、金融文化重构效应、金融监管倒逼完善效应，消极效应包括资本外撤效应、外资母国风险传导效应、金融监管规避效应。下文即对六大效应分别加以阐述分析。

1. 外资引入影响银行业宏观市场稳定性的三大积极效应

（1）市场竞争效应

市场竞争效应指外资引入将增加东道国国内银行面临的竞争压力，从而激发其市场主体意识和创新精神，提高经营效率、巩固行业稳定性基础。外资的引入，相当于是在银行业引入了新的竞争主体，使市场主体类型构成更加多元化。而竞争压力的提高有助于提升银行体系的整体效率；经营效率、盈利水平，则是银行实现稳定性的基础。外资的进入，在一定程度上对我国国有银行的寡头垄断地位提出了挑战，双方在争取市场份额的过程中，垄断利润被压缩，社会总信贷供给扩大，行业的整体格局更趋于帕累托有效状态。特别是，市场竞争的加剧将促使各银行不断地去拓展新客户群体、新地域市场，如民营企业、中小企业、个体工商户，西部地区，广大县域、农村，而不仅仅将视野局限在满足国有企业、跨国公司等大型企业，以及经济发达但市场已趋饱和地区的需求。已有实证研究表明，外资银行贷款市场份额提高将促进我国私营企业及个体工商户贷款占比提高。如此有助于银行在行业、地域、客户性质类型等方面多维度分散风险，提高稳定性。

（2）金融文化重构效应

金融文化重构效应指外资引入能够促进和推动东道国国内银行业规则体制的再塑造以及信用文化的培育、成熟。文化，简而言之是社会在实践过程中为达到整体效用最大化在理论、规则、具体操作等层面所形成的共同理念和认识。金融文化，就是行业经过长期发展，各关联方就个体运营、个体间关系以及行业定位与运行模式所积累下的经验、传统以及最终达成的共识。在这一过程中，必定存在多次试错、再纠正的反复。欧美、新加坡等发达国家经过长期发展已经探索构建起了较为成熟稳定的金融文化、信用文化，而这一文化指导下的金融系统运行机制也必然已经被验证是有效的。就银行个体而言，金融文化包括了内部组织架构搭建、各层级的分工与协作，以及决策、运营、资源配置机制等方面的安排；就行业整体而言，金融文化包括了政银、银企与银行间关联关系的设定，以及银行业在整个国家经济、社会中的功能定位。而在以上两个方面，我国银行都还处于尚待完善、再塑造的重构、转型阶段。外资引入所带来的新型金融、信用文化能够对尚处发展初级阶段的国内银行业起到示范和引导作用，有助于减少过程中的试错成本，最终达到重构国内金融文化的效应。

（3）金融监管倒逼完善效应

金融监管倒逼完善效应指因外资银行的经营方式、经营理念区别于本国而又更加成熟、成体系化，将倒逼东道国金融监管机构在实施监管的过程中不断优化监督机制、提高执法力度，最终达到对于整个监管体系的完善效果。其具体实现途径体现在两个方面。首先，外资引入是对我国的金融监管体系建设提出了更高的要求，将促进相关法律法规框架的建立健全，金融监管主体的优化设置，以及更大的发挥会计师事务所、律师事务所等中介机构的监督作用，发掘培养一批金融监管人才等，是对于自身内在能力的一种提升。如 2016 年上半年得到广泛讨论的“一行三会合并或重组”方案，与适应国际金融机构混业经营这一发展趋势不无关系。其次，外资引入在客观上也增加了我国金融监管机构和国外金融监管主体之间沟通交流的需要，以及共同合作防范系统性金融风险的必要性。如此，相互之间的学习、借鉴和经验分享也将非常有助于我国金融监管部门加强风险识别、防范和控制的能力，完善金融监管体系，维护宏观市场稳定。

2. 外资引入影响银行业宏观市场稳定性的三大消极效应

（1）资本外撤效应

资本外撤效应指外国资本集体性撤离东道国的行为将通过负面信号传递、加剧经济顺周期波动削弱银行业宏观市场稳定性。资本外撤，既包括了境外战略投资者对于入股银行的股份减持，又包括了外国资本缩减对外分支机构设立的撤资行为。外资撤资可能因为非东道国因素如自身调整全球资金配置的需求，也可能因为东道国因素如经济增速下滑、政治格局不稳、出现发生金融动荡的潜在风险等。在前一种情况下，外资撤资的行为将作为一种非正向的市场信号，对其他投资者、存款者和银行服务人群产生影响，甚至引起不必要的恐慌情绪，不利于银行业的宏观稳定性。在后一种情况下，外资撤资将加剧危机所造成的负面效应，为国内和国际资本提供了更多的外撤渠道，加深国内经济金融波动的“顺周期”效应，进一步削弱银行业宏观市场稳定性。特别是，对于遵循在成熟金融市场已形成的较为统一的衡量标准、准则，以及多依赖量化分析进行决策的外资机构，其风险偏好和投资、撤资行为往往具有高度同质性，从而将放大市场波动。在现实中，也的确发生过此类情况，2001 年阿根廷爆发金融危机时，外资银行将 300 亿美元存款转移海外，其总部以子行“有限责任”和阿根廷政府无权干涉其分行经营为由，拒绝承担向阿民众偿付存款的义务，上述大量撤资和转移资金的行为都严重削弱了阿根廷银行体系的支付能力。

（2）外资母国风险传导效应

外资母国风险传导效应指外资母国的经济、政策等波动变化将通过影响外资机构的全球布局和投资行为，进而传导到东道国银行业，对宏观市场稳定性造成影响。在华投资的外资机构很大程度上会受到母国的深刻影响，当母国的经济、社会格局发生变动，势必会影响外资机构的投资决策和投资能力。一方面，母国的经济扩张或衰退将充实或削弱外资机构的资本充裕情况，改变流动性需求和风险偏好，从而使得对外投资规模与经济增速同向变动；另一方面，母国的经济增长提速或放缓，意味着本地投资机会的增加或减少，从资产配置和追求利润最大化的角度考虑，对外投资规模将与经济增速呈现出反向波动的特点。在上述两种作用力的影响下，体现在最终结果上，可能会呈现出两种截然不同的现象：其一是母国的经济增速与对外投资规模成正比，即母国的经济扩张也将带动对外投资的扩张，而其经济增长的放缓甚至衰退也将导致对外投资的压缩，呈现出“同向”传导的特征；其二是母国的经济增速与对外投资规模成反比，即母国的经济扩张将吸引对外投资回流，而在经济疲软阶段则会出现大量资本外流。实际将发生哪一种情况，取决于两种作用力的相对强弱，即同一投资国对应到不同的东道国家或地区，其风险传导方向也会有所不同。

（3）金融监管规避效应

金融监管规避效应指外资引入初期，外资机构很可能将利用东道国的监管盲区“取巧”、“钻空”，使得金融风险暴露于监管之外，不利于市场稳定性。外资引入对于国家金融监管将提出新的挑战，挑战不仅在于对外资银行本身的监管，还在于对其带来的新型产品以及随之形成的整个产品市场的监管。就前者而言，一方面因为外资机构具有较强的监管规避能力，另一方面因为我国尚未建立起完整、完善的监管体系，很容易出现法律法规或者是监管机构和部门设置方面的空白导致监管缺失。就后者而言，称之为“新型产品”部分也就暗含了“尚未纳入监管体系”的含义，其初始生长必然就带有一定的监管风险。金融监管规避效应与金融监管完善效应之间的关系，可以说前者是为达成后者所付出的“学习”成本。金融监管完善效应的最终实现，部分就是因为在具体实践中不断发现有一定操作空间、监管漏洞，需要不断进行查漏补缺，进而日臻完善。在此过程中，不可避免的需要承担外资引入的金融监管规避效应所带来负面影响的成本代价。

三、外资引入影响银行业宏观市场稳定性的实证分析

1. 变量选取

（1）被解释变量

Z指数(Z-score)作为银行风险的衡量指标，首先由Boyd(1993)提出，此后被Levy和Micco（2003）、杨天宇（2013）等学者广泛使用。Z指数将银行风险细化为“被迫进行破产清算”，再进一步定义为“权益资本无法弥补亏损”。若以 π、E 和 A 分别表示净利润、权益资本（净资产）和总资产，则可将银行风险表示为：

$$\pi < -E$$

或

$$\mathrm{ROA} < -\frac{E}{A}$$

利用切比雪夫不等式，可以得到：

$$\mathrm{P}\left(\mathrm{ROA} \leqslant -\frac{E}{A}\right) \leqslant \frac{\sigma_{ROA}^2}{\left(\mu_{ROA} + \frac{E}{A}\right)^2} \equiv \frac{1}{Z^2}$$

μ_{ROA}、σ_{ROA}^2分别代表了ROA(总资产收益率)分布的均值和方差。由上式可见，Z指数越大，意味着银行发生破产清算的可能性越小，银行风险越小、稳定性越好。世界银行基于Bankscope数据库，计算提供了各国在银行行业层面的Z指数数据，用于衡量一国银行体系发生违约的可能性。本章即以此作为模型被解释变量。

（2）解释变量

即用于衡量外资在一国银行业占比份额的变量。本章参考以往文献中的普遍做法，采用外资控股银行占国内银行业金融机构

总资产比例（*ForAsst*）作为解释变量。外资控股银行指外资持股比例占 50% 以上的银行。

（3）控制变量

控制变量的选取首先要从金融安全以及银行业稳定性相关理论文献出发，其次要结合数据可得性。本章主要参考 Hagen 和 Ho（2007）的研究，从银行业、宏观经济以及制度因素三个层面设置控制变量。行业层面包括企业资产资本化率（CAP）即国内所有上市公司的总市值对 GDP 占比，以此衡量一国金融市场的发达程度；宏观经济层面包括 GDP 增速变量（GDP）、通货膨胀变量（Infl）、实际利率变量（RealR）即名义利率扣减通货膨胀率、汇率变量（EXR）即美元兑本国货币比率的同比变动率；制度层面包括货币增发变量（M0）即基础货币增长率和金融自由度变量（Free）即根据一国利率水平是否实现了自由浮动分别设为 1、0[①]。此外，为控制时间变化影响以及国家之间的个体差异，本章考虑引入时间趋势项（time）和国家个体虚拟变量以提高分析结果的稳健性。

2. 样本描述和数据来源

本章采用面板数据，截取时间区间为 2000~2014 年共 15 年，数据频率为年度；选取数据可得性和连续性较好的 61 个国家形成模型样本，包括了 23 个发达国家和 38 个发展中国家；截至 2014 年，样本国家的人口总数和 GDP 总量分别占到了世界总值的 73.59% 和 89.95%，因此本章所选样本较全面的覆盖了全球国

---

① 一国是否实现利率自由浮动主要参考了Honohan（2000）、Kaminsky和Schmukler（2002）、Maimbo（2014）的整理研究。

家，具有较好的代表性。

本章所用银行业相关数据搜集自 Bankscope 数据库，Z 指数及 GDP 等数据则来自世界银行，其中若出现数据缺失则查阅 IFS 数据库和各国统计局、央行公开数据加以补充、修正。各变量的描述性统计如表 12.1 所示。

表 12.1　　各变量描述性统计

变量	变量含义	观察值数	均值	标准差	最小值	最大值
Zscore	Z 指数	899	11.6441	7.5585	-6.7196	38.4778
ForAsst	外资控股银行占国内银行业金融机构总资产比例	750	28.5644	20.6342	0.0190	88.6254
CAP	一国上市公司总市值对 GDP 占比	841	61.1856	55.8910	0	299.5700
GDP	GDP 增速变量	905	3.5796	3.2953	-10.8900	15.2400
Infl	通货膨胀变量	899	4.4635	4.8385	-4.4799	54.9154
M0	货币增发变量	864	12.4030	14.1092	-47.2844	99.9638
RealR	实际利率变量	868	5.3234	7.1215	-18.3300	48.3400
EXR	汇率变量	883	0.7266	9.0103	-28.7511	60.2233
Free	金融自由度变量	915	0.7792	0.4150	0	1

3. 模型设定

本章借鉴 Hagen 和 Ho（2007）的研究方法来设定实证模型，选取外资控股银行占国内银行业金融机构总资产比例（*ForAsst*）作为解释变量，以 Z 指数作为被解释变量。基本的模型设定如下：

$$\text{Zscore}_{it}=\alpha_i+\beta ForAsst_{it}+X'_{it}\gamma+\sum_{i=1}^{61}\theta_i country_i+\mu_i+\nu_t+\varepsilon_{it}$$

其中，下标 i=1，2…61，代表 61 个样本国家；t=1，2…15，代表 15 个年度时间段。Zscore_{it} 表示 t 时期 i 国对应的 Z 指数；

除 *ForAsst* 之外，α 表示常数项，X 表示前文所述的各控制变量；μ_i 表示不随时间变化的个体特定效应，ν_t 表示仅随时间变化的时间效应，ε_{it} 表示与解释变量无关的随机扰动项。此外，为保证模型稳健性，本章将引入 *ForAsst* 二次项变量（*ForAsst*2）及国家个体虚拟变量 $country_i$（i=1，2…61）。

本章采用面板数据回归方法进行实证分析。其中基本回归模型包括固定效应模型（FE）和随机效应模型（RE），利用 Hausman 检验判断两者中哪一个更为适用；修正模型为用以解决组间同期相关、组内自相关以及组间异方差问题的 FGLS 模型（XTGLS），其中根据误差项一阶自回归系数是否相同区分为两种情况：一是系数均相同（$\rho_i=\rho$）；二是系数各不相同（$\rho_t \neq \rho_j$）。参考文献的普遍做法，本章将以 FE 模型和 RE 模型为主进行回归，并将其结果作为核心分析依据。

4. 实证结果及分析

在不包含或包含国家个体虚拟变量的情况下，Hausman 检验结果均表明随机效应模型较固定效应模型更加适合。相关检验表明模型同时存在自相关和异方差性问题，下文将采用 XTGLS 法分两种情况对基本回归结果进行修正。

综合 FE、RE 模型的回归结果来看，加入或不加入 *ForAsst* 二次项变量，*ForAsst* 及其二次项均在 1% 的显著性水平下呈显著；包含二次项变量的 FGLS 模型中，仅二次项变量呈显著，但对 *ForAsst* 及其二次项进行联合显著性检验后发现，两个变量在 1% 的显著性水平下呈联合显著。主要的回归结果如表 12.2 所示。

表 12.2　　外资引入对银行业宏观市场稳定性的影响分析

Z-score	不包含 *ForAsst* 二次项变量				包含 *ForAsst* 二次项变量			
	FE	RE	AR1_GLS	PSAR1_GLS	FE	RE	AR1_GLS	PSAR1_GLS
	（模型 1）	（模型 2）	（模型 3）	（模型 4）	（模型 1）	（模型 2）	（模型 3）	（模型 4）
ForAsst	−0.0471**	−0.0471**	−0.0360***	−0.0464***	0.200***	0.200***	0.0441	0.0345
	（0.0218）	（0.0218）	（0.0120）	（0.0110）	（0.0545）	（0.0545）	（0.0283）	（0.0261）
ForAsst2					−0.0029***	−0.0029***	−0.0011***	−0.0011***
					（0.000589）	（0.000589）	（0.000348）	（0.000327）
CAP	0.0381***	0.0381***	0.0163***	0.0187***	0.0376***	0.0376***	0.0158***	0.0168***
	（0.00503）	（0.00503）	（0.00264）	（0.00239）	（0.00493）	（0.00493）	（0.00267）	（0.00242）
GDP	0.0395	0.0395	0.0246	0.0144	0.0458	0.0458	0.0262	0.0203
	（0.0459）	（0.0459）	（0.0170）	（0.0156）	（0.0450）	（0.0450）	（0.0175）	（0.0160）
Infl	0.117***	0.117***	0.00992	0.0269*	0.115***	0.115***	0.00620	0.0168
	（0.0428）	（0.0428）	（0.0155）	（0.0143）	（0.0419）	（0.0419）	（0.0164）	（0.0148）
M0	0.0177*	0.0177*	0.000289	0.00211	0.0178**	0.0178**	−0.00107	0.000869
	（0.00922）	（0.00922）	（0.00356）	（0.00327）	（0.00904）	（0.00904）	（0.00365）	（0.00331）
RealR	0.0266	0.0266	0.00656	0.000664	0.0385	0.0385	0.00584	0.000272
	（0.0286）	（0.0286）	（0.0104）	（0.00912）	（0.0282）	（0.0282）	（0.0111）	（0.00955）

续表

Z-score	不包含 *ForAsst* 二次项变量				包含 *ForAsst* 二次项变量			
	FE	RE	AR1_GLS	PSAR1_GLS	FE	RE	AR1_GLS	PSAR1_GLS
	（模型 1）	（模型 2）	（模型 3）	（模型 4）	（模型 1）	（模型 2）	（模型 3）	（模型 4）
EXR	0.00576	0.00576	0.00385	0.00862^{**}	0.0127	0.0127	0.00448	0.00766^{*}
	（0.0147）	（0.0147）	（0.00465）	（0.00404）	（0.0145）	（0.0145）	（0.00489）	（0.00436）
Free		-12.83^{***}	-12.58^{***}	0.313		-16.82^{***}	-13.68^{***}	-4.101
		（1.346）	（1.765）	（4.918）		（1.549）	（1.806）	（3.346）
time	0.218^{***}	0.218^{***}	0.104^{***}	0.103^{***}	0.193^{***}	0.193^{***}	0.0996^{***}	0.0991^{***}
	（0.0320）	（0.0320）	（0.0169）	（0.0156）	（0.0318）	（0.0318）	（0.0179）	（0.0170）
国家虚拟变量	√	√	√	√	√	√	√	√
Constant	-427.3^{***}	-423.2^{***}	-194.2^{***}	-204.5^{***}	-381.8^{***}	-375.5^{***}	-185.1^{***}	-193.4^{***}
	（64.35）	（64.34）	（34.05）	（31.64）	（63.76）	（63.81）	（36.02）	（34.16）
Obs	639	639	639	639	639	639	639	639
R-squared	0.194				0.227			

注：括号内为标准差，其中 *** $p<0.01$，** $p<0.05$，* $p<0.1$。

从回归结果可以看到，整体上而言，外资控股银行占一国银行业资产比例的增加将使得 Z 指数减小，即提高了一国银行体系的风险，降低了宏观市场稳定性；而加入二次项变量进行进一步回归后发现，Z 指数随着银行业外资占比的提高呈现先增大后减小的趋势，即宏观市场稳定性与外资占比之间存在倒 U 型关系。由此可以看到，在外资占比较低、行业尚处相对封闭状态时，适度提高银行业对外开放程度、着力引进外资对宏观市场稳定性的影响是以积极效应为主，但若实行激进的开放政策使得外资占比在短期内大幅提升，或当外资已占据相当比例的行业份额时又进一步对外引资，这对于宏观市场稳定性而言，消极效应将超出积极效应。这种从正面到负面的影响方向随外资占比提高所发生的转变，主要源自以下两个方面。

其一是外资引入所带来的积极效应的弱化甚至逆转。就市场竞争效应而言，外资进入对于一个相对封闭的银行体系，不仅是增加了金融服务供给者的数量，更提高了市场参与者的多样化程度；其形成的竞争威胁，足以激励国内金融机构加大创新力度、提升服务质量，但又不至于对原有银行体系造成过分冲击。但当一国过快引入外资或过多依赖外资提供金融服务，这将挤占国内金融机构的生存和发展空间，反而将降低市场组成的多样性和丰富度，期间还会因整个银行体系在结构上的更替变动影响金融市场甚至经济稳定。就金融文化重构效应而言，外资引入重构东道国金融文化的理想途径应是“化外”而非“外化”。前者指外资所带来的规则、标准能够与本国的传统文化相结合，寻求两者的共同点、磨合两者的差异之处，最终形成一套符合双方基本原则、在具体行事方式上更加注重本国特点同时能得到彼此接受认可的制度规范，而这一套制度规范，既适用于国内金融机构，也为外资所遵循。后者指完全参照外资的运作模式对本国的金融文化进行重塑再造，这一做法因忽略了地区差异和发展阶段差异，易造成“不兼容”、“不消化”反应。而当外资在一国银行业中占据了相当份额，无论是基于主动还是被动因素，在东道国都更易发生“外化”的情况，从而不利于宏观市场稳定性。

其二是外资引入所带来的消极效应的放大和加强。对于资本外撤效应，主要指一旦发生资本外撤，将给外资占比高的国家银行体系带来更大冲击；对于外资母国风险传导效应，则兼具了过程放大和结果放大两方面。首先，外部经济波动更易传导到开放程度高、对外联系更加密切的国家，导致此类国家国内外经济周期变化“共振”；再者，外部风险传导至本国后，将对国内金融系统造成更严重的负面影响。对于金融监管规避效应，主要体现在外资占比高的国家需要为最终实现金融监管完善效应付出更大的制度变迁成本。一方面高外资占比意味着更活跃的外资活动、更可能在短期内即形成的创新金融产品市场，这就对东道国当前尚不成熟的金融监管体系提出了更大挑战；另一方面，高外资占比意味着目标达到的监管框架中必然包含了更多的“舶来”成分，与现有监管体系之间的差距更大，制度变迁需要经历更长的路程、付出更大的成本。

从外资引入是一国金融自由化的重要环节这一视角出发，其所带来的对于金融安全、宏观市场稳定性的负面影响，实质上是金融体系中由于金融自由化的推进而产生的金融脆弱性或曰金融脆化现象的体现。金融自由化不是一个事件（event），而是一个过程（process），需要稳定的宏观经济环境、高质量的制度环境、有效而及时的政府控制作为后盾（王曙光，2010）。而在实践中可以看到的泰国、印度尼西亚等亚洲国家以及阿根廷等拉美国家在开放银行业、开放资本项目后发生了剧烈的经济波动甚至金融危机，往往与上述国家缺乏稳定的宏观经济环境，价格形成机制与资源配置又存在政策性扭曲、制度质量较低直接相关。

四、外资引入影响银行业宏观市场稳定性的倒 U 型关系曲线及其政策含义

1. 外资引入影响银行业宏观市场稳定性的倒U型关系曲线分析

基于实证结果，我们得到了“银行业宏观市场稳定性与外资引入之间存在倒 U 型关系曲线”的结论。就曲线本身而言，存在从上升转为下降趋势的极值点这一关键结点（图 12.1），代表了外资引入对宏观市场稳定性的促进作用逐渐减弱、削弱作用不断加强，整体效应由正面转为负面的临界点。如上文中所论述，随着外资占比的提高，三大积极效应有逐渐弱化甚至逆转的趋势，而三大消极效应有放大和强化的趋势。此两种趋势反映到曲线上即形成了极值点，意味着消极效应不断放大并超出了积极效应。

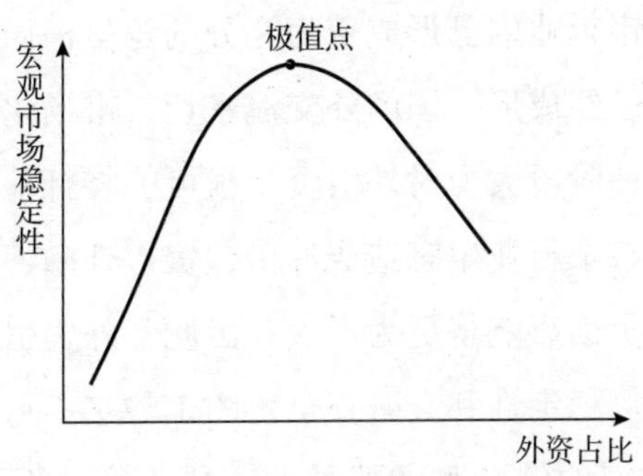

图 12.1　银行业宏观市场稳定性与外资引入的倒 U 型关系曲线：拐点与极值点

外资引入影响银行业宏观市场稳定性的倒 U 型关系曲线同时具有时间和空间两方面含义。从时间角度出发，倒 U 型曲线所体现的每一段趋势——快速上升、上升速度放缓并开始趋平、逐渐下降，分别对应了一个国家不同的发展阶段。在发展初期，经济基础薄弱、资本积累不足、技术人才匮乏，外资的引入能够有效补充资本，对国内金融机构形成强有力的竞争从而刺激创新、提升技术和管理水平，其所带来的一套完整成熟的信用文化制度体系，对于一国重塑国内金融文化、构建金融监管框架具有很高的参考和借鉴价值，综上，外资引入对维护国家银行业宏观市场稳定性和金融安全起到了重要甚至关键性的作用；到发展中期，已基本脱离“资本饥渴”阶段，国民人均收入、教育水平都得到了较大提高，金融系统建设日臻完善，此时引入外资所能够带来的市场竞争效应、金融文化重构效应及金融监管完善效应不及初期阶段显著，且资本外撤效应、外资母国风险传导效应也会随着一国国际化程度的提高、参与国际分工的深入逐渐凸显，外资引入对宏观市场稳定性和金融安全的促进和维护作用开始减弱；到发展后期，一国银行业内已形成较为充分的竞争格局，金融监管体系、金融文化已经成形，国内外交流密切，市场化程度和开放度均较高，在这一阶段大力对外引资，很可能将打乱现有的均衡格局，对监管及整个行业生态造成冲击，资本外撤、外资母国风险传导所导致的负面影响将更为巨大，由此，外资引入将不利于东道国的宏观市场稳定性和金融安全（图 12.2）。这里还需要注意的是，一个国家的倒 U 型曲线并非一成不变，而是随着制度体系的健全优化、金融市场的不断发展而处于动态变化过程中（图 12.3）。最终可以实现的最优状态，可能并非发展初期所对应的最优状态。

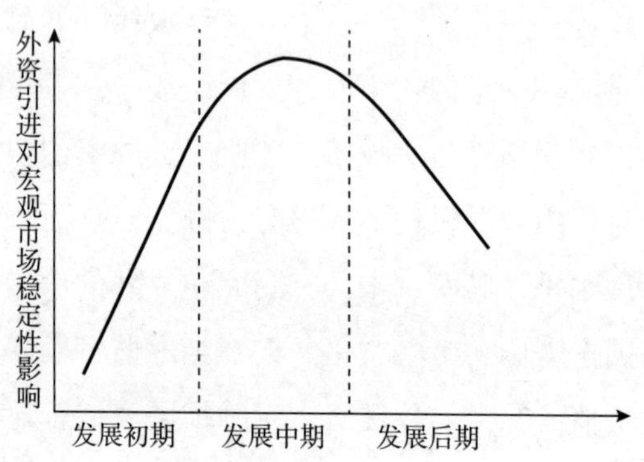

图 12.2　银行业宏观市场稳定性与外资引入的倒 U 型关系曲线：区分不同发展阶段

从空间角度出发，每一个国家的倒 U 型曲线各自不同，包括曲线极值点所对应的外资占比不同，以及曲线呈“高峰瘦尾”、“低峰肥尾”等在形态有所不同。纵观各个国家、地区的银行业外资占比，可以看到在发达经济体之间、发展中经济体之间也存在着较大差异（表 12.3）。这种差异，有发展阶段的原因，但更多是源自

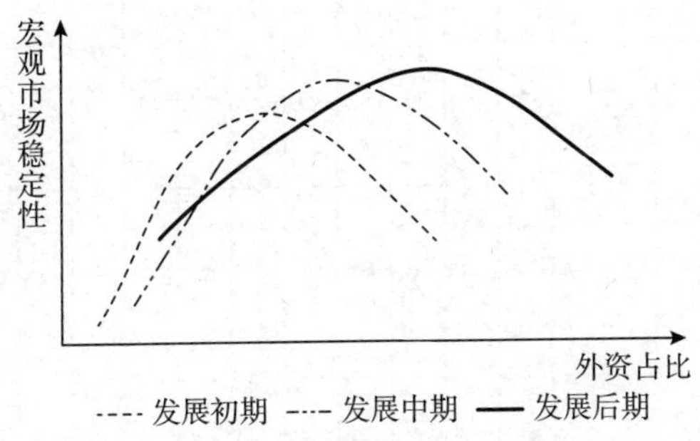

图 12.3　银行宏观市场稳定性与外资引入的倒 U 型关系曲线：随一国发展的动态变化

不同国家的经济基础、制度文化差异。对于一个长期实行金融抑制政策、具有“强政府、弱市场”特征的历史传统的国家而言，外资引入对国内银行固有经营理念、方式，以及市场竞争格局将产生更大的影响和冲击，一方面，因竞争加剧或为追求风险溢价，以及风险分散技术的强化，银行的风险偏好提升，另一方面，显性或隐性存在的政府信用担保又使得银行实际负担成本的增加低于其应当额外承担的风险成本，因此，银行在资产组合中将配置更大比例的风险资产。尽管对于银行个体而言可能做到了风险充分分散，但对于全行业来说，系统性风险并不能被消除而是在整体上增加，从而对宏观市场稳定性产生负面影响。体现在倒 U 型曲线上，即外资引入带来的消极效应将更早凸显，极值点所对应外资占比相对较小，曲线的起伏波动更加剧烈。反之，对于一个市场导向、具有完善的产权和契约制度保障的国家而言，外资引入更易与本国的制度文化相融合，其所带来的积极效应和消极效应，对宏观市场稳定性的影响更加温和，体现在倒 U 型曲线上，即此类国家处于最优状态时能够“容纳”更大的外资份额，且曲线的波动幅度相对较小（图 12.4）。

表 12.3　　1999 及 2014 年部分国家外资控股银行的行业总资产占比（%）

高收入国家			中等偏上收入国家			中等偏下及低收入国家		
国家	外资占比（1999）	外资占比（2014）	国家	外资占比（1999）	外资占比（2014）	国家	外资占比（1999）	外资占比（2014）
冰岛	0	0	古巴		0	越南		4
澳大利亚	17	2	中国（内地）		2	老挝		8
奥地利	5	3	阿尔及利亚		5	吉尔吉斯斯坦		9
加拿大		3	俄罗斯	9	11	印度	0	14
日本	6	5	巴西	17	12	菲律宾	13	14
新加坡	50	5	哥伦比亚		13	玻利维亚	42	18
荷兰		7	伊朗		14	尼泊尔	35	20
挪威		8	约旦	68	15	肯尼亚		25
沙特阿拉伯		8	马来西亚	18	15	卢旺达	50	26
美国	5	9	阿根廷	49	16	斯里兰卡		28
丹麦		10	土耳其	66	25	突尼斯		28
以色列		12	泰国	7	33	埃及	4	30
斯洛文尼亚	5	22	黎巴嫩	27	34	印度尼西亚	7	35
德国	4	23	秘鲁	40	43	乌干达		41
韩国	0	23	纳米比亚		50	柬埔寨	71	48
智利	32	25	南非	5	51	巴基斯坦		50

续表

高收入国家			中等偏上收入国家			中等偏下及低收入国家		
国家	外资占比（1999）	外资占比（2014）	国家	外资占比（1999）	外资占比（2014）	国家	外资占比（1999）	外资占比（2014）
匈牙利	62	27	牙买加	44	55	萨尔瓦多	13	51
法国		28	墨西哥	20	56	津巴布韦		55
葡萄牙	12	28	格鲁吉亚		72	塞内加尔		59
希腊	5	33	黑山共和国		86	冈比亚	76	61
瑞士	9	35				科特迪瓦		68
英国		40				尼日尔		68
意大利	5	43				刚果		74
瑞典	2	43						
西班牙	11	49						
波兰	26	51						
爱尔兰		55						
芬兰	8	63						
新西兰	99	67						

注：表中根据世界银行的划分标准区别高、中等偏上、中等偏下及低收入国家；其中阿根廷、伊朗、尼日尔、葡萄牙的 2014 年银行业外资占比因数据缺失，列示的是 2013 年的数据。

数据来源：1999 年外资占比数据摘录自世界银行于 1999 年对全部成员国家的金融监管机构进行的一项问卷调查；2014 年外资占比数据来自 Bankscope 数据库及各国央行，经笔者计算得到。

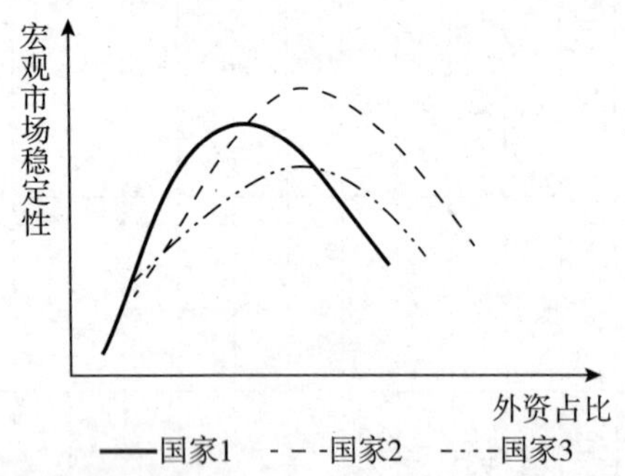

图 12.4 银行业宏观市场稳定性与外资引入的倒 U 型关系曲线：不同国家

2. 倒U型关系曲线的政策含义

（1）适度提高银行业外资占比——基于我国目前所处曲线位置

我国对于银行业的对外开放一直持有谨慎态度，在外资持股国内银行以及外资在华开设分支机构两种进入渠道上均有详细严格的规定，如单个境外机构以及境外机构合计对国内银行的持股比例分别不得超过 20%、25%，外国银行分行经营外汇业务和人民币业务要求持有的人民币及外汇运营资金分别应不少于 1 亿元人民币、2 亿元人民币等值的自由兑换货币。这在很大程度上限制了外资进入中国及其在国内的后续发展。2014 年，我国（内地）外资控股银行的行业总资产占比约为 2%（见表 12.3），这一比例无论是与高收入、中等偏上收入国家，还是中等偏下及低收入国家相比，都处于绝对低位。虽然本章并未就我国的倒 U 型曲线做进一步探究，但基于国家间横向比较，以及目前资本流动整体管控较严、银行业开放程度较低、金融市场尚未发展成熟的现实情况，可基本判断我国仍处在曲线左半部分偏初、中期阶段。适度降低外资进入门槛、提高行业外资占比对于银行业宏观市场稳定性和国家金融安全能够起到积极促进作用。

（2）健全完善金融监管体系制度及双向开放——基于倒U型曲线的动态变化

一国的倒U型曲线并非一成不变，而是处于不断的动态变化过程中。站在东道国的角度，一方面希望外资引入的积极效应最大化、消极效应最小化，即曲线在左半部分能够更加“陡峭”，在右半部分能够尽可能平缓；另一方面出于国际化与国际影响力的考虑，希望本国的银行体系、金融体系对外资具备一定的“容纳”能力，即极值点对应的外资占比至少不太小。而倒U型曲线的形态、位置，与一国金融监管体系和制度框架的完整、完善程度直接相关，甚至可以说，后者的变迁对曲线的变动路径具有决定性作用。

银行业开放、金融自由化很大程度上指的是政府对于金融体系的监管行为不断变迁的过程；而忽视制度建设的金融自由化必将带来金融风险和金融体系的动荡，影响金融自由化的绩效（滑冬玲，2006）。一个高效的金融监管体系，一方面能够精准地预防、惩治金融领域很可能诱发系统性风险的不合规行为，另一方面能为行业的成长、转型留下空间，进一步引导行业未来的发展趋势。要同时实现这两方面，需要宏观监管与微观追溯二者的相互配合和补充。前者指的是加强在宏观层面上对于系统性金融风险的防范，如对于相关指标的监测和预警、对于具有系统重要性的金融机构的监管。在我国正处分业经营向混业经营逐步过渡的早期阶段，宏观监管还包括了各职能部门的协调合作以及统一的监管标准、体系的建设。后者指的是重视对于微观金融机构的事中和事后监管，特别是在监测到系统性风险的预警信号时，能够快速追溯到相关责任个体，并采取相应应对措施。

行业准入机制，是银行业与金融体系制度建设的重要方面，也是保证公正公平的市场竞争、促进行业发育成熟的重要基础。一个双向开放、包容多元的市场体系，使得外资引入积极效应能够顺畅传导，同时增强了对其可能引致的消极效应的承受和缓冲能力。2005 年前后，我国银行业启动了全面的股份制改革，并大力引入境外战略投资者。彼时我国尚处“资本饥渴”期，外资引入是提高国有商业银行盈利和创新能力、补充资本金、降低不良贷款率的最直接、有效的措施。当前银行业、金融业再次面临转型和大发展，而我国已基本脱离了“资本饥渴”期，积累了较为充裕的金融和实体资本，特别是民营经济得到了长足快速发展。在这一情况下，银行业的改革、开放不应拘泥于外资引入，而更应重视民间资本的作用。事实上，民间资本已经积极地参与到银行体系的建设中来，2015 年，我国已有 100 余家中小商业银行的民间资本占比超过 50%，全国农村合作金融机构民间资本占比接近 90%，村镇银行民间资本占比超过 72%[①]。民间资本、民营企业对于银行而言不仅是资本提供者，其所处的领域如互联网行业所具备的特征，使得他们还能够成为技术支持者、数据分析者、风险管控者；同时，其日常接触、服务的客户群体多为个体、小微企业、创业者，这就使得他们能与传统银行形成错位竞争、优势互补。内外并举、重视民间资本的作用，应成为我国银行业新一轮改革、加大开放程度的重要途径。

① 数据来源：中国银监会2015年年报。

本章参考文献

[1] Akbar Y H, Mcbride J B. Multinational enterprise strategy, foreign direct investment and economic development: the case of the Hungarian banking industry. Journal of World Business, 2004, 39 (1)

[2] Boyd J H, Graham S L, Hewitt R S. Bank holding company mergers with nonbank financial firms: Effects on the risk of failure. Journal of Banking & Finance, 1993, 17(1)

[3] Clarke G, Cull R, Peria M S M, et al. Foreign bank entry - experience, implications for developing countries, and agenda for further research. World Bank Research Observer, 2003, 18 (1)

[4] Eller M, Haiss P, Steiner K. Foreign direct investment in the financial sector and economic growth in Central and Eastern Europe: The crucial role of the efficiency channel. Emerging Markets Review, 2006, 7 (4)

[5] Hagen J V, Tai-Kuang H O. Money Market Pressure and the Determinants of Banking Crises. Journal of Money Credit & Banking, 2007, 39 (5)

[6] 梁勇 . 开放的难题：发展中国家的金融安全 . 北京：高等教育出版社，1999

[7] 白钦先，常海中 . 关于现代金融发展趋势下金融安全问题的深层思考——兼议中国银行业引进外资与金融安全 . 东岳论丛，2006，27（6）

[8] 戴志敏，王海伦 . 外资参股国内银行及其对金融安全的影响 . 浙江大学学报：人文社会科学版，2008，38（2）

[9] 王曙光 . 金融发展理论 . 北京：中国发展出版社，2010

[10] 滑冬玲 . 转轨国家制度与金融自由化关系的实证研究 . 金融研究，2006（1）

第十三章

混合所有制视角下国家主权级农业产业基金构建与制度创新

本章发表于《农村金融研究》2017年第9期，作者：王曙光、冯璐、轩兴堃。

本章首次提出主权农业基金这一概念，试图探讨混合所有制背景下，构建一支由国有资本主导、多种所有制经济成分共同参与的、有足够能力承担并分散农业生产风险的主权级投融资基金平台的可行性，从而达到支持国家农业发展战略、推动中国特色农业现代化发展，保障国家农业安全之目的。本章对主权农业基金的内涵、特征、发起模式和组织形式进行了系统的研究，并针对主权农业基金面临的双重委托代理问题及公司内部治理等问题，提出了建立多元化投资主体的股权制衡、健全激励约束机制以及保持内部治理机制的独立性等政策建议。

一、引言：我国农业产业现状和农业主权级基金平台构建的必要性

十八届三中全会提出“积极发展国有资本、集体资本、非公有资本等交叉持股、相互融合的混合所有制经济”，标志着我国国企改革进入一个崭新的历史阶段，混合所有制改革有望在改革“深水区”成为进一步推动改革的重要突破口（李维安，2016）。而农业产业是关乎国计民生的基础性产业，如何充分调动国有资本，积极吸引多种所有制经济成分参与农业现代化建设和全球农业价值链构建，从而提升我国农业的国际竞争力，并保障国家粮食安全，是当下亟待解决的、关乎我国长治久安的重大命题。

混合所有制改革的本质在于通过产权的整合和竞争性市场的构建，打破垄断，营造更加平等的竞争环境，提高资源配置效率，形成良性资本运行机制。根据国家提出的构建混合所有制经济的

战略构想，本章首次提出构建“主权农业基金”这一国家级投融资基金平台的构想，它由国有资本主导发起，广泛吸收民营资本等多种所有制经济成分共同参与，具备承担并分散农业生产经营风险的能力，通过安全有效的资本投放及退出机制，从而达到推动国家农业产业发展战略的有效实施、保障国家农业安全、提升我国农业国际竞争力之目的。

近年来，我国农业产业的内部生产要素和外部环境发生了深刻变化，农业发展已进入跨越“中等收入陷阱”的关键期，农业发展进入占GDP10%的重要转折点（张红宇、张海阳等，2015），这意味着中国特色农业现代化已全面进入结构性调整的历史转型阶段，形成农业内部阶段性难题与外部国际环境压力交织并存的局面。从内部而言，土地、劳动力要素价格上涨推动农业生产成本上升，供需缺口不断增大埋下粮食安全隐患，长期粗犷的生产耕作方式使资源环境约束更趋紧迫。对于外部而言，在农业市场全球化加深的外部环境下，我国农业国际竞争力的提升面临严峻挑战。从统计数据看，近年来农产品进口规模增长迅猛，大宗农产品基本全面净进口[①]，国内外农产品价格持续倒挂。这意味着两个事实：其一，我国农业对外贸易依存度更高（1999~2011年，农业对外开放度从4.80%提高到10.72%[②]），国际农产品市场上的风险可以通过更广泛的渠道更直接迅速地向国内传递；其

① 数据来源：《2014年12月全国进口重点商品量值表》、《2014年12月全球进口重点商品量值表》，中华人民共和国海关总署（http://www.customs.gocv.cn）。

② 1980年中国农产品出口占国家外贸出口总额的23.92%，1985年下降为9.47%，1990年上升到13.82%;1992年农产品贸易顺差占全国外贸顺差的138.12%;1985~1999年农产品贸易顺差占全国外贸顺差的61.66%。

二，国外资本势力已深入甚至完成在中国农业产业领域上中下游的全产业链布局，开始影响甚至改变中国国内农产品产业价值链的基本架构（刘林青、周潞，2011），世界500强的涉农企业通过并购、参股等方式进入中国市场，加重了农业产业安全隐患。

可见，无论从宏观层面国家农业安全的视角，还是从微观层面促进企业所有制改革、提高农业要素配置效率的视角，构建一个主权级别的巨型农业基金平台，都是国家实现农业产业发展战略和保障国家农业安全的必要机制和战略举措。

二、主权农业基金的内涵、特征与构建动因分析

1. 主权农业基金的内涵

现有文献对农业产业基金的讨论多集中在“产业投资基金”这一概念上，不失一般性，认为农业基金与其他产业基金并无本质不同，只是私募股权基金在农业行业中的一种特殊应用；也有学者认为农业产业投资基金是一种投融资制度（杨启智，2012），表现为将产业投资基金与农业产业经营相结合，促进农业龙头企业的发展。由于2010年我国才成立第一家农业产业投资基金“河南农业产业投资基金”，国内对这方面的研究并不系统和深入，现有文献一般把农业产业投资基金理解为由政府发起，对农业产业化经营龙头企业进行股权投资和提供经营管理服务的一种风险共担、利益共享的集合投资制度（廖建湘，2012）。

本章提出的“主权级农业产业基金”（或简称为“主权农业基金”）有其国家发展战略层面上的独特内涵。它是由一国政府拥有和管理的，以国有资本为主导、多种所有制经济成分共同参与发起的，以支持国家农业产业发展战略为目标，兼具增值盈利功能的、运用市场化机制进行运作的国家主权级基金平台。其战略目标主要是保障国家农业安全、调整农业产业内部结构、推动国有涉农企业混合所有制改革、促进国家农业技术创新、提升农业产业国际竞争力。从本质上讲，主权农业基金属于市场化的、专门化的、国家级的、战略性的长期机构投资者。该平台通过现代投资基金制度，借助于市场主导力量，融合多种所有制经济主体，承载着引导农业产业发展的职能。在追求经济效益并保证基金可持续发展的同时，更重视社会效益和正外部性，更重视承担社会责任。

2. 主权农业基金的特征

该基金平台在设立初衷上有别于普通的产业投资基金，具体来说，有以下四大鲜明特征。

第一，它的所有权属于国家政府，国有资本占绝对控股地位。它以保障国家农业安全、提升我国农业产业国际竞争力为目标，以充分灵活配置各种经济成分和社会资源为手段，广泛吸纳多种经济主体参与多元化、分散化的投资组合，实现利益共享、风险共担。

第二，它充分调动多种所有制经济成分，是推动当下国有企业混合所有制改革的制度选择和路径选择。“混改”的本质在于适度放开竞争，打破垄断，提高资源配置效率，形成良性的资本运行机制。主权农业基金的设立充分体现股权多样性，鼓励不同所有制主体积极参与到平台的投融资项目中，可成为改革进程的推动机制和实施路径。

第三，投资目的在增值盈利的前提下，兼具支持国家农业产业发展战略的目的。

第四，投资方式和基金运行方式专业化、市场化，要建立市场化的运作机制，建立符合市场经济要求的规范的内部治理结构。

3. 主权农业基金的创立动因

构建主权农业基金的内在动机，涉及到现阶段及未来我国农业产业发展的许多重大课题，主要有以下五大动因。

①保障国家粮食安全，保证农产品的有效供给能力增长与国民对农产品需求的刚性增长相匹配。粮食安全始终是关系我国国民经济发展、社会稳定和国家自立的全局性重大战略问题。我国的粮食安全问题正处在由第二阶段向第三阶段转型的历时进程中[①]，能否实现这一跨越，关键在于能否使农产品的有效供给能力与人们对农产品日益增长的需求相匹配。中国必须立足于国内资源实现粮食基本自给，主权农业基金有助于国家在战略层面执

---

① 粮食安全具有鲜明的阶段性特征，目前国内比较统一的认识是三阶段论（朱信凯，2012）:粮食安全的第一阶段是国民经济发展水平较低时期，改革开放以前是比较典型的第一阶段；第二阶段是国民经济发展到中等水平。其基本特征是粮食生产已经可以在总量上满足需求，社会已经摆脱了粮食短缺的困扰，小康社会的种种特征日益明显。这一时期粮食商品化率有了很大程度的提高，城镇人口占总人口的比重也接近50%。粮食安全的第三阶段是国民经济发展到工业化水平时期。二元经济结构得到根本改变，粮食生产已经基本实现了规模化和机械化。我国的粮食安全问题正处在由第二阶段向第三阶段转型的历时进程中，即逐步以食物安全取代粮食安全，除了保证日益增长的人口对农产品需求增长的压力，还应重点关注人们对农产品质量不断提高的愿望（熊启泉，2014）。

行立足国内解决粮食问题这一基本方针。

②深化农业供给侧改革，不仅重视农产品总产量供需的基本平衡，而且更加重视优化农产品供给内部结构的平衡，充分发挥市场机制和价格机制的作用，提高农产品供给质量。当前，我国农产品市场结构性过剩与结构性短缺并存，究其原因在于市场的供给与需求不匹配，没有尊重市场机制的运行规律，粮食收储制度需要改革，主权农业基金有助于完善价格机制的运行，发挥市场在配置资源中的决定性作用。

③助力农业产业化跨越式阶段，提高农民组织化程度，继续推进农民专业合作组织建设，使生产集约化、专业化。长期以来，我国采用小规模家庭经营的组织形式，这种组织形式引致了生产效率的长期低下。在产业化进程的跨越阶段，需要主权基金通过对资本资源的运作，推进农民专业合作组织的发展，培育龙头农业企业集团，使农业生产集约化、规模化、专业化，从而有效改善中国农业的整体竞争力和抗风险能力。

④推动农业技术进步，提高全要素生产率，提高农产品质量。农产品有效供给能力的增长主要取决于农业生产要素的变化和农业的技术创新。目前中国的农业要素禀赋中，高素质劳动力正在经历非农化历程，剩余劳动力素质普遍较低，而数量固定不变的生产要素如土地资源、淡水资源等在人均层面又相对匮乏，解决的关键在于提高稀缺要素的生产效率，进行农业技术创新。在当前诱致性的技术变革模式下，主权农业基金可充分调动背后的资本资源，迅速开展农业技术的创新和推广。

⑤帮助本国农业企业积极参与全球农业价值链构建，形成一

定的产品议价能力和渠道控制能力，提高我国农产品产业在国际上的话语权和竞争力。当下，全球农产品价值链正在被巨型跨国涉农公司逐渐主导①（刘林青，2011），我国农业企业国际竞争力明显不足，需要主权基金平台积极培育本土农业企业，并利用国家力量适度干预跨国企业对本土农业价值链的渗透和控制，对民族企业被“挤出”的困境采取相应的援救措施。

三、主权农业基金的发起模式、组织形式及结构设计

1. 基金的发起模式

主权农业基金采取政府引导发起、市场化运作的模式。该模式由政府主导设立，财政部门、农业部门、国有企业以及金融机构共同参与注资，社会投资者根据自身意愿参与投资。主权农业基金将成立市场化、专业化的投融资管理机构，按照商业运作原则进行基金的日常管理，依据市场机制和量化金融工具进行科学系统的投融资决策。

这种模式与我国现阶段的资本市场发育程度相匹配。截至

① 在财富500强62家“涉农企业”中，美国有20家，英国8家，法国、德国和日本各6家，荷兰4家，瑞士3家，澳大利亚、比利时和韩国各2家，中国、加拿大和沙特阿拉伯各1家。可以看出，基本上是西方发达国家的企业控制着农产品全球价值链。而中国只有中粮集团排在其中。进一步的跟踪调查表明（刘林青，2009），世界500强中的“涉农企业”大多已在中国完成初步布局，开始影响甚至改变中国国内农产品产业价值链的基本架构，民族产业有被“挤出”的风险。

2015 年，我国创业投资私募股权市场 LP 的可投中国 VC/PE 金额占比前三位分别是上市公司（25.1%）、公共养老基金（19.2%）和主权财富基金（17.3%），在这种结构下，政府引导市场化运作的模式最具可行性。这种模式可以实现政府引导社会资本投资农业产业的目的，在更大范围内混合配置多种所有制经济成分共同参与投融资活动，推动国企改革，有效利用市场资源。但需要特别注意的是，只有政府对主权农业基金拥有最终控制权，因此期初阶段，这种模式下政府和投资者的地位并不平等，需在发展的中后期阶段，推动基金治理结构的市场化改革，逐步以市场化运作代替行政性指令。

2. 组织形式及结构设计

主权农业基金属于私法规范下的公司型主权基金，依照公司法的规章制度规范设立，国家保持绝对控股，是采取私营公司经营形式的商业化的国有机构。

主权农业基金持有人为政府、国有企业及投资者股东。股东结构充分体现混合所有制的原则，鼓励国有资本与民营资本交叉持股。其中，政府和国有资本占绝对控股地位，对基金行使出资人职责。主权农业基金采取专门投资机构管理模式下，政府以行使股东权的方式来参与经营管理。政府可行使职能一般包括：提名任命主权农业基金管理机构的董事长及董事会成员；决定是否注资或增发股份；审议主权农业基金报告等。政府应给予投资管理机构充分的经营自主权，但对于某些国家政策、重大决定以及大型的民营化项目等，基金公司必须向政府咨询。

主权农业基金采用公司制经营管理机构，具备完善的董事会、管理层、监事会等公司治理结构。董事会负责制定公司总体投资策略与投资组合，并对业绩进行评估。同时，下设专门委员会负责协助董事会在审计、风险管理、薪酬制度以及人事任免等方面发挥实质性作用，新加坡淡马锡的各类委员会治理结构对我国有很好的借鉴作用（苏小勇，2011）。淡马锡董事会为管理层提供了总体指导原则和方针，并授权于各委员会、总裁和管理层，批准年度报告。政府决定董事会成员和总裁的任免，应特别注意董事会成员中非政府部门人员如具备专业素质人员的比例，参照淡马锡等成功投资管理企业的管理，该比例往往达到一半以上。

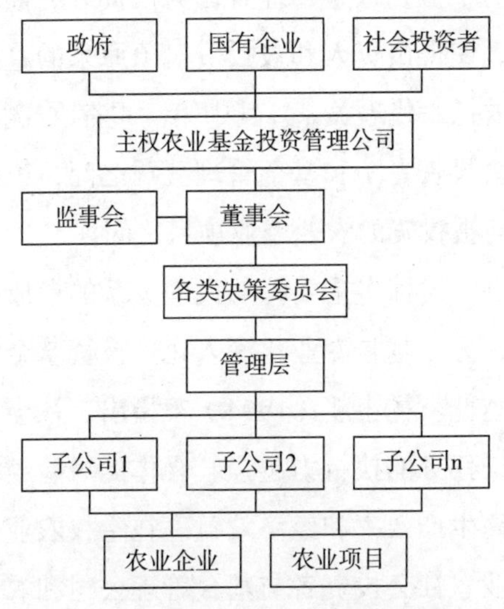

图 13.1　主权农业基金组织结构图

主权农业基金总公司下设独立子公司，分别投资于不同的领域，总体保证投向农业领域支持产业发展。子公司的股权设置更加灵活，鼓励国有资本和私营资本充分交叉持股，高效配置资源。子公司均需建立相对规范的公司治理结构，具备相对独立的董事会、管理层，保证参与决策的专业人员的比例。

四、双重委托—代理下主权农业基金的内部治理难题

1. 双重委托—代理关系的形成、内部人控制与道德风险

主权农业基金是基金投资者和被投资的农业企业之间风险分担、利益共享的平台。基金管理者作为投资方的代理人和被投资企业的委托人，使得出资人和被投资对象原来的直接交易关系，转变为双重的委托—代理关系。其中第一重存在于投资者（政府、国有企业及社会投资者）和基金管理公司之间，第二重则存在于基金管理公司与被投资的农业企业项目之间。

从本质上讲，这种多重委托—代理关系的形成起源于社会分工方式的变化，分工越是专业化深入化，投资基金的市场效率越高，治理成本越低。杨小凯（1994）曾指出，社会分工合作的相互信任度越高，任务的执行力越强，合作的风险越小，分工则越发达，从而提高生产效率和经济效益。在主权农业基金结构中，政府、国有企业、社会投资者与基金管理公司和农业企业三者实现了合作分工，其中，政府、国企及投资者与基金管理公司形成

了第一层基于委托—代理关系的分工；基金管理公司与被投资的农业企业则形成了第二层分工。这种多层次分工在节约交易成本降低风险的同时，也会出现因交易次数增加和信息不对称而带来的成本增加、代理租金上涨等问题，因此，分工层次的最终优化结果会停留在分层的边际收益等于交易的边际成本这一水平。可见，委托—代理关系的形成是以提高市场总体交易效率和经营效益为目的，以基金参与者的多层次分工节约交易成本为手段的，是一种制度化选择过程的必然结果。

然而，在非完全竞争市场的条件下，最终很难实现这一优化结果。首先，在第一重委托—代理关系中，基金投资者和拥有实际控制权的基金管理者之间往往存在信息不对称、利益不一致以及契约不完全等问题，使基金管理者有动机偏离基金价值最大化目标而采取机会主义行为，甚至投向回报率高、风险较大的非农业领域项目。根据现代企业理论，只要企业的所有权与经营权相分离，就不可避免地出现“内部人控制”问题。在信息不对称和契约不完备的情况下，基金管理者受到的监督和约束有限，因此有更大概率利用投资者委托的经营权来获取剩余控制权，侵害股东权益。但在我国，内部人控制的表现形式多为“一股独大”的国有股持有者和经理人明分暗合，两者合谋共同控制公司，侵害其他股东权益（龙翠红，2005）。主权农业基金有明显的政府背景，政府是主权农业基金的重要出资人和发起者，作为大股东必然会派出董事会成员、监事会成员参与基金的运行管理与投资决策，在此过程中，董事长与总经理有可能两职合一（或虽然表面上分开而本质上合一），董事会成员中内部董事人数的比例往往过高，公司经理人在缺乏合理的激励约束政策下，也极其容易出现与大股东合谋攫取基金公司利益的行为，形成内部人控制。这些问题与目前我国国有企业股权治理难题高度相似，也是新一轮混合所有制改革试图解决的核心命题。

其次，在第二重委托—代理关系中，基金经理人又是被投资农业企业的委托人，他同时也要面对农业企业经营者的道德风险和逆向选择行为，比如经营者夸大经营业绩、故意隐瞒企业财务状况、出具虚假财务报表从而骗取主权农业基金资金、不及时向基金管理者分配利润以及“搭便车”[①]等行为，同时，基金管理者还要面临农业企业投资决策失败等风险。综上，在双重委托—代理关系下，第一层内部人控制问题和第二层道德风险及逆向选择难题不可避免，关键在于如何设计一套激励约束机制，缩小委托人和代理人之间的目标差距，诱导代理人采取使委托人利益最大化的行动。

2. 传统股权治理文化根深蒂固，缺乏约束制衡机制

产权主体之间有效的股权制衡机制有利于约束代理人内部控制倾向，提升经营激励效果，并形成对经理层的有效监督。一个有效率的均衡的股权结构必然满足以下两个条件：第一，最大控股股东在不影响相对控股地位的前提下，应使股权杠杆作用发挥至最大，为保住控股地位，最佳方式为不断提升公司业绩和发展潜力，防止在杠杆效应加大的过程中被其他股东取代；第二，其

---

① 由于企业经营主要是智力劳动，工作很难量化，导致工作人员不努力，而分享整个团队的成果。

他任何股东或股东的联合（不包括最大股东），都有机会取代最大股东的控制权。两个条件互为约束，共同刻画了大小股东利益共享且互相竞争的最优股权结构路径。很显然，以上两个条件对于主权农业基金提出了较大挑战。在浓郁的政府背景下成立的基金平台，国有资本是超级股东，“政企合一”的公司治理文化根深蒂固，国有资本拥有更高的谈判能力，有可能对企业的运营产生“超强控制”。对于非国有资本的中小股东来说，他们加入主权农业基金并愿意参与混合所有制改革的初衷，大多为获得较为稳定的期望收益，对于在股东大会中是否有话语权、是否可以参与公司的经营决策并不十分热衷，长期以来我国形成的国有资本大股东的强势文化也使中小股东形成了认知及行为惯性，从而在一定程度上增大了主权农业基金法人治理不完善的可能性。

可见，主权农业基金在吸纳多种所有制资本的过程中，面临着不同的权利认知取向及行为认知惯性，其背后的深刻含义是不同所有制企业下股权治理文化的差异。只有经过较长时期的认知与行为的协调，坚持市场在混合所有制改革中的主导地位，实现股权治理文化中的平等、独立、自主，才能使主权农业基金成为真正独立自由的市场主体。

3. 激励制度市场化不足，政府过度干预并施加政策性负担

国家一方面扮演基金所有者角色，行使股东职权，作为代理人的公司主管部门及国有资产管理部门，因其缺乏对国有资本回报、财务指标及激励约束条件明确的责任条款和经营业绩合同，

容易造成基金公司产权主体实际上的“缺位”；同时，政府又是公共职责的履行者，国家利益的代表，因此很可能通过主权农业基金实现其政治意图——保持稳定的社会环境或实现其他的政治经济目标，并通过政府权力和人事任免对董事会施加压力，派遣政府官员担任董事会职务，并在人员激励设计上与政治仕途的升迁紧密联系。这些因素均使基金公司管理层的人员配置带有浓厚的政府色彩，意图使基金承担政策性或社会性负担，很可能使主权农业基金偏离自身价值最大化目标。由于主权农业基金发起的背景是政府投入及国有资本出资，在很大概率上会出现政府过多介入及监管越界的现象，并通过强制力将其不适当的目标强加于主权农业基金，使基金治理目标多元化，治理结构扭曲，政策性负担过重，受制于隐性的预算软约束。

五、混合所有制视角下的主权农业基金治理：治理结构、股权结构和文化转型

1. 完善激励约束制度，用渐进的市场化薪酬体制激发经理代理人的能动性，从行政型治理转向市场型治理

激励机制本质上是一种用市场化手段提高生产要素生产效率的市场机制。在我国市场化程度不足及要素流动不足的现状下，薪酬制度的设计不免出现受到行政性约束和追求市场经济目标并存的双重特性，显然，用非市场化的手段来激励企业员工完成市

场化的经济目标，可能降低资源配置的效率，无法调动基金管理层人员的积极性。因此，需要完善对作为代理人的国有资本出资人代表的激励约束机制。这里应特别提到的是，由于主权农业基金具有公共资产的性质，理论上属于全民所有，因此基金的治理目标为基金价值最大化、全民福利的最大化，而不仅仅是股东价值最大化。明确了这一治理目标，才能为制度设计找到靶心，才能将管理层的自身利益与基金价值最大化这一目标协调一致，减少冲突。具体可通过工资薪金设计、员工持股计划以及股票期权等市场化的激励措施调动国有资本代表人及经营管理层的积极性，使他们在公司治理的过程中自主维护国有股及私营股股东应享有的权益，减少机会主义行为。

在薪酬激励方面，应首先放开非国有股东提名高管的薪酬上限，再逐步放开国有股东提名的高管薪酬上限，使得国有和非国有资本代表人在劳动力市场上公平竞争，自由流动，在雇佣政策和薪酬制度上从行政型治理转向市场型治理，推进公司治理行为的现代化。同时，也要建立有效的约束及监督机制，防止内部人控制现象的发生，避免侵害股东权益，侵吞国有资产。在第一重委托—代理关系中，应特别注意约束基金经理人的投资决策、利润分配、关联交易等控制权，制定合理细分的决策权限制度。注意发挥监事会的作用，硬化约束，对管理层的决策行为进行有效监督；在第二重委托—代理关系中，考虑到部分农业企业经营者的管理素质尚待提升，基金经理层应积极干预农业企业来约束监督农业企业家，派代表人列席被投资企业董事会，从上游研发生产到下游的加工销售、潜在客户发掘、资金财务支持、企业上市并购等方面提供战略规划及运营方案支持，避免农业企业家“拍脑袋”决策，降低投资失败的风险。

2.合理安排主权农业基金中的国有资本与非国有资本比例，建立多元化投资主体的股权制衡机制

股权制衡，是指由少数几个大股东分享控制权，通过内部牵制，使得任何一个大股东都无法单独控制企业的决策，达到互相监督、抑制内部人掠夺的股权安排模式。解决主权农业基金不合理的股权结构，从根本上讲要建立多元化的投资主体。积极培育和发展多元化的投资主体，比如培育和发展机构投资者、推行管理层持股优化股权结构等，对剩余索取权和剩余控制权进行合理配置，而不仅仅局限于董事会、经营者以及债权人之间的制度安排，对从根本上健全公司治理机制、巩固公司制的制度基础、保障股东及利益相关者的权益至关重要。

随着未来混合所有制改革在农业产业领域的不断推进，应逐渐消解垄断国有资本的超级股东身份，确立市场在资源配置中的主导地位，尊重中小股东的话语权和决策权。超级股东的存在尽管短期内能够减少社会福利的损失，但长期看不利于改革的持续推进（李建标等，2016）。虽然混合所有制改革可以吸纳私有资本参与国有资本的企业运营，在更广范围内灵活配置资源并获得一定的预期回报，但在实际改革中经常遇到非国有资本参与混合所有制改革意愿不高的现状，因此，应重塑国有股东合格主体，加快国有资产管理体制的变革，规范资本运作，以实现同股同权为目标构建企业治理机制，约束行政权力干预。

3. 应建立包容开放、共生共赢、互惠互利的基金文化氛围，释放企业文化在公司治理中的隐性力量，助力混合所有制改革进程

我国从20世纪90年代初提出混合所有制改革至今已经走过了几十载，改革虽然在企业的所有制形式、生产经营形式方面取得巨大进展，但是，是否已在国企内部形成不同所有制主体间包容开放、互相尊重、优势互补的文化氛围，恐怕仍是个难题。制度变革容易推进，而文化氛围的形成则需要一个隐性的、长期的渐变过程。本轮混合所有制改革的目的，是彻底打破所有制歧视，公平竞争，发挥各自优势，相互促进、共生共赢。因此，主权农业基金公司在运营过程中，不应根据不同所有制的身份特征享受不同待遇或特殊话语权，不同所有制应充分发声，相互融合学习，发挥各种所有制治理文化之精髓。无论国有资本还是非国有资本，都依法享有作为企业股东被赋予的权益，均应积极参与公司治理，克服不同产权性质股东间的隔阂与矛盾，营造新型的、市场化的、平等制衡的治理文化。

4. 保持基金内部治理机制的独立性，避免政府过多干预

在主权农业基金运行中应确保政府公共管理职能与股权管理职能的分离。坚持“去行政化”改革，保障企业的法人财产权和经营自主权，逐步完成从行政型治理向市场型治理的跨越，完善薪酬制度、内部治理制度。同时，明确政府对主权农业基金的出资人角色，构建政府与主权农业基金的合约体系，合理界定政府

管制制度，尽快建立有效的公司治理结构、内部控制机制及风险管理体系。完善独立董事制度，基金管理公司高管要去行政化管理，保证董事会成员中专业素质人员的比例。在运作模式上，采取商业化经营、专业化管理模式，确保政府公共管理职能与股权管理职能的分离。事实上，以市场化的管理模式行使政府对主权农业基金的所有权是最有效的模式。这与当下国有企业推进混合所有制改革中的剥离政策性负担进程极其相似，避免"政治任务导向"和"市场效率目标"双重经营目标冲突，避免使基金承担过多来自于政府的经营决策干预和政策干预。

从更深层的中国体制改革来说，在混合所有制视角下解决主权农业基金构建中的内部治理问题，并不是单纯的企业法人治理和产权混合带来的激励约束问题，而是关系到国有企业经营和国有资产管理模式转型的大问题，关系到我国国家治理模式转型的大问题。

本章参考文献

[1] 李维安．深化国企改革与发展混合所有制．南开管理评论，2014（03）

[2] 张红宇，张海阳，李伟毅，李冠佑．中国特色农业现代化：目标定位与改革创新．中国农村经济，2015（01）

[3] 刘林青，周潞．比较优势、FDI 与中国农产品产业国际竞争力——基于全球价值链背景下的思考．国际贸易问题，2011（12）

[4] 杨启智．农业产业投资基金的理论与探索．改革与战略，2012（06）

[5] 廖建湘．农业产业投资基金治理研究．中南大学，2012

[6] 朱信凯．现代农业发展视野下的国家粮食安全战略．中国人大，2012（15）

[7] 熊启泉，邓家琼．中国农产品对外贸易失衡：结构与态势．华中农业大学学报（社

会科学版），2014（01）

[8] 苏小勇 . 主权财富基金的组织结构与治理机制探讨 . 商业时代，2011（01）

[9] 杨小凯 . 企业理论的新发展 . 经济研究，1994（07）

[10] 龙翠红 . 论我国上市公司股权结构与公司治理的关系 . 湘潭大学，2005

[11] 李建标，王高阳，李帅琦，殷西乐 . 混合所有制改革中国有和非国有资本的行为博弈——实验室实验的证据 . 中国工业经济，2016（06）

第十四章

民营企业发展与混合所有制改革

本章发表于《国家行政学院学报》2017年第5期，原题《民营经济发展与混合所有制改革：路径选择与政策框架》，作者：王曙光、徐余江。

本章在对民营经济发展历史阶段与政策框架变迁进行系统梳理和提炼的基础上，深入阐述了国内外关于混合所有制经济的理解差异和改革路径争议及其内在动因，并创新性地对宏观与微观两种视角下混合所有制经济构建的全要素生产率差异进行实证研究，比较两种路径选择对民营企业绩效的影响。本章实证研究结果表明，宏观视角下的混合所有制改革即垄断领域向民营资本开放，极大地促进了民营企业发展，其全要素生产率变化率指标相对优良；微观视角下混合所有制改革即企业内部实现股权混合，并未表明混合所有制企业绩效明显优于民营企业。本章的结论是，应以构建市场化环境和促进市场开放竞争为原则着力推进宏观层面混合所有制改革，而以尊重企业自主决策为原则谨慎推进微观层面混合所有制改革。最后，对民营经济发展与社会主义公有制之间的重大关系进行了展望。

一、民营经济发展历史阶段与国家政策框架变迁

1.“默许式”激励与初步探索阶段

1977~1988 年期间，我国民营经济处于“默许式”激励与初步探索阶段。这个阶段的主要特征是国家在政策层面对于民营经济发展采取比较宽容的姿态，从管理体制到法律体系均采取有利于民营经济发展的政策框架。以乡镇企业为代表的民营经济自下而上推动着整个国家的体制探索，民营经济的合法性逐步建立。

在初步探索阶段，国家经济政策仍然以计划经济为主，逐步放开多种经济形式发展空间，初步确立了社会主义有计划的商品经济体制。这一阶段，也是国家计划经济体制向市场经济体制的转型探索阶段，民营企业的探索与市场经济的探索是同步的。政策和法律层面的“默许式”激励为民营企业发展提供时间和空间上的支持，民营企业发展带来的就业和税收贡献既为民营企业合

法性提供了有力支撑，也在很大程度上缓解了国有企业转型带来的社会震荡成本，为体制改革赢得了腾挪的空间。初步探索阶段为民营企业自身发展提供了外部环境，为政府及社会管理等公共职能转变提供了铺垫。

表 14.1　1977~1988 年关于民营经济（企业）发展的相关政策

年份	内容
1978	中共十一届三中全会提出“切实做到综合平衡，以便为迅速发展奠定稳固的基础”，要“改革同生产力迅速发展不相适应的生产关系和上层建筑”，“社会自留地、家庭副业和集市贸易是社会主义经济的必要补充部分，任何人不得乱加干涉”[①]。
1979	国务院批转的原国家工商行政管理局的报告中指出，“各级工商行政管理局可以根据当地市场需要，在征得有关业务主管部门同意后，批准一些有正式户口的闲散劳动力从事修理、服务和手工业的个体劳动，但不准雇工。”[②]
1980	中共中央《关于转发全国劳动就业会议文件的通知》指出，“鼓励和扶植城镇个体经济的发展”，“可以在国营企业工作，可以在集体企业工作，可以组织合作社或合作小组进行生产和经营，还可以从事个体工商业和服务业劳动”。[③]
1981	国务院为搞活经济，解决城镇就业问题，制定“多种经济形式和多种经营方式长期并存”政策方针[④]。
1982	中共十二大报告提出了“计划经济为主、市场调节为辅”的经济管理原则[⑤]。
1982	五届人大五次会议通过的《宪法》给予非公有制经济发展以合法地位。并明确对非公有制经济的财产的合法权益予以保护。
1984	中共十二届三中全会通过了《中共中央关于经济体制改革的决定》，首次提出了社会主义有计划的商品经济理论，“商品经济的充分发展，是社会经济发展的不可逾越的阶段，是实现我国经济现代化的必要条件。只有充分发展商品经济，才能把经济真正搞活，促使各个企业提高效率，灵活经营，灵敏地适应复杂多变的社会需求，而这是单纯依靠行政手段和指令性计划所不能做到的。同时还应该看到，即使是社会主义的商品经济，它的广泛发展也会产生某种盲目性，必须有计划的指导、调节和行政的管理，这在社会主义条件下是能够做到的。”

续表

年份	内容
1987	中共十三大报告提出了“国家调节市场、市场引导企业”的经济发展原则⑥。
1988	七届人大一次会议通过了新的《宪法》修正案，其第十一条规定：“国家允许私营经济在法律规定的范围内存在和发展。私营经济是社会主义公有制经济的补充。国家保护私营经济的合法权利和权益，对私营经济实行引导、监督和管理”⑦。

注：①《中国共产党第十一届中央委员会第三次全体会议公报》；②《关于全国工商行政管理局长会议的报告》；③中共中央《关于转发全国劳动就业会议文件的通知》（即1980年中发第64号文）；④《关于广开门路，搞活经济，解决城镇就业问题的若干决定》(即1981年第42号文)；⑤中共十二大报告《全面开创社会主义现代化建设的新局面》；⑥中共十三大报告《沿着有中国特色的社会主义道路前进》；⑦1988年通过的《宪法修正案》。

2. “蛰伏式”调整与缓慢发展阶段

20世纪80年代末期至90年代初期，我国民营经济处于“蛰伏式”调整与缓慢发展阶段。“蛰伏式”调整的主要特征是国家针对当时经济中呈现的通货膨胀明显加剧、总量不平衡、结构不合理、经济秩序混乱等问题开展的调整、整顿、改造、提高等政策措施，引导民营经济规范发展。国家层面认识到，以往的政策注重微观搞活的同时，忽视了综合平衡和宏观调控，因而这一时期的首要目标是加强宏观调控，整顿经济秩序。这一时期，国家经济发展节奏有所放缓，民营经济等不同所有制性质经济主体均受到一定影响。国家希望利用三年或者更长的时间，提高我国企业的经济素质和经济效益，解决经济遗留问题，目标是为到20世纪末实现国民生产总值翻两番的战略目标打下良好基础。这一阶段，我国民营企业发展已经形成一定基础，民营企业提供的产品、服务较好地满足了市场需求，因此，民营企业虽处于“蛰伏式”调整期，但也获得了一定的发展，并未停滞。缓慢发展阶段是国家进行清理整顿、民营企业完善合规的过程，这一时期，部分民营企业在市场整顿过程中或减少扩大再生产、或被淘汰，而部分企业却完成了市场化改革和转型，提升了企业竞争力。

表 14.2　1989 年 ~1991 年民营经济（企业）发展的相关政策

年份	内容
1989	中共十三届五中全会通过了《中共中央关于进一步治理整顿和深化改革的决定》。决定认为“面临的经济困难，突出地表现在通货膨胀明显加剧，总量不平衡，结构不合理，经济秩序混乱”“用三年或者更长一些时间，努力缓解社会总需求超过社会总供给的矛盾，逐步减少通货膨胀，使国民经济基本转上持续稳定协调发展的轨道”、“企业承包经营责任制有利于调动企业和职工发展生产的积极性”、“进一步强化企业管理，深化企业内部改革”①。
1991	国务院决定 1991 年为“质量、品种、效益年”，目的是通过在全国广泛开展这一活动，大力提高我国企业的经济素质和经济效益，逐步走上质量好、消耗低、效率高的发展道路②。
	国务院发布《中华人民共和国外商投资企业和外国企业所得税法实施细则》③。
	国务院发布施行《全民所有制企业农民合同制工人的规定》④。

注：①中共十三届五中全会《中共中央关于进一步治理整顿和深化改革的决定》；②国务院《关于开展“质量、品种、效益年”活动的通知》，国家计委《关于在基本建设领域开展“质量、品种、效益”年活动的通知》（1991 年）；③ 1991 年中华人民共和国国务院令第 85 号；④ 1991 年中华人民共和国国务院令第 87 号；

3. “春笋式”扩张与市场化深化阶段

20 世纪 90 年代初期至 21 世纪初，我国民营经济处于“春笋式”

扩张与市场化深化阶段。“春笋式”扩张的主要特征是国家政策鼓励民营企业发展，明确非公有制经济是我国社会主义市场经济的重要组成部分，民营企业从企业数量、效益质量、治理机制等多方面实现了提升。这一时期，我国确立了社会主义市场经济地位，国家政策突破了所有制结构方面的认识误区，为民营经济扩张和确定平等合法地位提供了理论支撑。中共十四大确立了社会主义市场经济体制后，民营企业所涉及的领域逐渐增多，公司治理水平不断提升；随着中国资本市场发展，民营企业成为沪深两市重要力量。市场化深化阶段，具有实力和竞争力的民营企业脱颖而出，成为市场中能够与跨国公司、国有企业在竞争性领域展开竞争的企业；但是在垄断领域民营企业依然难以涉足。市场深化阶段是我国现代企业发展配套基础设施逐步完善的阶段，公司法、劳动法、知识产权法等一系列法律的实施为我国企业发展提供了必要的法治环境。

表 14.3　1992~2004 年民营经济（企业）发展的相关政策

年份	内容
1992	邓小平“南巡讲话”提出“三个有利于”标准和对计划和市场关系的创造性论述都是对传统理论的重大突破[①]。
	中共十四大报告明确了建立社会主义市场经济体制的总目标，指出“社会主义市场经济体制是同社会主义基本制度结合在一起的。在所有制结构上，以公有制包括全民所有制和集体所有制经济为主体，个体经济、私营经济、外资经济为补充，多种经济成分长期共同发展，不同经济成分还可以自愿实行多种形式的联合经营。国有企业、集体企业和其他企业都进入市场，通过平等竞争发挥国有企业的主导作用。”[②]

续表

年份	内容
1993	中共十四届三中全会通过的《中共中央关于建立社会主义市场经济体制若干问题的决定》首次明确提出了“鼓励”非公有制经济发展的政策。《决定》指出：“建立社会主义市场经济体制，就是要使市场在国家宏观调控下对资源配置起基础性作用。为实现这个目标，必须坚持以公有制为主体、多种经济成分共同发展的方针。在积极促进国有经济和集体经济发展的同时，鼓励个体、私营、外资经济发展，并依法加强管理。国家要为各种所有制经济平等参与市场竞争创造条件，对各类企业一视同仁。”[③]
1994	国务院发布《中华人民共和国个人所得税法实施条例》[④]。
	国务院批转国家体改委《关于1994年经济体制改革实施要点》。要点提出，“加快财税、金融、外贸、外汇体制改革，初步确立新型宏观调控体系的基本构架。围绕这两个重点，配套推进价格改革、农村经济体制改革、政府机构改革、社会保障制度和住房制度改革等其他方面的改革。”[⑤]
	《中华人民共和国公司法》正式施行。
	国务院发布《关于进一步加强知识产权保护工作的决定》[⑥]。
	国务院召开全国建立现代企业制度试点工作会议。时任总理朱镕基指出，现代企业可以有多种组织形式，我们要在公有制为主的前提下，进行各种形式的探索，不是要把所有的企业都办成股份制公司，更不是把所有的企业都办成上市公司[⑦]。
1995	《中华人民共和国劳动法》正式施行。
1997	中共十五大报告，将多种实现形式的公有制为主体、多种所有制经济共同发展确定为我国社会主义初级阶段的一项基本制度，首次提出将非公有制经济纳入我国基本经济制度[⑧]。
1999	九届人大二次会议通过的宪法修正案将原第十一条改为“在法律规定范围内的个体经济、私营经济等非公有制经济，是社会主义市场经济的重要组成部分”；“国家保护个体经济、私营经济等非公有制经济的合法的权利与利益。国家鼓励、支持和引导非公有制经济发展，并对非公有制经济依法实行监督和管理”[⑨]。

续表

年份	内容
1999	中共十五届四中全会《中共中央关于国有企业改革和发展若干重大问题的决定》，决定指出“国有大中型企业尤其是优势企业，宜于实行股份制的，要通过规范上市、中外合资和企业相互参股等形式，改为股份制企业，发展混合所有制经济，重要的企业由国家控股。”[10]
2002	中共十六大报告，进一步强调必须毫不动摇地鼓励、支持和引导非公有制经济发展[11]。
2003	中共十六届三中全会进一步明确提出要大力发展非公有制经济，并做出了《中共中央关于完善社会主义市场经济体制的决定》[12]。
2004	十届人大一次会议审议通过的《修改宪法的建议》明确了“公民的合法的私有财产不受侵犯”、“国家依照法律规定保护公民的私有财产权和继承权”[13]。

注：①“在武昌、深圳、珠海、上海等地的谈话要点”，《邓小平文选》第三卷，人民出版社 1993 年 10 月版；②中共十四大报告《加快改革开放和现代化建设步伐，夺取有中国特色社会主义事业的更大胜利》；③中共十四届三中全会《中共中央关于建立社会主义市场经济体制若干问题的决定》；④ 1994 年中华人民共和国国务院令第 142 号；⑤《国务院批转国家体改委 1994 年经济体制改革实施要点的通知》；⑥ 1994 年国发 38 号文；⑦《朱镕基讲话实录》，人民出版社 2011 年版；⑧中国十五大报告《全面建设小康社会，开创中国特色社会主义事业新局面》；⑨ 1999 年通过的《宪法修正案》；⑩中共十五届四中全会《中共中央关于国有企业改革和发展若干重大问题的决定》；⑪中共十六大报告《全面建设小康社会，开创中国特色社会主义事业新局面》；⑫十六届三中全会《中共中央关于完善社会主义市场经济体制的决定》；⑬ 2004 年通过的《宪法修正案》。

4. “交融式”发展与倒逼整体改革阶段

21 世纪初至 2012 年前后，我国民营经济处于“交融式”发展与倒逼整体改革阶段。“交融式”发展的主要特征是民营企业与国有企业均实现了高速发展，国家政策方面既注重国有企业改革，也鼓励民营企业发展，在竞争性领域鼓励不同所有制经济共同发展，一些垄断领域则逐步向民营资本开放。这一时期，国家经济体制发生了深刻变革，我国经济市场化程度提升，民营企业在国家政策支持、金融支持、市场准入、合法权益等多方面的约束不断得到突破，从而倒逼我国经济体制整体改革，以适应企业发展对于国家体制的需求。这一时期，民营企业在各自领域成长为标杆企业，对国家政策走向具有一定影响力。

表 14.4　2005~2012 年民营经济（企业）发展的相关政策

年份	内容
2005	国务院颁布实施《关于鼓励支持和引导个体私营等非公有制经济发展的若干意见》（通称“非公经济 36 条”）。“非公经济 36 条”提出了推进非公有制经济发展的 7 个方面，包括：放宽市场准入、加大财税金融支持、完善社会服务、维护企业和职工的合法权益、引导企业提高自身素质、改进政府监管、加强发展指导和政策协调等①。
2007	十届全国人大会议第五次会议通过《物权法》。对于包括个人在内的所有物权人的合法物权提供了全面的保护，提出“坚持平等保护物权，形成各种所有制经济平等竞争、相互促进新格局”。
	中共十七大报告指出：“坚持平等保护物权，形成各种所有制经济平等竞争、相互促进新格局。”十七大报告中所强调的“两个平等”，即法律上的“平等”保护和经济上的“平等”竞争，为民营经济成为平等享受“国民待遇”的市场主体提供了制度保障②。
2010	国务院发布了《关于鼓励和引导民间投资健康发展的若干意见》③。
	十二五规划纲要提出，“消除制约非公有制经济法的制度性障碍，全面落实促进非公有制经济发展的政策措施”④。

注：① 2005 年国发 3 号文；②中共十七大报告《高举中国特色社会主义伟大旗帜，为夺取全面建设小康社会新胜利而奋斗》；③ 2010 年国发 13 号文；④《中华人民共和国国民经济和社会发展第十二个五年规划纲要》。

5. 混合所有制经济改革实施发展新阶段

2013 年以来，民营企业处于混合所有制经济改革实施发展新阶段，这一阶段的主要特征是国家鼓励民营企业参与混合所有制经济，与国有企业等不同所有制企业进行混合发展、协调共赢。这一时期是国家经济产业结构调整重要时期，也是国有企业深化改革关键时期，更是民营企业发展的重要机遇期。民营企业面临国内发展成本升高和全球经济低迷等多种不利因素叠加的局面，增长和效益提升均受到极大影响。国家出台了鼓励民间资本投资的政策，大力增强民间资本国内投资兴业的信心，严格保护民营经济产权，放松过多的行业管制，积极创造优良的外部市场化环境。民营企业在这一阶段能否在混合所有制改革中有效参与，发挥自身的优势，并获得规模与绩效提升，是我们要探讨的关键问题。

表 14.5　　2013 年以来民营经济（企业）发展的相关政策

年份	内容
2012	中共十八大报告指出“毫不动摇地鼓励、支持、引导非公有制经济发展，保证各种所有制经济依法平等使用生产要素、公平参与市场竞争、同等受到法律保护”[①]。
2013	《中共中央关于全面深化改革若干重大问题的决定》提出，“积极发展混合所有制经济。国有资本、集体资本、非公有资本等交叉持股、相互融合的混合所有制经济，是基本经济制度的重要实现形式，有利于国有资本放大功能、保值增值、提高竞争力，有利于各种所有制资本取长补短、相互促进、共同发展。允许更多国有经济和其他所有制经济发展成为混合所有制经济。国有资本投资项目允许非国有资本参股。允许混合所有制经济实行企业员工持股，形成资本所有者和劳动者利益共同体。”[②]
2014	国务院发布《关于创新重点领域投融资机制鼓励社会投资的指导意见》，提出的 39 项具体内容可以发现，该政策目标是在解除行业过度管制、满足社会服务需求、矫正金融供给体系等方面具体的要求。若相关政策能得到实质性推进，其加快经济结构战略性调整的意义，将远甚于短期“稳增长”效果[③]。

续表

年份	内容
2015	《关于国有企业发展混合所有制经济的意见》提出，“鼓励非公有资本参与国企改革，有序吸收外资参与国有企业混合所有制改革。”④
2016	中央深改组会议审议通过《关于完善产权保护制度依法保护产权的意见》。意见提出，“要坚持平等保护，健全以公平为核心原则的产权保护制度，公有制经济财产权不可侵犯，非公有制经济财产权同样不可侵犯”。

注：①十八大报告《坚定不移沿着中国特色社会主义道路前进，为全面建成小康社会而奋斗》；②中共十八届三中全会《中共中央关于全面深化改革若干重大问题的决定》；③ 2014 年国发 60 号文；④ 2015 年国发 54 号文。

二、混合所有制改革与民营经济发展：争议及影响

二战期间，西方经济学者对于“混合经济”的探讨非常激烈，在市场失灵的情况下，西方各国增强了政府宏观调控的职能，在自由竞争的市场经济中引入国有资本，由此形成了“混合经济”，即市场经济中不同所有制性质的企业并存。混合经济依据市场价格体系，同时也采用多种形式的政府干预（如税收、支出和管制）来应对宏观经济的不稳定和市场失灵。混合经济是现代社会的必然选择，被视为在自由市场经济和计划经济之间存在的一种中间型的经济产权制度，即混合所有制经济。西方经济学界普遍认为，混合所有制经济更多是区别于纯粹私有化的另一种经济产权制度，这一产权制度中既有私营企业，也有国有企业。

但是在国内关于“混合所有制”却呈现出多种视角下的理解差异。为何在西方经济界具有共识的“混合所有制经济”在国内

会有理解差异，其内在的动因是什么？而这种理解差异对于改革的路径选择又有哪些影响？

国内学术界关于“混合所有制”改革的理解分为宏、微观两个方面。宏观视角的理解认为，混合所有制经济即在一国经济中同时存在不同所有制的企业，既有国有企业，也有私营企业。宏观视角下的混合所有制经济可以发挥两种所有制各自的比较优势，强调混合所有制改革应以市场开放为目标，民营企业应具有同等机会进入到垄断领域中，形成国有企业与民营企业共同竞争的局面，从而倒逼国有企业改革。持上述观点的学者认为，发展混合所有制经济为深化国有企业改革、国有资本战略性调整指明了方向，为非公有资本与国有资本平等竞争指明了方向；混合所有制经济改革应注重垄断领域开放，应以建立“统一开放竞争有序的市场体系”为改革目标，这些学者多是从基本经济制度角度强调混合所有制经济的宏观重要战略意义。需要指出的是，西方主流经济学界所理解的混合所有制经济就是这种宏观视角下的混合所有制经济。

另一种观点是从混合所有制改革的微观视角出发，即在企业内部实现国有资本（股权）与民营资本（股权）的混合。这一视角强调国有企业、民营企业实现双向的交叉持股，以此来发挥各自优势，形成完善的企业治理机制，实现企业发展目标。由此，国有企业可以入股发展良好的民营企业；民营企业也可以参股国有企业。

基于宏观视角，混合所有制改革路径指向垄断领域开放，就是引入民营企业参与到垄断领域的开发、运营、服务等产业链中。

基于微观视角，混合所有制改革路径指向是企业内部股权混合。

为什么在国内会有这两种差异较大的对混合所有制的理解呢？为什么微观视角的混合所有制经济观点在中国比较普遍，甚至成为一种比较主流的观点呢？究其动因与目前中国的经济形态有直接的关系。中国目前正处在国有企业改革的关键时期，国有企业的内部治理机制亟需改善和规范，因此决策层希望通过在国有企业内引入民营资本来实现这个目标。但是引入民营资本，需要出于国有企业个体独立的决策，不宜通过自上而下的行政命令，也不可一哄而上，不可拉郎配，要使得国有企业在引入民间资本之后真正能够改善法人治理，真正改变决策机制，要按照市场规则给民营资本适当的话语权。

那么宏观与微观视角下混合所有制改革路径各自的效率是怎么样的？垄断领域开放对民营企业全要素生产率变动产生何种影响？民营企业与微观意义上的混合所有制企业的全要素生产率之间到底是否存在差异？本章第三部分将对此展开实证研究。

三、民营企业发展与混合所有制改革路径选择：实证分析

本部分从宏观与微观两个层面分别实证研究混合所有制路径选择效率，宏观层面侧重研究垄断领域开放对民营企业与国有企业全要素生产率及其分解指标的影响，微观层面侧重研究混合所有制企业与民营企业之间全要素生产率及其分解指标的差异。

本章采用 DEA（Data Envelopment Analysis）非参数 Malmquist 指数方法，利用国家统计局年报及经济普查数据，从宏观层面和微观层面实证研究民营企业参与混合所有制经济的路径效率差异。

1. 宏观视角下混合所有制改革路径：垄断领域开放对民营企业发展影响

宏观视角下的混合所有制经济往往被理解为整个社会中不同所有制企业的并存，展开公平的竞争。为了研究宏观视角下混合所有制经济路径选择效果，本章选择石油、天然气、电力、电信、交通运输等垄断领域，研究上述垄断企业开放后民营企业全要素生产率的变动指标，以及与国有企业全要素生产率变动指标对比。

（1）方法模型、指标变量及数据说明

本部分测度民营企业在垄断领域开放后全要素生产率变化的趋势，以及与国有及国有控股、外商投资和港澳台商投资三者之间的变动差异。采用的是基于 DEA 的非参数 Malmquist 指数方法。文中选取法尔等定义的 Malmquist 生产率指数，该生产率指数涉及技术效率、技术进步、全要素生产率，全要素生产率为以时间 t 作为基期的 t+1 期全要素生产率变化率（简称 TFP），以 1 为分界值，其值大于 1，表明全要素生产率呈增长趋势，小于 1 为下降趋势。雷和德斯里（Ray and Desli）进一步把技术效率指数分解为纯技术效率、规模效率。基于上述研究，本部分实证分析指标涉及技术效率、技术进步、纯技术效率、规模效率、全要素生产率等五项指标。

垄断领域选取及相关数据年度考虑因素为，一是2005年国家政策《关于鼓励支持和引导个体私营等非公有制经济发展的若干意见》（简称“非公36条”）中首次明确对民营企业开放的领域主要有电力、电信、铁路、民航、石油等。文件中规定，“允许非公有资本进入垄断行业和领域。加快垄断行业改革，在电力、电信、铁路、民航、石油等行业和领域，进一步引入市场竞争机制”；二是从产业上考虑，第一产业在国民经济中的基础性以及第三产业统计的复杂性，从而选定工业部门作为研究对象；三是从数据可获得性，数据来源于国家统计年鉴及全国经济普查报告。最终选定宏观层面实证研究的垄断领域为下述四大领域：①石油和天然气开采业，②电力、热力的生产和供应业，③交通运输设备制造业，④通信设备、计算机及其他电子设备制造业。

基于现有研究基础和数据可得性，本章选择从业人员平均人数、固定资产原价作为投入变量，选择主营业务收入、利润总额作为产出变量。基础数据来源于历年的《中国统计年鉴》、《中国工业统计年鉴》和有关年份的《中国经济普查年鉴》，研究期间为2005年至2011年。

（2）实证结果分析

采用DEP2.1软件实证研究垄断领域开放对民营企业全要素生产率影响，对2005年至2011年全时段全要素生产率进行分析，并将全要素生产率分解为技术效率、技术进步、纯技术效率、规模效率。相应测算和分解结果见表14.6。由于数据表格较多，选择其中相关度较高的进行呈现。

表 14.6　2005~2011 年垄断领域企业平均 TFP 变化率及其分解

垄断领域	企业分类	技术效率	技术进步	纯技术效率	规模效率	TFP 变化率
石油和天然气开采业	私营	1.258	0.823	1.000	1.258	1.035
	国有及国有控股	1.198	0.812	1.000	1.198	0.973
	外商投资和港澳台商投资	1.000	0.867	1.000	1.000	0.867
电力、热力的生产和供应业	私营	1.050	0.996	1.000	1.050	1.045
	国有及国有控股	1.000	1.002	1.000	1.000	1.002
	外商投资和港澳台商投资	1.000	1.008	1.000	1.000	1.008
交通运输设备制造业	私营	1.007	1.031	1.000	1.007	1.038
	国有及国有控股	0.985	1.038	0.993	0.992	1.022
	外商投资和港澳台商投资	0.985	1.038	0.993	0.992	1.022
通信设备、计算机及其他电子设备制造业	私营	1.000	1.051	1.000	1.000	1.051
	国有及国有控股	1.016	1.088	1.000	1.016	1.106
	外商投资和港澳台商投资	1.000	1.019	1.000	1.000	1.019

针对表中垄断领域开放后私营企业、国有及国有控股企业、外商投资和港澳台商投资企业等三类企业的全要素生产率及其分解指标的变动情况进行分析。

从全要素生产率变化率角度分析发现，私营企业全要素生产率变化率均值优于国有及国有控股企业。实证结果的解释是，垄断领域开放后，民营企业与国有企业拥有同等准入许可，民营企业能够发挥自身激励约束机制、公司治理等方面优势，从而极大地改变企业绩效，提升企业全要素生产率。研究发现，民营企业进入垄断领域前多是作为国有企业的配套或外协公司，仅仅是因为未具有准入资格，才未走向前台。实际上，民营企业对于进入的垄断领域的运作流程与技术应用并不陌生，由此，市场准入一放开，民营企业具有合法的身份走向前台，前期配套国有企业积累的经验和服务等优势得到了发挥。但在通信设备、计算机及其他电子设备制造业领域，国有及国有控股工业企业的全要素生产率变化均值优于私营工业企业，探究其原因，主要解释是由技术进步带来的影响。接下来会论及技术进步相关解释。

从技术进步角度分析发现，国有及国有控股企业技术进步均值优于私营企业；外商投资和港澳台商投资企业技术进步均值优于私营企业与国有及国有控股企业。上述结果的主要解释是外商投资和港澳台商投资企业具有国外先进技术的引进，应用的天然优势，垄断领域涉及的技术，装备及产品在国外相对成熟，而在国内市场上的应用多是引入改进、以及具体应用环境适配，外商投资和港澳台商投资企业具有这方面独家代理与技术应用的优势，且服务体系相对完善，由此大大提升了境外公司在国内垄断领域的技术进步；国有及国有控股企业在技术进步方面的指标相对于私营企业具有优势，实证结果的解释主要源于两方面，一是以国家为主导的对于垄断领域、战略产业的政策支持、金融支持、资金投入、人才投入等，促进了国有及国有控股领域的技术进步，例如电信行业中的3G/4G技术跟进与创新等均是得到国家大力支持。二是国有及国有控股企业具有与外商技术合作、产品引进、服务标准化等天然优势，双方在国内垄断领域的合作契合度明显优于民营企业。外商看重国有企业与中国政府及金融机构的紧密关系，双方合作有利于外商进入更多的行业，获取更多的资源，提升其在垄断领域与新兴市场份额。通过与外商直接的交流合作，国有企业的技术进步得以提升。综上，国有企业技术进步优于民营企业的根本原因是内生型的国家支持以及外生型的技术引进、消化、吸收再创新。

从规模效率角度分析发现，一是垄断领域中私营企业的规模效率均值高于其他两类企业，二是垄断领域中的私营企业在垄断领域开放首年（即 2005 年）的规模效率指标在统计年度中是最高的。规模效率提升的主要解释为国家政策放开垄断领域，民营企业具有进入许可，市场由垄断向竞争转变，由此提升该领域规模效率。尽管在通信设备、计算机及其他电子设备制造业，国有及国有控股企业规模效率值略高于民营企业，但是民营企业的规模效率也实现了充分竞争（实证结果大于 1）。

从行业分类角度分析发现，不同垄断领域的规模效率与技术进步也呈现不同特点，例如石油和天然气开采业中私营工业企业与国有及国有控股企业均是技术进步低值（小于 1）；但是规模效率均是高值。在通信设备、计算机及其他电子设备制造业，私营企业与国有及国有控股工业企业，规模效率与技术进步均是高值（大于 1）。我们认为，经过多年改革，尽管国家宏观政策层面的指向基本一致，但是不同垄断领域改革效果明显差异。

综上，垄断领域开放后即宏观视角的混合所有制改革路径，促进了民营企业发展，当民营企业与国有企业面临同样的准入时，民营企业的全要素生产率优于国有企业。民营企业的发展与宏观层面的政策指向、有效规制等紧密相关。垄断领域的开放，一方面有助于发挥民营企业的自身优势，促进民营经济发展；另一方面，有助于以开放倒逼国有企业改革，提升国有企业的竞争实力，改善经营绩效，实现国有资本保值增值。

2. 微观视角下混合所有制改革路径：民营企业与混合所有制企业效率比较

微观视角下的混合所有制经济往往被理解为企业内部的所有制形式与组织形式，即不同所有制的资本在一个企业内部的混合，共同构成一个企业的产权结构。因此，微观视角下的混合所有制经济，也就是企业内部的产权结构的多元化。微观视角下，混合所有制企业效率与私营企业效率的对比差异在哪里？不同所有制资本的混合是否能够实现企业效率改善？上述问题是民营企业有效参与混合所有制经济构建的关键问题。本部分通过分析2006~2011年私营工业企业与混合所有制企业的全要素生产率及其分解指标变动趋势，探究微观视角下混合经济构建与民营企业发展的有效路径。

（1）方法模型、指标变量及数据说明

本部分测度民营企业与混合所有制企业全要素生产率变化的趋势差异，研究不同所有制企业微观层面效率。采用的是基于DEA的非参数Malmquist指数方法。与上述宏观层面运用方法一致。

混合经济是指国家统计年鉴中的股份合作企业、国有与集体联营企业、其他联营企业、非国有的其他有限责任公司、股份有限公司、私营股份有限公司、港澳台企业中的合资企业、合作企业和股份有限公司，外商投资企业中的全资企业、合作企业和股份有限公司等16种企业。借鉴现有研究，本章主要以有限责任公司和股份有限公司作为混合所有制企业统计主体。

基于现有研究基础和数据可得性，选择从业人员平均人数、固定资产原价作为投入变量，选择主营业务收入、利润总额作为产出变量。基础数据来源于历年的《中国统计年鉴》《中国工业统计年鉴》和有关年份的《中国经济普查年鉴》，研究期间为2006 年至 2011 年。

（2）实证结果分析

采用 DEP2.1 软件实证研究工业企业中私营企业与混合所有制企业等不同所有制企业全要素生产率变化情况，对 2006~2011 年全时段全要素生产率进行分析，并将全要素生产率分解为技术效率、技术进步、纯技术效率、规模效率，相应测算和分解结果如下表。

表 14.7　2006~2011 年不同所有制企业平均 TFP 变化率及其分解

年份	所有制性质	技术效率	技术进步	纯技术效率	规模效率	TFP 变化率
06–11 年	混合所有制	1.0135	1.076	1	1.0135	1.09
	私营	1.000	1.103	1.000	1.000	1.103
	港澳台	0.972	1.111	1.000	0.972	1.080
	外资	1.000	1.068	1.000	1.000	1.068

表 14.8　　不同所有制企业的全要素生产率变化率

年份	所有制性质	技术效率	技术进步	纯技术效率	规模效率	TFP 变化率
2006~2007 年	混合所有制	1.005	1.1335	1	1.005	1.139
	私营	1.000	1.115	1.000	1.000	1.115
	港澳台	0.964	1.125	1.000	0.964	1.084
	外资	1.000	1.057	1.000	1.000	1.057
2007~2008 年	混合所有制	1.0495	0.883	1	1.0495	0.9265
	私营	1.000	1.084	1.000	1.000	1.084
	港澳台	1.007	1.061	1.000	1.007	1.069
	外资	1.000	0.989	1.000	1.000	0.989

续表

年份	所有制性质	技术效率	技术进步	纯技术效率	规模效率	TFP 变化率
2008~2009 年	混合所有制	0.9955	1.281	1	0.9955	1.2755
	私营	1.000	1.188	1.000	1.000	1.188
	港澳台	1.002	1.251	1.000	1.002	1.254
	外资	1.000	1.249	1.000	1.000	1.249
2009~2010 年	混合所有制	0.9875	0.8275	1	0.9875	0.8165
	私营	1.000	0.865	1.000	1.000	0.865
	港澳台	0.990	0.813	1.000	0.990	0.805
	外资	1.000	0.843	1.000	1.000	0.843
2010~2011 年	混合所有制	1.0325	1.364	1	1.0325	1.406
	私营	1.000	1.314	1.000	1.000	1.314
	港澳台	0.901	1.395	1.000	0.901	1.257
	外资	1.000	1.264	1.000	1.000	1.264

从全要素生产率变化率角度分析发现，私营企业全要素生产率均值略高于混合所有制企业均值。民营企业的股权多元化或者引入战略投资者是依据自身发展阶段需要而进行的，企业治理结构摩擦成本相对较小，企业内部不会出现较大的震动或震荡，企业创立时的根基文化还在，由此企业的绩效、全要素生产率稳步提升，波动平稳（全要素生产率变化率方差较小）。混合所有制企业在股份化改造过程中，往往引入战略投资者，混合所有制企业面临文化再造，以及分权之后的兼容性与摩擦成本等问题。从实证结果来看，两类企业均实现了良好发展，但是混合所有制企业全要素生产率波动较大（全要素生产率变化率方差较大）。

从技术效率角度分析发现，混合所有制企业技术效率均值优于私营企业，技术效率分解为纯技术效率和规模效率，主要是规模效率值较高影响了技术效率提升。从技术进步角度分析发现，私营企业技术进步均值优于混合所有制企业均值。该项指标具体到每一年也呈现出波动性差异。实证结果的解释是，私营企业注重技术引进与效率提升，通过产学研等多种模式，补缺企业研发的短板；私营企业内部治理机制的灵活也是促进技术进步的主要因素。

综上，混合所有制企业绩效并非明显优于民营企业，微观层面的混合所有制改革提升企业全要素生产率有限。一定程度上，微观层面股权的混合并没有改善企业绩效，其作用甚至是消极的。本章并不否定国家在混合所有制改革微观层面的实践，从目前来看又是很现实的选择，但是在微观层面的混合所有制改革应谨慎推进。

四、结论与政策框架：民营企业有效参与混合所有制改革的政策指向

通过实证研究发现，宏观视角下垄断领域开放，极大地促进了民营企业发展，其全要素生产率变化率指标相对优良；微观视角下企业内部股权混合，并未表明混合所有制企业绩效明显优于民营企业。综合宏观视角与微观视角的双重实证结果，我们认为，应以构建市场化环境为原则着力推进宏观层面的混合所有制改革，以尊重企业自主决策为原则谨慎推进微观层面的混合所有制改革。

1. 以构建市场化环境为原则着力推进宏观层面的混合所有制改革

（1）以推进垄断领域开放为主来推进混合所有制改革，改善企业发展宏观环境

实证分析发现，垄断领域开放促进了民营企业发展，企业全要素生产率变化明显提升。但是我们也发现，私营企业与国有企业在发展过程面临着诸多不平等。改善企业发展宏观环境是民营企业有效参与混合所有制经济的基础。改善企业发展宏观环境主要体现在民营企业面临的融资环境、税收负担、风险分担机制、监管问题等。现阶段，应着力推进垄断领域开放，形成私有企业、国有企业等多种所有制企业共存共进局面，促进垄断领域竞争。另一方面，从公平使用社会资源等角度，国家政策、金融机构等应平等对待私营企业与国有企业，避免出现垄断领域开放，但却出现其他因素影响企业公平竞争（如融资、产业政策等）。例如实证研究中发现电信业国有企业技术进步高于私营企业，分析认为与国家产业政策大力扶持国有企业开展专项技术研制紧密关联。

垄断领域推进混合所有制改革应注重领域分类改革，有针对性地制定改革方案与措施。实证发现，以往我们认为的垄断领域，经过近十年的改革，已经在市场竞争力、规模效益、技术效率、公司治理等方面发生明显改变。领域不同，面临的改革重点、焦点、难点亦有差异。应分领域发挥不同产权主体的优势，形成互相促进、互相竞争的宏观视角下混合所有制经济发展局面。

（2）创新混合所有制改革政策引导，提振企业市场信心与预期

混合所有制改革是国有企业改革、民营企业发展的重要机遇期。应创新混合经济发展政策宣传与引导，制定面向不同民营企业群体的政策解读策略，加强混合经济发展成功案例的解读与流程示范，提升民营企业对于混合所有制经济发展的认可度与信心。有研究显示，民营企业投资用途投向民间借贷份额是参股国有企业的三倍，应主动引导民营企业投资用途与混合所有制改革结合起来。混合所有制经济构建是不同所有制经济企业共同发展、多方共赢的发展过程，民营企业有效参与混合所有制经济的市场信心与预期有待进一步提高。

（3）加强与新兴经济体合作，形成国有企业与民营企业联动机制，提升混合经济海外竞争力

混合所有制改革不仅要开放垄断领域，同时也要开拓新兴领域。混合所有制经济构建中，国家层面应加强与新兴经济体合作，开展技术引进、市场开拓、新型贸易等多层次合作，为民营企业技术进步提升、市场份额提升、经济利润增收创造条件。由此增强民营企业参与混合所有制经济构建的动力，即海外市场不仅面向以国有企业为主的国家队，还应增强民营企业参与度，形成国有企业与民营企业联动机制，提升混合经济海外竞争力。国有企业与民营企业联动机制重在优势互补、相互融合、共进共退。

2. 以尊重企业自主决策为原则谨慎推进微观层面的混合所有制改革

（1）注重股权混合自愿原则，尊重企业自主决策，避免摩擦成本过高

企业股权混合应遵循自愿原则，是在市场化条件下，依据企业发展现状和需求，谨慎选择股权投资者与合作伙伴。实证发现，混合所有制企业并非“一混就灵”，相反私营企业的全要素生产率优于混合所有制企业，且表现相对稳健。混合所有制企业具有技术效率方面的优势，私营企业具有技术进步的优势，应发挥比较优势，完善企业治理机制、提高企业绩效。

国有企业资本构成中是否纳入私营资本，应依据发展面临的约束条件来决定，而且通常情况下，在外部资金能够解决自身问题的情况下，企业是不能轻易通过改变资本构成来解决自己的问题的，所以国有企业在引入民营资本的时候应极其慎重才行，要尊重国有企业的独立自主决策。民营企业更是如此，企业内部资本构成中是否引入国有资本，也要视民营企业的约束条件而定，不会轻易引入国有资本，因为一旦引入其他性质的资本，其内部治理结构和决策机制就会发生深刻的变化。由此，企业内部股权混合应遵循自愿原则，减少民营企业参与混合所有制企业构建的摩擦成本。

（2）组建民营资本投资运营平台，实现资源要素重组与产业升级

组建民营资本投资运营平台，发挥民营企业资本优势、资源

优势和市场竞争优势，以运营平台而不是单个企业参与混合所有制经济构建。民营资本投资运营平台是民营企业联动合作、相互融合的实践模式，江苏等地已经有相应的投资运营平台，依托平台打造金融控股参股、产业整合、资金管理、国家合作等运营体系。

民营资本投资运营平台构建有助于实现民营资本在混合所有制经济中的有序进退、合规操作、抱团发展。参与混合所有制改革的民营企业主体多是大中型企业，该类型企业多是行业或领域标杆企业，具有与国有企业进行对话和博弈的实力，有利于在混改后的企业中获得话语权，共同建立与改善法人治理文化。

（3）完善民营企业自身治理机制，消除家族式管理约束

我国民营企业尽管建立了现代企业管理制度，但还是停留在“肌理”，并未触及企业“骨骼”。借助混合所有制经济发展过程中的外部要求，规范公司治理机制，消除家族式管理约束。现阶段民营企业发展面临外部政策约束，同时面临自身发展约束。混合所有制改革是民营企业着重参与，实现企业国内与国外均衡发展，完善公司治理的可行路径。混合所有制改革本质上是中国经济制度的开放政策，开放带来的外部压力有助于民营企业发展与壮大。

3. 进一步的讨论：民营经济发展与社会主义公有制未来

改革开放以来，我国民营经济发展迅速，在企业数量、资产总量、主营业务收入、增值税、就业等企业绩效方面取得了重要进展。基于 1998~2014 年民营企业与国有企业相关数据的对比分析发现，截至 2014 年民营企业数量占到工业企业总量的

80.42%，资产总量占工业企业总量的 40.48%，主营业务收入占工业企业总量的 53.45%。截至 2011 年，民营经济工业企业就业人数占工业企业总量的 52.15%。民营企业已经发展成为我国社会主义市场经济和社会主义公有制经济中不可忽视的重要组成部分。

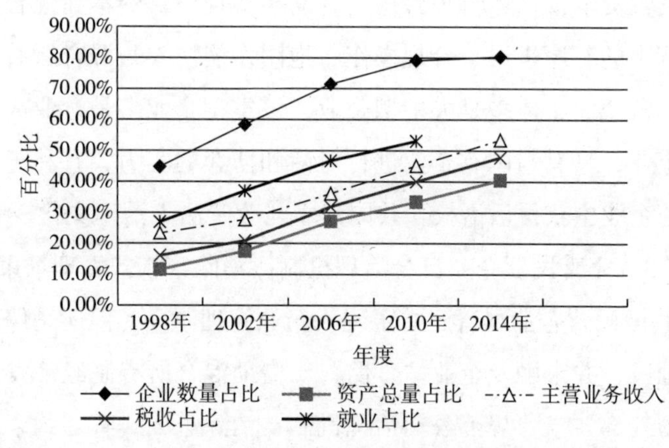

图 14.1　民营经济相关指标占总量比例情况

资料来源：《中国统计年鉴 1998–2014》，图中数据由作者整理计算得出。

民营经济与国有企业、社会主义公有制未来关系是什么？本章认为应该是平等竞争、共同发展、共赢共荣的关系，即要实现“国进民进”，国有经济和民营经济都是我国社会主义公有制的重要且平等的组成部分。千万不要在社会上形成一种歧视民营企业的风气，要在法律层面和政策层面消除所有制歧视，严格保护民营企业产权，为民营企业创造平等的市场竞争环境。当然也要消除对国有企业的“歧视”，现在无论在理论界还是在政策制定部门都流行着“国有企业低效”的所谓“所有制相关”的神话。而大量国内外研究已经证明，在市场机制完善和内部治理规范的前提下，所有制与企业效率没有相关度。所以要突破效率神话，打破“所有制相关”的认识误区，重要的是给国企和民企平等的竞争环境和法律环境，使两种力量公平竞争，共生共赢，这才是我国社会主义市场经济体制不断完善和我国社会主义公有制经济健康发展所要走的正确道路。

本章参考文献

[1] 克拉斯埃·克隆德著，刘国来译．瑞典经济——现代混合经济的理论与实践，北京：北京经济学院出版社，1989

[2] 斯坦利·费希尔，鲁迪格·唐布什．经济学（上）．北京：中国财政经济出版社，1989

[3] 张卓元．当前需要深入研究的十个重大经济改革议题．中国特色社会主义研究，2014（3）

[4] 周其仁．没有市场平台，国企改革是改不出来的．中国民商，2014（5）

[5] 吴敬琏．吴敬琏文集．北京：中央编译出版社，2013

[6] 季晓南．发展混合所有制是深化国企改革的突破口和加速器．上海经济，2014（5）

[7] 厉以宁，程志强．中国道路与混合所有制经济．北京：商务印书馆，2014

[8] 何勇，白龙．中国改革开放以来的全要素生产率变动及其分解（1978–2006）．金融研究，2009（7）

[9] 王曙光，徐余江．混合所有制经济与深化国有企业改革．北京：新视野，2016（3）

[10] 陈永杰．民营企业发展与混合经济改革，杭州：浙江大学出版社，2016

[11] 王钦敏．中国民营经济发展报告，北京：中国工商联合出版社，2016

第十五章

央企混改模式、股权结构与法人治理结构

本章发表于《财经》杂志，2017年第9期，原题《联通混改的意义》，作者：王曙光。

央企是中国经济的重中之重，关乎中国国家安全与战略利益，其改制要符合国家安全与长期战略要求。央企混改模式目前有稀释模式、剥离模式、增量模式，要灵活选择。本章认为，国有企业混合所有制改革，表面上是股权结构发生重大变化，但更核心的变化是内部治理结构的变化。本章指出在混改认识上的一些误区，其中最大的误区是一部分人仅仅将混合所有制理解为狭义的、微观视角的混合所有制，而这种片面的理解，可能会引发一些消极后果。本章认为，未来我们要谨慎而积极地推进微观意义上的混合所有制改革，同时更加大力地、更加积极地推进宏观意义上的混合所有制改革，放开市场准入，降低垄断，使国企与民企同等竞争，以达成“国进民进”的局面。国企混改是要毫不犹豫地往前推进的，但在推进过程中不能盲目地“为混而混”，要在机制、体制上更多创新，保证整个过程稳健、安全、有效，防止可能的风险。

一、央企混合所有制改革的探索和风险

混合所有制改革是近年来国有企业改革的目标模式，中国国有企业的混合所有制改革对于国有企业股权结构、经营机制、法人治理结构的变化都产生了重要的影响，同时由于国企的特殊地位与作用，国企混合所有制改革也必将影响我国整体的经济、社会、政治发展。国企混改不仅仅是一个简单的企业改制问题，不仅仅是一个简单的企业产权结构的变化，而是涉及到更深层次的“国基”问题，关乎中国的大战略，因此必须极为谨慎，极为稳妥，避免大的决策失误，要有比较科学、规范、长远的顶层机制设计，避免短视。

央企现在是九十八个，是中国经济的重中之重，涉及的产业大多是战略性产业，关乎中国国家安全与战略利益，其改制要首先符合国家安全与长期战略要求。此前的国企混合所有制改革，大多在央企下属企业的层面上展开，通过上市、引进战略投资者

等方式，实现了产权的多元化，其治理机制也在不断完善之中。2017 年中国联通的混改将改革层级首次提高到一级集团层面，动作是比较大的，是一次重要的试水和探索，为集团层面的混合所有制改革提供经验，因此此次联通混改带有探索性，无论是失败的教训还是成功的经验，都将有利于未来下一步央企的混合所有制改革。现在坊间对联通混改有很多不同的声音，或褒或贬，都应充分地探讨，这样对以后的国企（尤其是央企）混改有好处。联通的重要资产已经在上市公司中，此次集团层面的混改既是对此前国有股上市企业改革的深化，也是集团整体混改的初步试验，在引入什么样的入股者，入股的比例，董事会结构的调整，资本市场相关机制的调整，员工持股计划的制订等方面，都可以作试验，以蹚出一条路子。这是联通试水的意义所在。

这里面当然也蕴含着很多不可预见的风险，也面临很多挑战。央企集团层面混改的目标是为了进一步增强央企实力，将央企做大做强，进一步完善其股权结构与公司治理结构，使其运行机制更加灵活，富于创新，决策更加规范科学，而不是将央企做散、做小，甚至导致国有资产流失。民营资本引入是件好事，但民营资本在其中能否真正发挥作用就是另一回事。民营资本在公司治理中能否真正有话语权？能否真正影响决策机制与运营机制，从而使得改制达到预期目标？这是影响央企集团层面混改能否成功的关键要素。我认为风险与挑战主要在这里。

二、国企混合所有制改革的基本模式

此次联通混改方案的提出实际上是我国近年来国企混改探索的一个标志性事件，有很多突破。其混改规模之大，是空前的，对市场必将产生比较大的影响。其参与者的层级之高，恐怕也是空前的，入股者有几家是信息科技领域全球知名且有极强市场竞争力的国际企业巨舰，在行业中具有引领性。另外，新引入战略投资者合计持有联通 A 股公司的比例仅比联通集团所持有的股份略低。战略投资者所占股份比例之大，是非常令人瞩目的，说明决策者决心大，改革力度之大也是空前的。同时从其员工持股方案等信息也可以看出，此次联通集团层面混改还是有很多可圈可点之处。当然，一些具体的方案设计，其利弊得失要等运行一段时间以后才能看出来，不急于做判断。

实际上，联通混改方案只是目前国企（央企）混合所有制改革的一种模式，我们可以称之为“稀释模式”，即通过引入战略投资者，稀释集团持有上市公司的股权比例，从而达到促进集团转型升级和改善公司治理结构之目的。还有一种是“剥离模式”，即把垄断行业中一些具有竞争性的环节（产业）剥离出来，而后进行混合所有制改革，引进民营资本。这种模式是先切割，后混改，所引发的震荡更小，对于市场发育与加强竞争都具有重要意义。第三种模式可以称为“增量模式”，即在一些领域的新增项目中引入社会资本，实现混改。联通的整体稀释模式到底利弊何在，可以讨论。总之模式是多种多样的，要针对具体情况，具体判断，具体选择。

三、国企混合所有制改革更本质的变化是内部治理结构

联通混改所涉及的参与方确定是比较复杂的，其中中国人寿与国企结构调整基金持有的股份最大，其他的有互联网巨头腾讯、百度、京东、阿里巴巴等。战略投资者多元化是好事，但是也造成多个战略投资者利益结构的复杂化。各参与方作为战略投资者持有联通上市A股股份，其目标无外乎有以下几个：第一，分享联通业务增长带来的利润；第二，占领更多市场份额，扩大自己的经营规模；第三，在集团的决策体系占据一定地位，拥有一定话语权；第四，在电信这个垄断行业中，利用参股机会进入行业分享垄断权益。实际上，参与各方根据自己的实际情况，也根据自己对央企混改前景以及企业经营前景的大判断，会出现不同层面的诉求，其诉求不是一致的。所以从参股各方的参与比例以及行业特点，我们可以大致揣摩其参与诉求与目标，有些战略投资者仅仅想借此进入垄断行业，而有些则在决策权与话语权上有更高的诉求。

国有企业混合所有制改革，表面上是股权结构发生重大变化，资本实力增强了，但其实更核心、更本质的变化是内部治理结构的变化，即公司法人治理机制的真正规范与完善，这是国企混改的最终目标所在。如果仅仅是引进了战略投资者，引进了社会资

本，而国企的法人治理机制没有变化，换汤不换药，是没有意义的。混改后决策机制仍然是老样子，战略投资者在董事会中，在公司决策中不能发挥积极、有效的作用，这样的混改是有违初衷的。所以，比股权结构更重要的，是公司治理结构的变化；比公司治理结构表面上的变化更重要的，是公司治理机制、决策机制、激励约束机制真正的建立，从而使国企（央企）的运营机制发生质变，运转更加高效灵活，更富于竞争力，否则引入再多社会资本也是无济于事的。

要在董事会中真正给予战略投资者以发言权，决策权，而不是仅仅给予表面的举手权。真正给民营资本以话语权，才能增强民营资本参与混改的信心与动力，才能为下一步的央企混改提供一个好的示范，好的榜样，引导更多民营资本参与进来。

四、两种不同的混合所有制视角与两种不同的混合所有制改革

我国国有企业的改革，如果从 21 世纪 80 年代开始算起的话，已经经历了将近 40 年，从早期的放权让利，到后来的承包制，再到股份制改革，一步步走过来，改革一步步深化。从权力下放思路，到建立激励机制，再到产权改革和公司治理结构改革，使国企逐步向现代企业制度迈进。近年来中央提出的混合所有制改革是我国国企改革在新阶段的进一步深化与升华。

理解混合所有制，可以从宏观视角和微观视角两个角度去看。

从宏观视角来看，一个经济中如果既有国有经济成分，又有民营经济成分，这就构成了混合所有制。我国从改革开放以来，一直鼓励民营经济的发展，如今民营经济成分几乎遍及一切竞争性领域，民营经济已经在规模上成为我国国民经济的极为重要的组成部分。从这个意义上来说，我国早已是混合所有制经济了，而且是极为典型的混合所有制经济。

微观意义上的混合所有制经济是指在一个企业中既有国有经济成分，又有民营经济成分，这就在股权结构上体现出国有与民营的融合。目前国企混改，包括此次联通混改，就是指这种微观意义上的混合所有制。不过，应该强调指出，在国际学术界得到广泛认可的，主流的理解，还是宏观视角的混合所有制形式，而不是微观视角的混合所有制。在主流经济学界看来，微观视角下的混合所有制并不是混合所有制的本义，无论是在国有企业中引入私有成分，还是在私营企业中引入国有成分，都是极不寻常的事件，都是需要极为慎重的，这在全球企业界与学术界都是被广泛接受的观点。我国现在讲混合所有制，更多的是指微观视角的混合所有制，指在国有企业中引入民营资本，这在全球其他国家的国有企业中是非常罕见且不寻常的。这个最基本的，常识性的理论问题，必须在学术界讲清楚，否则会引起理论和实践中很多误区。

由上面两种不同的混合所有制视角，可以引发出两种不同的混合所有制改革模式：一种模式是放开一切竞争性领域，让民营资本参与平等竞争，创造公平的法治环境，让民企与国企在所有竞争性领域（除了国防等特殊产业）平等地竞争。这种模式的核心是打破垄断，降低准入门槛，让民营企业进入一切竞争性领域，形成在同一市场公平竞争的局面。

另一种混合所有制改革模式是在国有企业中引入民营资本，以此来实现国企股权结构的多元化，并试图以此建立现代企业制度，完善企业法人治理结构。

在四十年的改革中，实际上我们是两条腿走路：既坚持宏观视角的混改，即不断放开垄断领域，让民营企业进入竞争性领域，这几年在金融等领域，市场的开放（对内开放）进步很大，这对于促进民营企业发展极为重要，对于构建竞争性的社会主义市场经济极为重要。在这种模式上，由于竞争性市场的建立，国企也在竞争中不断成长转型，不断壮大，不断转换经营机制。同时，我们也在推进微观意义上的混合所有制，即促进国企内部的股权多元化，这对我国国企内部治理机制的完善具有一定积极意义。

现在无论是学术界还是实践层面对混改还存在很大的认识误区，其中最大的误区是一部分人仅仅将混合所有制理解为狭义的、微观视角的混合所有制，而这种片面的理解，可能会引发一些消极后果，需要引起理论界与决策者的高度重视。未来我们要谨慎而积极地推进微观意义上的混合所有制改革，同时更加大力地、更加积极地推进宏观意义上的混合所有制改革。在今天这个阶段，更应放开市场准入，降低垄断，使国企与民企同等竞争，以达成“国进民进”的局面。

五、谨慎推进混改，绷紧国家安全和国有资产保值增值这根弦

对于微观意义上的混合所有制改革，我们之所以要特别慎重地推进，是因为这涉及到国有企业内部资本结构的重大变化，不能不谨慎从事。在国外，除非一个企业面临财务上的极其重大的变故（比如要破产），否则一般是不会轻易改变企业的资本结构的，一般情况下只会寻求负债结构的变化来解决问题。国有企业由于在法律上属于全民所有，且负有战略上的重大意义与功能，因此在引入民营资本，改变其资本结构时更应特别慎重。在电信这些涉及重大战略安全领域的国企中通过引入民营资本而使资本结构产生重大改变，这种行为需要慎之又慎。我们的改革胆子要大，要大胆探索，但是在一些重大战略问题上又要极其慎重。首先是在国企的资本结构发生改变时，在引入何种股东方面，要谨慎甄别，仔细推敲，既要考虑其行业性质，行业领先地位，技术能力，全球知名度与企业品牌价值，同时更要考虑其企业的股权结构，看看这些企业的股东背景，以综合考量引入这些企业给国企（尤其是战略性行业的央企）带来的深刻影响。

其次，我们还要在引入民营资本之前，对其可能产生的风险（包括安全风险）进行审慎的评估，以便进行科学的判断，这是一个极为必要且重大的步骤，不能省略。应该进行独立的、权威的第三方专家评估，否则会有很多隐患。

再次，在股权设计方面要求有缜密、慎重的考虑，根据国企

的战略需求与被引入企业的行业特点、行业地位等，综合权衡，确定适当比例，既要保证股权充分多元化，又要保证国有资本的控制能力与战略驾驭能力，如果通过混改国有资本的驾驭能力降低甚至丧失，则失去了国企（央企）混改的初衷，失去了把国有资本做强做大的初衷。

复次，在混改中还要科学设计董事会结构，以真正改善国企法人治理。要给民营资本一定的董事会席位，并保证其在公司治理中的话语权。这一点上面已谈过，切不可做表面文章，更不可刻意剥夺其决策权。

最后，在国企混改中，要对国有资本的保值增值进行科学有效、严格的监管，防止国有资本的流失，防止有些人借混改之机变相侵吞国有资产。我们在国企改革历史上是有过深刻教训的，要汲取这些历史教训。国企的资产是几代中国人共同积累起来的，不能容许通过混改而在一个早上而被个别利益集团以低成本占有。

国企混改是要毫不犹豫地往前推进的，但在推进过程中不能盲目地“为混而混”，要在机制、体制上更多创新，保证整个过程稳健、安全、有效，防止可能的风险。要绷紧国家安全这根弦。

六、国企混改、员工持股制度与激励约束机制

国企混改的最终目的是改善治理结构，构建有效的激励约束机制。如果一个企业没有很好的激励机制，就吸引不了优秀人才，长此以往就会导致人才流失，企业也就失去了发展的动力之源。

现在很多国企在薪酬和激励机制方面存在一些问题，导致人才流失现象比较突出。如何对员工与管理层进行有效的激励，使员工与管理层将企业的命运与自己的发展结合起来，从而激发其为企业奉献的热情，这是决定国企效率的一个重要方面。因此混改不仅是引进战略投资者和改善公司治理，同时还要进行员工激励机制的变革，探索混改过程中的股权激励计划。此次联通混改的目标之一，就是建立限制性股权等员工激励计划，激励对象包括公司董事、高管以及对经营业绩和持续发展产生重要影响的管理人员和技术骨干等，这一举措，对央企（国企）的未来发展意义重大。当然对于不同的企业，由于其员工结构不同，对于哪些员工可以持股，哪些员工不可以持股，以及持股比例等都可以科学设计，因企制宜，灵活对待。同时，还要对员工持股的转让方式、流动性等等进行相应的制度性限制，以确保员工持股既能提高激励效能，又不影响国企的稳健与可持续发展。要做好权衡，谨慎推进，积极探索，这对于正进行混合所有制改革的国企而言是一个不小的挑战。

后记
Postscript

近年来，我国国有企业改革有了突破性进展，国有企业所有制结构、治理结构和国有资产管理模式发生了深刻变化，一些新的理论问题亟待解决。2015 年 11 月，我组建了北京大学国企改革课题组，课题组研究成员包括：中国社会科学院王丹莉，北京大学王东宾、徐余江、杨北京、杨敏、冯璐、呼倩、张逸昕、王哲、郭凯、轩兴堃、王琼慧、王子宇、康恒溢、宋曼嘉、张慧琳，清华大学五道口金融学院王天雨，中国农业银行兰永海，中国银监会刘子平等。在两年多的时间中，课题组对我国混合所有制经济构建、国有企业改革和国有资产管理体制变革等问题，进行了深入的学术研究，取得了丰硕的成果，近 20 篇文章在各核心学术期刊发表，并被《新华文摘》等权威刊物转载，在学术界产生了一定的影响。为纪念改革开放 40 周年，我们将部分已发表的学术成果汇集成书，以就教于学界同仁。

课题组的工作方式之一是定期的双周讨论会，通过双周讨论会确定课题、梳理文献、讨论研究框架，大家集思广益，就基本的理论问题和研究方法展开讨论。值得一提的是，我们的双周讨论会还得到了很多朋友的大力支持和积极参与，国资委张秋雷博士、张路博士、周建军博士，北京亦庄开发区颜敏博士，农业部陈炫汐，中国农业银行高连水博士、丘永萍博士，中粮慈锋、万虹麟、王希，中央财经大学胡翠副教授，国家发改委王伟龙，中钢集团王爽，北方工业集团时延军，鼎晖投资王军，中国五矿集团王浩，中国银监会张棋尧，中海油毕国涛，中信集团崔婧，北大经院台航博士、曾江博士，北大经院访问学者张颖老师、朱曙夏老师等朋友都为我们的双周讨论会贡献了各自的智慧。每次双周讨论，大家从理论和实践的不同层面，结合自己的研究和工作经历，展开极为高效的学术沟通，少长咸集，切磋交流，既是非常愉悦的精神沟通，又是极富有学术含量的灵感碰撞，收获多多，令人难忘。大家在讨论会上贡献的观点，对于本书学术观点的形成，具有决定性的意义。在两年中，我们还到北京亦庄经济开发区、天津城投集团、北方工业集团等进行了实地调研，校友蔡国喜、颜敏、时延军等对调研进行了周密安排，诸多朋友对我们的调研给予大力协助，谨致衷心感谢。

2017 年 12 月，本课题组的成果《混合所有制经济与国有企业改革：顶层设计与路径选择》，获得中国企业改革和发展研究会颁发的“中国企业改革发展优秀成果”一等奖，而作为所有获奖作品中唯一的一部专著，我们的成果得到了评审委员会的特别关注与高度评价。感谢中国企业改革与发展研究会宋志平会长、许金华常务副会长、李华秘书长等对我们的学术研究的支持。

本书所收录文章均已发表于各核心学术期刊，感谢《长白学刊》杂志宋海洋老师、《新视野》杂志马相东博士、《当代中国史研究》张蒙老师、《中共中央党校学报》毛强老师、《金融科学》杂志吴卫星教授、《农村金融研究》杂志韩娟和贾宗敏老师、《社会科学战线》杂志雅君老师、《金融与经济》杂志彭岚老师和张朝洋老师、《国家行政学院学报》郝春和老师、《财经》杂志谢丽容老师、《中国金融》杂志植凤寅老师、四川社会科学院郭晓鸣副院长、北大学报刘曙光先生、中国社会科学院叶坦教授、北大产业与文化研究所所长黄桂田教授等对课题组和我本人的学术研究给予了长期的大力支持，谨致谢忱。

今年正值改革开放四十周年，也是北京大学建校一百二十周年。这本薄薄的小册子，算是一个献给这个大时代的小小的礼物。瞻望未来，中国充满希望。

王曙光

2018 年 1 月 12 日于北京大学经济学院